JN267659

タロット解釈実践事典

大宇宙の神秘（マクロコスモス）と小宇宙の密儀（ミクロコスモス）

井上教子——著

The Complete Book of the Tarot for Mastering Practical Use
The Theory of Macrocosmos and Microcosmos

国書刊行会

タロット解釈実践事典

大宇宙の神秘と小宇宙の密儀

タロット解釈実践事典
大宇宙の神秘と小宇宙の密議

目次

CONTENTS

はじめに——筆者のことば　10　PREFACE
イントロダクション　14　INTRODUCTION TO TAROT

★　★　★

カードの解説

大アルカナ MAJOR ARCANA

第一のアテュ：愚者　21　THE FOOL.
第二のアテュ：魔術師　53　THE MAGICIAN.
第三のアテュ：女教皇　59　THE HIGH PRIESTESS.
第四のアテュ：女帝　77　THE EMPRESS.
第五のアテュ：皇帝　81　THE EMPEROR.
第六のアテュ：法王　90　THE HIEROPHANT.
第七のアテュ：恋人たち　94　THE LOVERS.
第八のアテュ：戦車　100　THE CHARIOT.
第九のアテュ：力　104　STRENGTH.
第十のアテュ：隠者　119　THE HERMIT.
第十一のアテュ：運命の輪　124　WHEEL of FORTUNE.
第十二のアテュ：正義　130　JUSTICE.
第十三のアテュ：吊された男　134　THE HANGED MAN.
第十四のアテュ：死に神　139　DEATH.
第十五のアテュ：節制　143　TEMPERANCE.
第十六のアテュ：悪魔　148　THE DEVIL.
第十七のアテュ：塔　153　THE TOWER.
第十八のアテュ：星　158　THE STAR.
第十九のアテュ：月　162　THE MOON.
第二十のアテュ：太陽　167　THE SUN.
第二十一のアテュ：審判　172　JUDGEMENT.
第二十二のアテュ：世界　177　THE WORLD.

小アルカナ MINOR ARCANA

ワンド WANDS

ワンドのエース	242	*ACE of WANDS.*
ワンドの 2	244	*II of WANDS*
ワンドの 3	246	*III of WANDS*
ワンドの 4	248	*IV of WANDS*
ワンドの 5	250	*V of WANDS*
ワンドの 6	252	*VI of WANDS*
ワンドの 7	254	*VII of WANDS*
ワンドの 8	256	*VIII of WANDS*
ワンドの 9	258	*IX of WANDS*
ワンドの 10	260	*X of WANDS*

カップ CUPS

カップのエース	262	*ACE of CUPS.*
カップの 2	264	*II of CUPS*
カップの 3	266	*III of CUPS*
カップの 4	268	*IV of CUPS*
カップの 5	270	*V of CUPS*
カップの 6	272	*VI of CUPS*
カップの 7	274	*VII of CUPS*
カップの 8	276	*VIII of CUPS*
カップの 9	278	*IX of CUPS*
カップの 10	280	*X of CUPS*

ソード SWORDS

ソードのエース	288	*ACE of SWORDS.*
ソードの 2	290	*II of SWORDS*
ソードの 3	292	*III of SWORDS*
ソードの 4	294	*IV of SWORDS*
ソードの 5	296	*V of SWORDS*
ソードの 6	298	*VI of SWORDS*

ソードの7	300	VII of SWORDS
ソードの8	302	VIII of SWORDS
ソードの9	304	IX of SWORDS
ソードの10	306	X of SWORDS

ペンタクル PENTACLES

ペンタクルのエース	308	ACE of PENTACLES.
ペンタクルの2	310	II of PENTACLES
ペンタクルの3	312	III of PENTACLES
ペンタクルの4	314	IV of PENTACLES
ペンタクルの5	316	V of PENTACLES
ペンタクルの6	318	VI of PENTACLES
ペンタクルの7	320	VII of PENTACLES
ペンタクルの8	322	VIII of PENTACLES
ペンタクルの9	324	IX of PENTACLES
ペンタクルの10	326	X of PENTACLES

人物カード THE COURT CARDS

キング KING

ワンドのキング	335	KING of WANDS.
カップのキング	336	KING of CUPS.
ソードのキング	337	KING of SWORDS.
ペンタクルのキング	338	KING of PENTACLES.

クイーン QUEEN

ワンドのクイーン	339	QUEEN of WANDS.
カップのクイーン	340	QUEEN of CUPS.
ソードのクイーン	341	QUEEN of SWORDS.
ペンタクルのクイーン	342	QUEEN of PENTACLES.

ナイト KNIGHT

ワンドのナイト	343	KNIGHT of WANDS.

カップのナイト　344　*KNIGHT of CUPS.*
ソードのナイト　345　*KNIGHT of SWORDS.*
ペンタクルのナイト　346　*KNIGHT of PENTACLES.*

ペイジ PAGE

ワンドのペイジ　347　*PAGE of WANDS.*
カップのペイジ　348　*PAGE of CUPS.*
ソードのペイジ　349　*PAGE of SWORDS.*
ペンタクルのペイジ　350　*PAGE of PENTACLES.*

タロットをより深く理解するために

大アルカナ

タロット的宇宙観　29　ZODIAC & QABALAH
ウェイト版大アルカナ　37　RIDER WAITE DECK
タロットカードとトーラー　39　TAROT & QABALAH 1
タロット・カバラ・ヘブライ文字　41　INFORMATION
タロットカードと生命の樹　47　TAROT & QABALAH 2
タロットカードの色調　86　COLORS
タロットカードとヘブライ文字　183　HEBREW LETTERS

小アルカナ

大アルカナと小アルカナ考察　204　*A Study of MAJOR and MINOR ARCANA*
小アルカナの構成　214　*Constructions of the MINOR ARCANA*
タロット解釈のための生命の樹　224　SEPHIROTHIC TREE
人物カード　328　THE COURT CARDS

実践編

実践編1：スリーカード・スプレッド　66　THE THREE-CARD SPREAD
実践編2：フォーカード・スプレッド　108　THE FOUR-CARD SPREAD
実践編3：ヘキサグラム・スプレッド　112　THE HEXAGRAM SPREAD
実践編4：ケルト十字・スプレッド　189　THE CELTIC CROSS SPREAD
実践編5：大アルカナと小アルカナを　365　ORIGINAL READING
　　　　　分けてのオリジナルリーディング

カード解釈のポイント1　73　READING-TIP 1
カード解釈のポイント2　116　READING-TIP 2
カード解釈のポイント3　282　READING-TIP 3

実践鑑定1：ヘキサグラム・スプレッド　352　SAMPLE READING 1
実践鑑定2：ヘキサグラム・スプレッド他　356　SAMPLE READING 2
実践鑑定3：ケルト十字・スプレッド他　361　SAMPLE READING 3

★　★　★

最後に　370　CONCLUSION
索引　377　INDEX

I
大アルカナ

MAJOR ARCANA

はじめに──筆者のことば
PREFACE

　本書はタロットカードを解釈するための解説書であり、単なる占いのHOW TO本ではありません。
「占い」は、古代人にとって「儀式」に相当するものでした。
もっと言えば、その「儀式」を司るのに最も効果的な日時を決定しようとしたのが「占い」の起源だとされています。
　今日通説的な「占い」とは、「当てもの」です。あるいは、主体性を失った人間が、発生する事象に関して他動的な要素を過大視した時に、その根拠を求めてくるものです。
　その非科学性や整合性のなさが、唯物論支持者・実利主義者の方たちから指摘され、理解されないままに終わる分野になっています。その限りでは、私は「占い」を生業にしている者ではありません。
　私は、タロットカードに合理性を求めます。
「占い師」としての仕事が入る以上、求められれば、「当てろ」と言われれば、当てることに専念しますが、タロットカードは何かを当てるためだけのものではありません。
　自分のタロット教室を持っておりますが、そこは有意義な生き方をするために、生きる指針、アドバイス、自分の精神や能力に関しての暗示を得るために、タロットカードやその起源たる古代人の文明や、西洋思想を学ぶことが目的の場所です。一個人に関する情報収集の場として活用していらっしゃる生徒さんもおられます。
　タロットカードの解釈方法を学ぶこと、それは、感動体験を求めて語学や楽器を習い、知識や技術を身につけることで人間の質を向上させ、世界を広げ、より豊かな人生を歩もうとすることと同じです。つまり生涯教育のひとつの方法なのです。
　本書で学んだカード解釈の技術を使って、世に出て占い師としての仕事をしてゆくことは結果的に成立することでしょう。ただし、現実生活で発生する様々な問題

PREFACE　はじめに

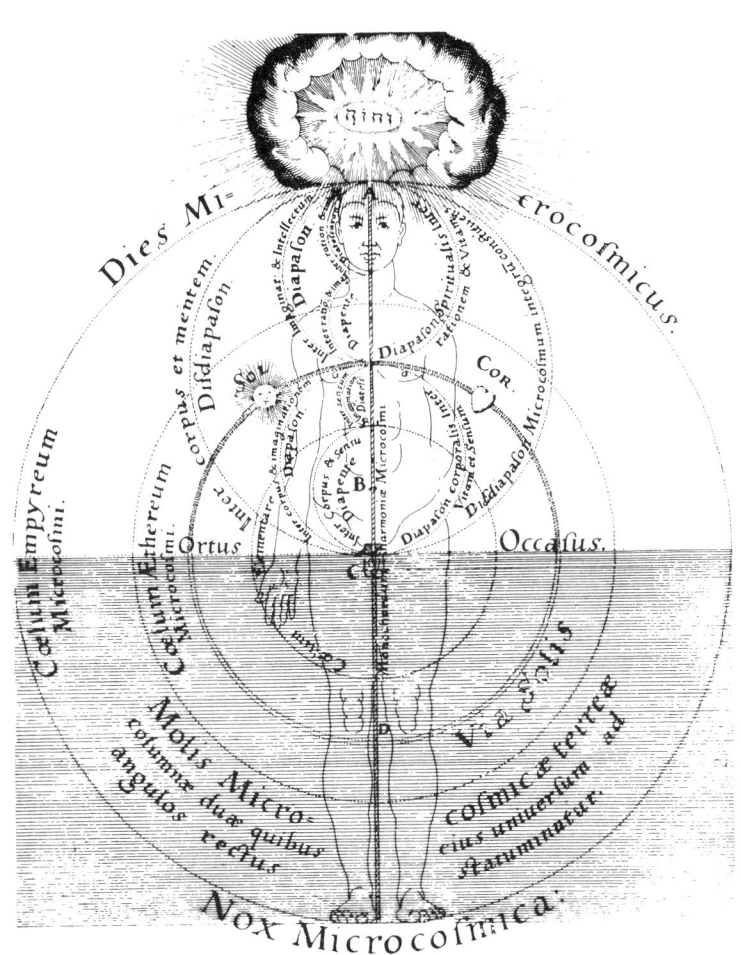

大宇宙に取り囲まれた小宇宙＝人間の心像（ロバート・フラッドによる）

PREFACE　はじめに

を克服すべく、生きるための方法論を導き出す手段としてのタロットカードの解釈方法をお伝えしたいと言うのが私の本意です。

　古代エジプトの知恵と学問の神、ヘルメス・トリスメギストスは錬金術の始祖と言われ、ピラミッドを建造したとも言われています。彼の遺体が発見された時に、自分の叡智をまとめ上げた一枚のエメラルド碑板を有していました。その一部ラテン語訳されたものに、以下のような自然の法則が詠まれています。

　　コレハ真実デアリ、嘘偽リナクスベテ確実。
　　一ナルモノノ奇蹟ヲ実現スルタメ、下ナルモノハ上ナルモノノゴトシ、上ナルモノハ下ナルモノノゴトシ。
　　ソシテ万物ガ一ナルモノカラ生ジタ如ク、一ナルモノノ瞑想ニヨッテ、万物ハマタ縁組ミニヨッテ一ナルモノカラ生マレル。
　　太陽ガ一ナルモノデアル父、月ガ母。
　　風ガ一ナルモノヲ己ノ体内ニ宿シタ。
　　地が一ナルモノノ乳母。
　　一ナルモノハコノ世ニオケルスベテノ実成ノ原因デアル。
　　一ナルモノガ地トナルトキ、ソノチカラガミナギル。
　　地ヲ火カラ、精ナルモノヲ粗ナルモノカラ、優シク深イ理解ヲ持ッテ分カテ。
　　一ナルモノハ、地カラ天へ昇リ、再ビ地へ降リ、上ノモノト下ノモノノチカラヲ受ケトル。
　　カクテ世界ノ栄誉ガソナタノモノニナロウ、ソシテ闇ハスベテソナタカラ消エ去ルデアロウ、一ナルモノハアラユルチカラノチカラ。
　　ナゼナラ、精ナルモノスベテヲ克服シ、粗ナルモノスベテヲ貫通スルカラダ。
　　コレガタメ、ワタシハ、世界ノ知ノ三部分ヲ所有スル最大ナルコト三倍ノへるめすト呼バレル。
　　ワタシガ太陽ノ業ニツイテ語ッタコトハ完全無欠。

　自分がミクロコスモスであると、言葉で言い表すのは簡単です。
　わたしはタロットカードを使った占術を勉強し始めたことが、西洋神秘・古代思想すなわち魔術と歴史を追跡することへの誘いとなりました。やがて小宇宙である人間というのがミクロコスモスであることをいとも簡単に放棄しようとする愚かな、神の創造物であることに気付き、どれほどタロットが私たちに有効な道具であるか

を認識するに至りました。

　従って、タロットカードを未来を予測する道具、未来を「当てる」道具である以前に、今を「どう変えるか」知るための道具だと考えています。
「当てる」と言うことばは要するに「当てずっぽう」であり、ある法則に乗っ取ってカードを解釈しているタロット占術家にとっては一考の余地のある表現です。
　本物の占術家ならば、「当てる」ことに対して懐疑的であるはずです。
「あなたは死にます」と言えば誰もが百発百中の的中率を誇ることができるのです。
「この人と結婚したら、不幸になります」と言うことを「当てた」ところで、そこに何の価値があるのでしょう？
「この人と結婚したら、幸せになります」と言うことが、いつ誰の判断によって「当たった」ことになるのでしょう？
　確信しているのなら、そのミクロコスモスがどうして、泣きわめきましょう。怒り、嘆き悲しむこと、それはミクロコスモスであることへの敵対行為に等しいことです。
「当たる」ということよりも、ミクロコスモスたる誰しもが安心してこの大宇宙に漂っていられるよう、道しるべのようにこの表象・象徴画を使いこなせるようになってみては、と――占術家として私は思います。

著　者

イントロダクション
INTRODUCTION TO TAROT

　タロットカードへの関心の高まりは、驚異的に伸びています。巷には、カードと解説書のセットや有名占術家による著書・専門書が溢れている感があります。鑑定に訪れる方の中にも、とくに若い女性を中心に、タロット・ファンは非常に多く見られます。しかしその一方、独学でタロットの解釈を身につけようとしても、成果が上がらないと言う声が止みません。大半の方たちが、「興味はあり、自分でカードを読んでみたいけど、難しくて…」と、中途挫折してしまう傾向にあるようです。

　「カード1枚1枚の意味が覚えきれない」、「解釈の仕方が分からなくて挫折した」と言う方々が圧倒的に多く、要するに既存の解説書には、きちんと役割を果たせるものが存在しないということになります。
　本書は、タロットを専門的に勉強したいが、既存の解説書ではなかなか身にならないと感じている方々に満足して頂けるように試み、構成したものです。
　従来の解説書では、まずタロットカードに関する解説があり、カードの1枚1枚の正位置・逆位置の記述を暗記するように書かれているものがほとんどです。
　本書ではタロットカードとは何かから始まり、1枚のカードが何を物語っているのか、その象徴を掴んでいただきます。そして、その象徴が日常的な場面においては何を示すのか、どう解釈するのが相応しいのかまでが行えることをめざす、言ってみれば実践向けな教科書です。

　基本的にはカード毎に章をもうけ、各カードを詳しく解説していきます。しかし従来の解説書と異なり、カードの解説の間に基本的な背景となる知識をまとめた章、実践的なスプレッドのやり方・読み方、解釈のポイントの章を配置してあります。これは、そこまで読んで理解したことを、すぐ実践に応用していただくためです。もちろんカードの解説だけ先に読んで、後から概念や実践編を読んでも構いません。

INTRODUCTION TO TAROT

　各カードの解説の中で、**太ゴシック体**のところはカードの象徴についての重要なポイント。太明朝のところは解釈のためのポイントです。

なぜカードが読めないのか？

　スプレッドで出たカードを見て、既存の解説書を開き、そこに書かれている「意味」なるものを当てはめていると、判断がつかないことや、矛盾を感じることが生じてくるはず。
　例えば…
　──「彼の気持ち」を表す位置に「女教皇」のカードが出た。本には、「冷たい性格」とか書かれているけど、私のことを冷たいと思っているのか、それとも彼自身が冷静、恋愛感情がないと言うことなのか……。
　──「近い未来」に「死に神」が出ていて否定的なのに、最終結果に「世界」が出て肯定されるってどう言うこと？
…など。

　そもそも、「カードの意味」という表現に問題がありはしないでしょうか。
　シンボル＝象徴を通じて、私達の意識に何らかの暗示を与えるものが、タロットカードです。
　従って、「カードの意味」というよりも、「カードが象徴する事柄」と表現する方が正確であり、まず私たちがやるべきことは、1枚1枚が、何を象徴しているカードなのかを把握することになります。
　象徴とは何か。それは、それだけでひとつの学問になり得るもので、本書の全ページで象徴について語ることができる位のものです。本書ではそこまで追究することは不可能なので概略でとらえて進みましょう。辞書にはこうあります。

　　象徴とは、ことばでは説明しにくい概念などを、具体的なものによって、表す・
　　代表させること。
　　　　　　　　　　　　　　　　　　　　　　　　（『新明解国語辞典』／三省堂）

　1枚のカードにはその絵柄でもって「ことばでは説明しにくい」概念が表されて

いるのですからその概念をガッチリと摑むことが何よりも大切なのです。
　概念とは、ある物事に対して、人々が「共通して」持っている考えですから、1枚のカードが、そうそう多くの概念を表してはいないはず。ただ、ことばにすると、色々な表現、無数のバリエーションができます。
　出たカードが同じでも、それをどう表現するかは当然その都度変わります。そしてその都度、「カードの意味」なるものを当てはめようとしないことです。
　その時、そのカードに相応しい事柄・表現を、あなたが判断するのです。
　1枚のタロットカードをどう表現しようと、それはあなたの自由です。
　本書では、おおよそこのような表現が出来るだろうと言う「キーワード」を、各カードごとに挙げていますが、当初はその中から適当な表現をピックアップしていくのもひとつの学習です。そして追々、キーワードの中にない表現をどんどん増やしていって下さい。
　既存の解説書に依る「意味」なるものの呪縛から逃れましょう。
　どんな言葉を使おうと、カードがシンボライズする事柄から外れていなければ、全く構わないのです。
　カードが象徴するものの核、「カードの本質」を、あなたの中に定着させることです。
　本書は、あなたがカードの象徴することを、時と場合に即して自由自在に捕らえることができるよう手助けをするものです。ある質問に対するカードの解釈は、解説書に書いてあるのではなく、最終的にはあなた自身が導き出すことなのです。

タロットカードとは何か？

　非常に美しく、眺めているだけで心の癒しにもなるカードもあるでしょうが、タロットカードとは、一般的には「占いの道具」でしょう。
　その時に出たカードの偶然性で占う、卜術のひとつです。卜術としては幅広い層から支持を受け、2～3か月程度先の事など近い未来であれば、その的中率は驚異的です。きちんとした勉強をし、実践を積んだ人ならば、質問に対して的確に答えることが出来るものです。
　何のカードが出るかと言う偶然性で占うと言うといい加減に聞こえるかも知れま

せんが、そこにはカードを扱う人あるいは質問者の、無意識・潜在意識の作用があって生じることなのです。

もともと古代の神秘家が宇宙の謎解きをしようとしたことから始まって、人間の精神を最大限に活かすため、可能性を開発するためにさらなる研究が重ねられ、受け継がれて実生活に役立てられてきたのがタロットカードなのです。

人間が見えざるものを感知したり、未知の世界と交信出来るように計算されて作られているのです。未来予測のみならず、質問や問題に関する原因や対策を具体的に出すことも可能です。

「占い」とは未来を知る、未来予測、見えざるもの、未知なるものを感知しようとすること。タロットカードは、人間の精神向上のための**目には見えていないものごと、潜在的な事柄を導き出す道具でもあります。**

だから占いの道具になるのです。

ヘルメス・トリスメギストスの教えに寄れば、「見エザルモノハ可視ナルモノノ如シ、可視ナルモノハ見エザルモノノ如シ……」といえましょう。

タロットカードを使って、見えざるもの、不可視なものを感知し判断するのは、他の誰でもない読者諸君、私たちであり、私たちの中の見えない部分、潜在的な部分が感応するのです。

タロットカードも使いよう

ただし、道具も使いようです。

初心者のなかには、カードを切ってみたが結局よくなるのか、わるくなるのか……、最終的にどうなのか、ハッキリ分からない……と匙を投げてしまう人が多くあります。

タロットカードは日本語で吉凶が書いてあるカードではないことを、また吉凶を知るための道具ではないことをまず認識して下さい。

先述しましたが、よりよい未来創造のため、現状を知る道具、現状を変えるための手段なのです。

これ以降も、恋愛の問題にしても仕事の問題にしても、「WILL BE HAPPY」と

か、「運命の人が現れる」とか、あなたが精通している言語で書かれたカードは1枚もないことを、忘れないで下さい。
　当然のことと思われるかも知れませんが、このことがタロットの授業を進める中で、私が最も伝えるのに苦労している部分なのです。

　では一体、タロットカードには何がかかれているのでしょう——？
　絵です。物事または人の性質や状態が描かれている象徴画です。
　大アルカナ22枚は、それが擬人化されて描かれているため、時に「人物カード」のような取り扱いをされがちですが、特定の人物を示すものではありません。
　人間の性質を表しはします。
　性質と言うよりは、心理学用語で言う元型(げんけい)、インナーチャイルド、グレートワイズマン、ハイヤーセルフ等、万人が生まれながらにして有している性質を、人型にして絵柄で表現したものだと言う方が適切かも知れません。
　大アルカナは、物事の状況に当てはめ、その性質の移り変わりを見るためのものだと言うのが基本です。
　多くの人が初期の段階で、カード1枚1枚がどんな物事の性質や状態を物語っているものなのかを見失い、人物に焦点を当てしまい、極端な場合は「そのような人物が現れる」と言うような解釈をしがちですが、注意したいところです。
　すなわち、タロットカードとは**象徴画が描かれた、自らの潜在意識・無意識と交信する道具**なのです。
　そうすることによって、物事を解決できることを、既に私たちは知っているはずです。
　精神科医は、クライアントの深層心理を紐解き、宗教という舞台では理屈や意識を越えた信心深さがあらゆるものを救います。芸術家の魂は根拠なく他者の魂を歓喜させます——通常働いている意識の、もっともっと深い部分に働きかける時、変化や感動が起こるのです。
　意識的に、そのような状況を作りあげる場合、人は、宗教儀式や魔術儀式などの象徴的行為を採用します。タロット占いとは、まさにその象徴的な儀式に近い行為だといえます。
　本書では、カードの本質をあなたの中に定着させるという点に重きをおいています。つまりその時点で、もうカードとあなたの無意識との交感ははじまるのです。

象徴画の効果とは？

「自由」とことばで書き表すことと、愚者の絵を描くことの違いはなんでしょうか？

まず、ことばで「自由」といってもそれぞれ違った含みがある、様々な種類の自由があります。

「愚者」からは、何の制約もない人生を、のびのびと謳歌しているような自由ばかりが伝わってはきません。カードに描かれている絵は愚者自身がどのような風貌かや、彼の振る舞いや背景が、ここに描かれている「自由」の性質を詳細に述べています、既にこのカードは「自由」のみならずそれに伴う否定的・肯定的側面等を、私たちに伝えるメッセージカードになっているのです。

「破壊」を象徴すると言われる「塔」のカードにおいても、落雷が石の塔を打ち砕く絵柄からは、ダイナマイトでビルを「破壊」するシーンを見て感じるもの・伝わってくるものとはまた別な印象を受けることになります。

1枚のカードの端はしにまで描かれているもの、ひとつひとつの形や色の作用が重要なのです。

お気づきの方がいるかも知れませんが、よって既存のタイトルに拘束される必要はないのです。あなたがあなた独自の名前をつけて、カードとのラポールを形成する方が有意義かも知れません。

伝わってくるもの＝私たちの中から沸き上がるものがあることが、活字を越える象徴画の最大の効果なのです。

そして、カードは他のカードと並べてスプレッドされた時に動画となります。

子供の頃、本のページの片隅に、少しずつ動きに変化を付けた絵を、何ページにも互って描き、パラパラとめくっては自作のアニメーションを楽しんだ経験をお持ちではないでしょうか。

まさに、スプレッドされたカードを解釈するには、アニメーションの原理を応用するのが効果的です。

「現状」と言う1枚のカードが、「未来」と言う隣のカードに至るには、一体そのカードの絵柄がどう動けば「未来」のカードの状況になるのかを考えてみましょう。

あなたの中でカードを動画にした時、そのカードがあなたに伝えんとする適切な

メッセージが沸き上がってくるはずです。

　現状の「愚者」が、未来の「塔」になるなら、動画としての愚者は崖から転落することになるでしょう。古くなり役に立たなくなったものを打ち壊し、優れた高度なものを再建すると言う「塔」の前にあって、「愚者」は、これまでの無鉄砲向こう見ずなやり方が通用しないことを物語ります。そして、今この瞬間から、愚行を改めるなら、「塔」と言う転落にいたる未来は、理論上実現されないことになるのです。
　現状の「愚者」が、未来の「太陽」になるなら、愚者は冒険の末、背後にあって気づかなかったような幸せに行き着くことになります。未だ、彼は、その幸福がどこにあるかは愚か、一体何であるかさえも知りはしないのですが……。彼が、僅かながらに手にしているものを活かせること、白いバラや白い小犬の活躍に、思いを巡らせることができることでしょう。

実践的アプローチ〜愚者のカード考察〜
　一番目「愚者」のカードを例に、それが象徴するものの捉え方、解釈のコツを摑む練習をしてみましょう。

照応）

ヘブライ文字：アレフ א

　22のヘブライ文字はすべて子音であるが、内「あ、え、お」と母音を表すことがある喉音が三文字ある。筆頭にあがるこの文字は、「あ」と発音されうる準母音で、牡牛を表す原カナン文字から派生したことから、家畜、すなわち古代生活における資産・基盤の象徴であったのだろう。

宇宙観：天王星

　変化、改革、可能性を象徴する。斬新な発想から、新たなものが誕生する力、創造性を示す星。対応十二宮：宝瓶宮。

　「愚者」のカードを観て下さい。
　　　　　　　　＊カードを考察・理解するには、実際にカードを手元において見ること。
　多くのタロット・デッキにおいて、22枚の大アルカナカードの中で、唯一番号が振り当てられていないか、零たる扱いをされているこのカードは、やはり他の

THE FOOL. 愚者

21枚と扱いを変えるべきです。

まずカード解釈の上達法として重要なのは、**何であれカードから感じることです。** なぜ数字が振られていないのか？ なぜ他のカードには数が振られているのか？ それらの数が表すことは？——考えることです、何かを見出そうとすることです。

それが出来て初めて、展開してゆくカードの羅列が暗示することを、知りたいことを感じ取ることが出来るのです。思考力を駆使すること——タロットカードはインスピレーションで読むと言われがちですが、直感力が発達しているのなら、最初からカードなど必要ないのです。人智を越えた直感力を養い発揮するために作られたのが、これらのカードなのですから。

「自分のことは占えない」と言う多くの人が、この段階です。まずは、考えることと感じとることの違いを識別することです。

とは言っても、いわゆるカン、カードから想像できること、何となく思うことを、当てずっぽうで言ってみても、ある程度のことまで言えてしまうのが、このカードの驚異と言えば驚異なのでしょうが——いつまでも当てずっぽうでやっていては、宝の持ち腐れです。

「愚者」に戻りましょう。カードの元々の象徴、シンボルの示す事柄などは言うまでもなくまず自分でカードを見て感じたことを書き出してみることです。これから「愚者」のカードを、細かく説明をしてゆきますが、カードのどのようなところに目を着けているか、考えるべきポイントを汲み取っていくようにして下さい。

描かれているのは風変わりな着物を纏った青年が、手荷物ひとつで意気揚々と旅立つような光景です。

カードに描かれた若者は、いかにも自由気まま、風来坊と言った感じです。**型にはまらない、風変わり、固定観念・既成概念に捕われない、奇想天外さなどを表します。**

しかしながら、佇んでいるのは崖っぷち——あと一歩踏み出せば転落しようと言うところ。

足元にいる白い犬が印象的です。まるで、この若者に目前の危機を教えようとしているかのようではありませんか。

不安定で、一歩間違えば危険にさらされるような、定まりのない状態を示します。

タロットカードという象徴画の世界では、動物は人の本能を表します。すなわち、この白い犬は、若者の心の奥底、無意識の一部分です。この若者は、どこかで身の

危険を察知するであろうと言うことの表れです。

　太陽の色が白いことに着目して下さい。
色彩も勿論重要です。
白は、神性、高潔さ、汚れなきことの象徴。
　西洋思想「カバラ」における無限の光。その光のヴェールのさらに向こう、探求すればするほど無に等しくなってゆく存在、不可視なる絶対的存在、すなわち「神」。宗教的信仰の対象ではなく、「ビッグ・バン」「宇宙エネルギーの源」と表現しても構わないでしょう──描かれている若者は、宇宙エネルギーの祝福を受けている様が伺えます。神が最初に創造した生き物・未開の人間の象徴です。
　この地上に生を受けた若者は、惑星・太陽の輝き──黄色はまさに輝きの色──に包まれています。
ウェイト版では、黄色の色調は幸福の象徴である太陽の恵みの程を表し、解釈の上では実現性や可能性を判断する重要な手がかりになります。
　若者は、手に白い薔薇を手にしています。彼の汚れない心を伺い知ることが出来ます。古代、人は白い骨と赤い血からなるものとされていました。赤と白とが共に存在すると、ひとりの人間を象徴します。彼が受胎前の精子にも等しいことが伺えます。
　薔薇は、神聖性、崇高なる理念の象徴です。
　空を見上げ、彼は大きな理想、夢を思い描いている。しかし、それはとてつもない冒険、ある種非現実的、危険な空想の上になり立っていることが、今の彼の危なっかしい動作から察することが出来ます。
　動画化してみましょう。
　この次の瞬間、彼はどうなると想像しますか？
　真っ逆様に転落──と、考えれば、このカードの象徴する「冒険」の否定的な側面になります。
失敗、行きすぎた考えや行為、奇行、社会的逸脱。
　タイトル通りの「愚か者」、物事を分かっていないこと、無知、愚行、現実が見えていない等々。
　しかし、吠え立てる、あるいは脚に嚙みつく白い犬によって、転落を免れる可能性もあります。「冒険」と言うものを、肯定的に表現してみましょう。
未来、希望、秘められた可能性、探求、発明。

THE FOOL．愚者

　——空を飛びたいと言う願いが、非現実的だった時代、その研究に専心し、愚か者呼ばわりされた人間がいなければ、航空技術は開花しなかったはず——創造性、クリエイティビティ等。
　いずれにしても、未だ生まれる前の胎児なのです。
　彼が崖から落ちようと、胎児の夢に終わるだけ。死にはしないでしょう。
　白い薔薇を持った心底純粋なだけの彼は、すんなり白い犬の警告を受け入れるでしょう。
　空を仰ぐ内に太陽が視界に入れば、彼はその太陽——希望と幸福のシンボルがある先へと、向きを変えてまた歩き出す可能性があります。彼は明日の予定などない自由な旅人なのですから。
　このカードが出た時には、どこかに白い犬がいるはずです。質問者の周辺や、質問者自身の心の中を確かめてみるよう促しましょう。

　先に扱いを変えると言いましたが、**トランプ JOCKER の原型とも言えるこの「愚者」をオールマイティーの可能性と読んでもあながち間違ってはいないと言うことです。ただし、その可能性を活かすも殺すも質問者次第なのです。**
　このカードが象徴する事柄は、まさに「無＝未知」。
「未知」について、考えてみて下さい。
　創世前の宇宙、神が光と闇とを分ける以前、あいまいな状態、ハッキリしない、分からない。
　物事が未だ始まらない——ある種の混沌。
　人間であればまだ世に生まれ出ていない胎児——不安と希望等。
　その本質を、もっともっと肯定的に表現すれば、希望と可能性等。
　逆に、否定的に表現すれば、非現実性、無知、零、何もない、得るものがない、無駄・無意味等。
　それが過剰な余り裏目に出ると、エキセントリック、無謀、誇大妄想等。
　また、全く反対に言い表すと、現状のまま、冒険に出ない、行動力のなさ、成り行き任せ等。しかしながら、動かず安定していることは、必ずしも悪いことではありません。「未知」が、過剰な余り、また行き過ぎる余り裏目に出た状態はどうでしょう。
　希望を持つのは良いのですが、夢ばかり追っている非現実的な感覚では困りものですね。現実逃避、行き過ぎれば奇抜。

THE FOOL 愚者

　強くハッキリ言ってみると、あるいは弱くあいまいに表現してみるとどうでしょう？
　恋愛ではどんな状況のことが言えるだろう？　仕事・勉強面では……と、幅広く、考えられるだけことばにして表してみることです。

　以上のような「カードの象徴」を、あなたが馴染みやすい、すっと理解しやすい、あなたなりのことば・表現に変えてみて下さい。ことば・表現が出尽くしたら、次頁のような図を作ってみるのが良いでしょう。初めに書き出したものが、より深いものになっているはずです。本書では各カードの説明の後ろに象徴やキーワードをまとめてあります。初めの内は参考にして、徐々にあなたの中に沸いてくる考えを、あなた自身のことばにできるようにして下さい。
　あとは、実際にスプレッドした際に、そのカードがどこにどう出たかで、次頁の図のように表せるカードの本質を上に寄せたり下に寄せてみて、相応しいことばに変えれば良いのです。

　原則として、カードが逆さま、いわゆる「逆位置」で出た場合、そのカードの本質とは反対の意味、または否定的側面、つまり図の、下よりの解釈を採用することになっていますが、ここでもう一点、重要な法則があります。

　一枚のカードは隣接する全てのカードの影響を受ける。

　たとえ正位置で出ていたとしても、ことばとしては逆位置の場合のような下よりの解釈を採用することもあるのです。
　エー？と、思われるかも知れませんが、実際多くの方々が、正位置・逆位置に振り回されてカードの解釈が出来なくなっていると言っても過言ではないと私は思っています。
　何のために、複数のカードを並べて見るのか、考えてみて下さい。
　俗に言う「最終結果」に出るカードが全てを決定するのなら、ケルト十字にしてもヘキサグラム・スプレッドにしても、最終結果の10枚目、7枚目だけ出して見ればいいことになってしまいます。
　1枚のカードの象徴を、より肯定的に、あるいはより否定的に捕らえるのか、その判断をするために、複数のカードを出すのです。

25

THE FOOL. 愚者

「愚者」のバリエーション

	恋愛	仕事
強		
奇才、奇想天外		
創造性		発明家
可能性の開花		芸術家
	愛情面	新しいビジネス
冒険に出る	風変りな夫婦	仕事面
崇高なる理念		
		芸能関係
胎児の夢	自由恋愛	アイデア・企画
希望と不安	楽しい交際	お金ではない仕事
風変わり、型にはまらない		
混沌、定まらない	非常に興味はある	
		自由業
自由		フリーター
未知＝無	友だち以上恋人未満	
可能性	友だち感覚で好き	
		経済力はない
無知		不安定な仕事
奇行、愚行		開店休業中
成り行き任せ		
非現実感覚		ヒモのような存在
現実逃避		養われる立場
夢ばかりで動かない	遊びの恋愛	
奇抜		
誇大妄想		
社会からの逸脱		
転落		

本質（強い側）／弱　あるいは　過不足から　裏目に出る

（上記の事柄に対する）警戒・警告として出る場合がある

図で言えば、カードが逆位置で出ていたとしても、上よりの表現になることが、当然あり得るのです。別の言い方をすれば、周囲に出ているカードとのバランスで、図を上に行ったり下に行ったりして、カードに相応しい表現を決めるようなものです。

　解説書と首っ引きになって、正位置・逆位置の意味としてあげているものからことばを選ぶと言うやり方には限界があることが分かっていただけたでしょうか。

　ただし、語彙を増やすと言う点、また自分一人の独断と偏見に陥らないようにする、感性を刺激する必要と言う点から、より多くの専門書に目を通すべきです。

　また、カードの解釈は、「体験」によって学ぶことが出来るものです。自転車は、実際に乗ってみなければ、乗れるようにはなりませんね。一度コツを体得すれば、難無くカードを読むことが出来るようになるはずです。

THE FOOL. 愚者

カード NO.0 愚者　THE FOOL.
アテュの象徴：**冒険、未知なるもの、定まらない状態、無垢な精神**
キーワード：

強

奇才、創造性

可能性の開花

冒険

崇高なる理念

希望と不安

風変わり、型にはまらない

混沌、定まらない

本質　**自由、無、可能性**

無知

成り行き任せ

奇行、愚行

夢ばかりで動かない

誇大妄想

社会からの逸脱

転落

（上記の事柄に対する）警戒・警告として出る場合がある

弱
あるいは
過不足から
裏目に出る

タロット的宇宙観
ZODIAC & QABALAH

　本書では、西洋の神秘的哲学的思想をベースに、78枚のカードの解説がなされます。ここで西洋思想に示される宇宙観に触れておく必要があります。

四要素：エレメント ELEMENTS

「万物は四大から構成される」と提唱した、古代ギリシアのエンペドクレスによるものが有名ですが、ギリシアの文明はエジプトに根ざし、紀元前エジプトの建造物などは既に四面体、四回層など四構造からなるものが定着しています。
　宇宙は、火、地、風、水の四要素から構成されていると言う考え方。

黄道十二宮：ZODIAC

　黄道とは、地球を中心とした天球図における太陽の通り道を指します。30度ずつに分割された12の宮があり、それぞれの宮には、星座団が当てはめられています。西洋占星術では、個人の出生時の太陽が位置している宮の星座を用いて、十二星座占い等に用いています。

　　十二宮　　星座名
　　白羊宮（はくようきゅう）：牡羊座
　＊金牛宮（きんぎゅうきゅう）：牡牛座
　　双児宮（そうじきゅう）：双子座
　　巨蟹宮（きょかいきゅう）：蟹座

＊獅子宮（ししきゅう）：獅子座
　処女宮（しょじょきゅう）：乙女座
　天秤宮（てんびんきゅう）：天秤座
＊天蠍宮（てんかつきゅう）：蠍座
　人馬宮（じんばきゅう）：射手座
　磨羯宮（まかつきゅう）：山羊座
＊宝瓶宮（ほうへいきゅう）：水瓶座
　双魚宮（そうぎょきゅう）：魚座

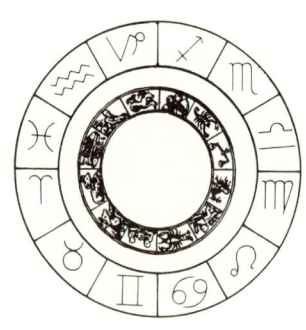

ゾディアック

十二宮は対立する二つの要素、陰陽による、種類別がなされています。

★陽性	★陰性
白羊宮：牡羊座	金牛宮：牡牛座
双児宮：双子座	巨蟹宮：蟹座
獅子宮：獅子座	処女宮：乙女座
天秤宮：天秤座	天蠍宮：蠍座
人馬宮：射手座	磨羯宮：山羊座
宝瓶宮：水瓶座	双魚宮：魚座

これは言ってみれば「心のタイプ」であり、心的エネルギーが外向するか内向するか、という区分けになります。現代心理学的な表現をすれば、男性性か女性性かと言うことに相当します。

男性性（男性原理）：外向する
　　　　　　　外界・客観的要素等外側からの動機づけによって、自らの
　　　　　　　方向性を決定する。
女性性（女性原理）：内向する
　　　　　　　主観的な感覚・判断等を基に、自らの方向性を決める。

いくつかの因子 factor によって、男性的性格か、女性的性格が示され得るもので、人には当然どちらの因子も内在しています。日常的にも外見や思考・行動パターンのそれぞれに、同一人物からでも様々な因子を垣間見ることができます。顕著な偏りがないことが理想とされます。

質：クオリティ QUALITY

　古代ギリシアに起源を持つ、エンペドクレスの四要素説からの発展。
要素固有の性質に、さらに質感を与えた解釈として、西洋占星学十二宮の理解に適用するもの。
　活動宮、不動宮、柔軟宮の３区分に分けられます。

★活動宮
　白羊宮、巨蟹宮、天秤宮、磨羯宮
★不動宮
　金牛宮、獅子宮、天蠍宮、宝瓶宮
★柔軟宮
　双児宮、処女宮、人馬宮、双魚宮

　※ヘブライ文字最初の牡牛に相を表す文字א（アレフ）だが、金牛宮を筆頭にして、四番目にくる不動宮を象徴する生き物が、紀元前の古代遺跡などには頻繁に見られる。

四大元素・火―地―風―水が構成要素を象徴する。

★**火の要素**で構成される火象三宮
　白羊宮：牡羊座
　獅子宮：獅子座
　人馬宮：射手座
★**地の要素**で構成される地象三宮
　金牛宮：牡牛座
　処女宮：乙女座
　磨羯宮：山羊座
★**風の要素**で構成される風象三宮

ゾディアック

双児宮：双子座
　天秤宮：天秤座
　宝瓶宮：水瓶座
★**水の要素**で構成される水象三宮
　巨蟹宮：蟹座
　天蠍宮：蠍座
　双魚宮：魚座

　以上、二陰陽、三気質、四要素から西洋占星術の基本、十二星座各々の性質が導き出されます。

十二星座概要

【牡羊座】活動宮、男性性、火
　積極性に富み、自己主張がはっきりしていて気性は激しい。
　陽気で楽天的、カラッとした体育会系だが、調子に乗りやすい。
　独断と偏見に陥りやすく、ワンマンな傾向。
　闘争的で、怒ると非常に恐いタイプ。

【牡牛座】不動宮、女性性、地
　落ち着きがあって柔和な性質。内に秘めた信念は強く、自分を曲げない。
　おっとりとしたマイペース型で、物事には時間がかかるのが特徴。
　物事の質に拘り、本当に良いもの・美しいものを好む。

【双子座】柔軟宮、男性性、風
　適応能力に優れ、機転が効く。新しもの好きで知識欲も旺盛、会話上手でいっしょにいると楽しいタイプ。人に合わせることが得意だが、二面性が強くなる。軽率な言動が多く、気が変わりやすい。

【蟹座】活動宮、女性性、水
　暖かいムードがあって、親しみやすい。世話好きで、家庭的・尽くす傾向が強い。

繊細で傷つきやすく、気分の浮き沈みが激しい。
自分の感情に没頭すると周囲が見えなくなって、お節介・ヒステリックに陥る。

【獅子座】不動宮、男性性、火
勝ち気で、意志が強い。存在感があり堂々としていて、大胆な言動が目立つ。親分肌で面倒見がよい。向上心が強くプライドも高いため、トップであることを好む。悪く出ると、見栄っ張りで尊大。孤立しやすい。

【乙女座】柔軟宮、女性性、地
几帳面で物静かな人。清楚で品行方正な傾向がある。
分析力に優れ、細かい作業・事務能力は抜群。何事にも自分なりの拘りが強く、批判精神が旺盛。神経質で、つき合いにくいと言われがち。

【天秤座】活動宮、男性性、風
協調性に富み、周りの空気を読んでスマートに行動する。
何かと器用で視野も広く、多芸多才な一面も。物事には、広く浅く対応するのが特徴。流行に敏感、見た目の善し悪しや体裁を気にするが、やや八方美人。

【蠍座】不動宮、女性性、水
洞察力が鋭く、物事に深く拘る。好き嫌いがはっきりして、熱中し出すと深く長くはまる。執着心が強く、貪欲に目的を追求するが、時にしつこい。
現実離れしたものの考え方をしたり、神秘的な事柄を好む。閉鎖的で、何を考えているのか分からないタイプ。

【射手座】柔軟宮、男性性、火
明るくさっぱりしていて裏表がない。瞬発力があって、思い立ったらスピーディに行動する。自由奔放だが、気分屋。コロコロ言うことや気が変わって落ち着かないタイプ。物事が長続きしない・転々とする傾向。

【山羊座】活動宮、女性性、地
真面目で素朴な人柄。実直な言動が、多くの人から信用される。
頑固で何者にも屈しないため、孤立しがち。耐久性は抜群。根気よく努力を続け

第一から第十天まである黄道十二宮に囲まれた天球図（16世紀初期の木版画）

て、本物の成功を勝ち取るタイプ。外観も内容も良質のものを求める。

【水瓶座】不動宮、男性性、風
　型にはまらず独創性豊か。のびのびしたユニークな人柄。
　物事に深く拘らず、あっさりさっぱりタイプだが、軽く考えすぎて、時に常識はずれ・奇抜な行動に出る。社交的だが、面倒・細かいことは苦手。

【魚座】柔軟宮、女性性、水
　情が深く奉仕精神が強い。人に大変優しく、細やかに気を使う。
　周囲の影響を受けやすく流されやすい。優柔不断なタイプ。夢見がちで、地に足をつけた考え方をしない傾向。鋭い勘やインスピレーションに優れ、芸術的な才能に通じる。

　十二宮にはそれぞれ、支配惑星があります。

守護宮（星座）と支配惑星の関係。

　　　白羊宮（牡羊座）　—　火星
　　　金牛宮（牡牛座）　—　金星
　　　双児宮（双子座）　—　水星
　　　巨蟹宮（蟹座）　　—　月
　　　獅子宮（獅子座）　—　太陽
　　　処女宮（乙女座）　—　水星
　　　天秤宮（天秤座）　—　金星
　　　天蠍宮（蠍座）　　—　冥王星
　　　人馬宮（射手座）　—　木星
　　　磨羯宮（山羊座）　—　土星
　　　宝瓶宮（水瓶座）　—　天王星
　　　双魚宮（魚座）　　—　海王星

天球図における十惑星の作用

太陽　：生命と活力を象徴。天性と基本的な性格を司る。
月　　：反応と変化を象徴。気質と感情を司る。
水星　：言語を含めたコミュニケーション能力を象徴。知性と順応性を援助。
金星　：愛とエロスを象徴。女性原理・調和の象徴。
火星　：闘争心と男性原理を象徴。肉体的エネルギーと熱情の方向性を示す。
木星　：事象の拡大を象徴。幸運と発展を司る、幸運の星。
土星　：事象の抑制を象徴。忍耐と努力を司る、試練の星。
天王星：自立と革命を象徴し、人生に起こる重大な変化を表す。
海王星：幻想を象徴し、神秘的なイメージを司る。
冥王星：生命の死と再生。物事の創造と消滅を表す。

なぜタロットカードを修得するに当たって、これらの知識が必要にされるのでしょうか？
　タロットカード78枚が、カバラに代表される西洋思想の核となる四世界構造から成立しているからです。
　この場合、紀元前5世紀エンペドクレスが提唱した「地上におけるあらゆるものは、火、地、風、水の四つの要素から構成されている」と言う概念に相当します。
　勿論この四要素は象徴であり、科学的・生物学的コンポーネントではありません。また、地上における四要素 Terestrial Elemetal とも区別して下さい。
　宇宙、人間、一ナルモノを四つの構成要素から見立てたときに――人間の精神構造にたとえて言えば、火に象徴される直観、風に象徴される思考、水に象徴される感情、地に象徴される感覚等――それら内的四つのバランスを保つこと、あるいは四つの外的要素との均衡を図ることが、完全な個の基本であるのです。
　これが、ここで理解していただきたい宇宙観なのです。

ウェイト版大アルカナ
RIDER WAITE DECK

　魔術は、その起源をエジプトに持ちます。
　エジプト以外の、古代文明発祥地では、それぞれ独自の展開があり、メソポタミア文明においては、バビロニアでの占星術、インダス文明におけるヨガ、黄河文明における仙道の成立があります。
　紀元前１世紀頃、エジプトはローマの支配下にあり、イスラエルの民（＝ヘブライ人）を隷属させていました。ヘブライ人の指導者モーゼが、民族を引き連れエジプトを脱出する際、海を二分して道を作り前進し、後を追ってきたエジプトの軍隊が海に呑まれて敗退したと言うエピソードを残しています。
　これは、モーゼが、エジプトの文明と同時に取得した「高等魔術の技」を実践したのでしょう。
　ヘブライ人の文明は、エジプト魔術の流れを汲み、哲学、宗教、カバラへと広がりました。

　「カバラ」とは、ひとつの神秘的哲学思想であり、「宇宙と人間との関わり」を論じているものです。「神」の存在を重視し、太古の書物である旧約聖書を宇宙の原典として考察の材料にしているため、「聖書の解釈学」とも呼ばれますが、信仰の対象としての神は登場せず、宗教とは異なるものです。カバラの思想・理論を体系的にまとめたものが「生命の樹」です。
　本書で取り上げるウェイト版の作者アーサー・エドワード・ウェイトは、イギリスの魔術結社「ゴールデン・ドーン」GOLDEN DAWN のメンバーでした。
　ウェイト版は、「生命の樹」の謎を紐解く鍵として編み出されたものです。
「占い」をするためではなく、またカードがもともと「生命の樹」を起源に持つわけではありませんが、逆にカバラという思想、「生命の樹」を考察することは、カード解釈に有意義なことはいうまでもありません。

魔術とは、言ってみれば、精神力によって変化を起こそうとする技術です。

呪術、妖術、儀式魔術など護符や呪文を用いるものと、「召喚魔術」と言って、目的に応じて特定の「神」や「精霊」、「天使」などを呼び出し、交信することによって変化を起こそうとするものがあります。いずれも、それなりの修業を積み、鍛えられた精神の保有者でなければ成功しないものとされていますが、結局それらの存在も、私たちが内に秘めている未知の精神力に形状を与えて、日常私たちが使っていない部分の大脳であれ、精神であれ、身体であれ、能力を駆使・活性化させる試みなのです。

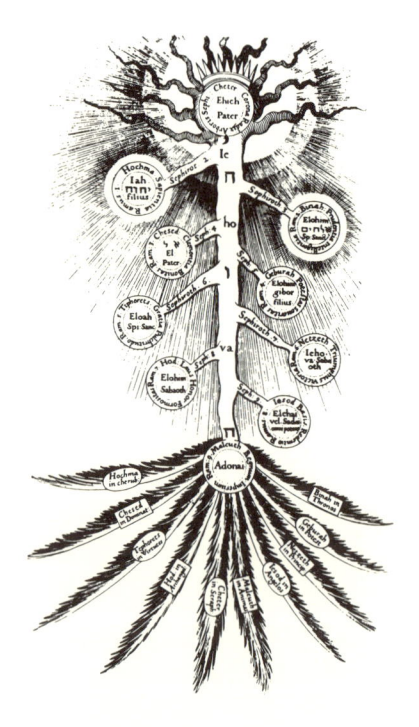

ユダヤの生命の樹（多くは根〜枝〜葉）という形で紹介されている

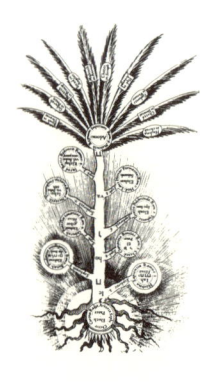

根を下にした姿

タロットカードとトーラー
TAROT & QABALAH 1

　トーラーとは、旧約聖書の最初の五書だと言うことは、多くの人の知るところでしょう。
「旧約聖書」とは、言わずと知れたキリスト教の正典ですが、これはユダヤ教の正典（＝カノン：規準の意）である39の文書から引用したものなのです。ユダヤ人たちの、信仰と生活の規範であった正典は、もはや現存せず写本の断片が残されているだけです。

　紀元1世紀末に、ヤムニヤで開かれたユダヤ教のラビ（＊1）会議で、ユダヤ教の正典として、39の文書「律法、予言者、諸書」（Tora：トーラー、Nebiim：ネヴィーイーム、Ketubim：ケトゥーウビームの三書、頭文字からTNHタナハと総称する）を特別に神聖視して、彼らの生活の規範としました。
　この時に、正典からはずされたものが「外典」、「偽典」に分類されます。
　三書の内、トーラーの結集作業は最も早く、紀元前5世紀頃から編纂が始まり紀元前400年頃には終了、その他の部分は、紀元1世紀には完成しています。

> （＊1）紀元前3世紀から他国の勢力によって国を追われ離散し、各地に共同体を作るようになったユダヤ人たちが、どう暮らして行くべきか、万が一各地のユダヤ人の間で争いが起こった場合の決め事などが必要となり、ユダヤ人共同体のためにトーラーの注釈が制定され、「タルムード」という6冊の書物が成文化しました。このタルムードを深く学び、精通している裁判官、立法家、弁護士などが、特別に「ラビ」と呼ばれます。

　紀元2世紀末、カルタゴ教会会議において、キリスト教徒たちは彼らの正典に、このユダヤ教正典をそのまま組み入れて、キリスト教独自の正典を成立させました

が、それが現在の「新約聖書」です。ユダヤの正典に習って、キリスト降誕以降 A.D. 50〜150 までの歴史をまとめた歴史書、手紙、予言書の三部構成から成るキリストの正典が、ここに成立しました。彼らは、自分たちの聖典を「新たなる契約」として、先述したユダヤ教の正典タナハ 39 書を、「旧約聖書」と呼ぶことにしてしまったのです。新約聖書の中で「聖書」としるしているのは、いずれも TNH ＝ タナハを指します。

創世記から始まる 39 巻の「旧約聖書」と、27 巻から成る「新約聖書」の最終章黙示録まで、合計 66 巻のいわゆる『聖書』は、何世紀もの年月をかけて、多くの著者が記してきたものです。

現在『聖書』とされているものは、1546 年のカトリックのトリエント公会議で制定されたのですが、しかし 1870 年のヴァチカン宗教会議で、聖典として認められたものが、プロテスタントによって外典とされたりもしています。

また、ユダヤ教分派＝キリスト教異端派である「エッセネ派」(＊2) がギリシア語訳を作成する際に、意図的に、彼らの信仰の対象である「神が守ろうとしている樹」すなわち「生命の樹」を偽典に導入し、神と人間との関わり、宇宙そのものについての哲学的思想を吹き込んだとも言われています。

(＊2) エッセネ派以外にも、ユダヤ教分派として、ネストリウス派、ギリシア哲学のプラトン派などが、初期キリスト教の「三位一体説」に反発し、唯一神、無二の「一なる創世主」への信仰を強めていきました。一説によると、エッセネ派のさらに分派クムラン宗団から、イエス・キリストが誕生したとされています。

「カバラ」とは、この神の「生命の樹」に象徴された、ユダヤ教の正典 Tora の解釈学に等しいもの。「神＝創世主＝宇宙＝小宇宙である私たち人間」と言う図式に示される「神秘的哲学思想」であり、宗教ではありません。
「受け取る、伝承」を意味するヘブライ語 QBL、英語表記すると、Qabbalar、Cabala、Kabbalar とも書き表されます。

カバラの文献は、ヘブライ語とカルデア語、一部アラビア語で書かれていますが、記述した指導者たちは、そのルーツを辿ると、チグリス・ユーフラテス川流域におこり、後にバビロニアを占領した古代セム人だと分かります。

タロット・カバラ・ヘブライ文字
INFORMATION

　著者はタロットカードに関して、西洋神秘思想「カバラ」における宇宙観、そして世界最古とされる文字「ヘブライ文字」の象徴を根底に、その解釈と理論を展開しておりますが、それが何故なのかを理解していただくために、そして「カバラ」や「ヘブライ文字」に馴染みのない読者のために、通読に当たって参考になると思われるキーワードに関して書籍からの情報を掲載しておきます。

★アテュ
　本書では、アテュと言う表現を使ってタロットカードを呼んでいますが、アテュ (ATOUT) とは、切り札を意味し、「第一のアテュ」と言えば、「愚者」のカードを指して言うことになります。
　ウェイト以前に神秘思想研究家＝オカルティストが焦点を当てた、タロットカード大アルカナ22枚とヘブライ文字22文字との照応という観点からの考察により、解釈します。

★魔術
　本書のカードの解説の中にも、「魔術」に関して、その定義から様々な逸話を述べています。魔術師、オカルティストとは、文字やことばや数に着眼し、それらを宇宙に照応させ、あるべき自己＝小宇宙を完成させ、そしてハイヤー・パワー Higher Power＝変化を起こす術を獲得しようとする者たちを示します。
　旧約聖書の中では、神はことばによって世界創世を果たしたと示されています。
　前ページでも触れたように、とりわけ本書では、文字に焦点を当てています。まだ文字を持たぬ古代人は、感情をどうやって他者に伝えていたのでしょう？

INFORMATION　タロット・カバラ・ヘブライ文字

　愛情、怒り、悲しみ……現代に生きる私たちでさえも、ことばを使ってもなお行き違い、もどかしさを感じることの何と多いことでしょうか。
　声を出すことによって内に充満する様々なエネルギーが解放され、物事は整然となり、「調和」が得られること、そこから「新しいものが発生する」ことを知った古代人達にとって、ことばと言うものがまさに魔力、創造力であるものに等しかったはずです。
　創世記は、無から何かを生み出す創造物語ではなく、混沌と秩序、光と闇等、対立物の融合と調和に関する法則、その法と人類との関係を示す資料であることも重要です。

★ヘブライ文字
　文字の生成の流れを述べておきます。

☆ BC 4000〜3000
メソポタミア流域の都市国家の成立と同時に、文字が生成。
　チグリス・ユーフラテス川流域のシュメール人の楔形文字から始まり、エジプト人の象形文字などが見られる。
☆ BC 2000
　肥沃な三日月地帯で、自称イスラエル人であるヘブライ人部族が始まる。
☆ BC 1000 頃
　ヘブライ王国が設立されるが後に滅亡。彼らはエジプトを後に、カナン（＝パレスチナ）に定住する。
　シナイ文字（＝エジプトの象形文字から単純化されたセム語の表音文字）が、シナイ半島で発見されている。
カナン碑文とシナイ碑文とがまとめて原カナン文字（＝絵文字）と呼ばれる。

☆ BC 11 世紀頃までに
　フェニキア人（＝カナン人のギリシア語名）の交易活動に伴って、フェニキア文字が、東地中海沿岸に流布。これが現アルファベットの大元、世界最古の表音アルファベットで 22 記号がある。

☆ BC 800 年頃
16 文字のギリシア母音文字が加わり、24 文字のギリシア語のアルファベットが成立
☆ 文字が左から右へ書かれるようになり、西洋における文字表記の基礎となる。
　ヘブライ文字とギリシア文字と、黄道十二宮、身体の部位とが対応される。次頁の表参照。

　最古の文明と言える古代エジプトのことばや文字は、ユダヤ人より持ち出されて、各地で様々に変成を果たしました。その一例が、現代アルファベットであるわけです。
　カバラの文献は、一部アラビア語で書かれてもいますが、ヘブライ語とカルデア語が使用されています。

　カルデア語＝セム語派に属し、アラム語が補助言語でもある。
　カルデア人＝チグリス・ユーフラテス川流域からおこり、バビロニアを支配するようになった。古代セム人。

★カバラの起源
☆ AD 100 頃
　聖書の新ギリシア語訳が完成した後さらに、口伝律法の集大成として「ミシュナ」の編纂が始まりました。
☆ 499 年
　その注解である「ゲマラ」を併せた、バビロニア・タルムードが完成します。
　このタルムードを信望する者の中から、特にラビの中から「カバラ」を支持する者が出てきました。

　　　　　　　　　　＊ラビ：法律家。または、ユダヤ人が、彼らの優れた師を呼ぶときの敬称。ラブ、ラボニと言われる段階もある。

★西洋神秘思想「カバラ」の創設者として挙げられるのは、タルムードに登場する3人の学者であると言われています。

INFORMATION　タロット・カバラ・ヘブライ文字

文字と十二宮、身体部位の対応表

ギリシア文字		ヘブライ文字		対応宮	対応星座	身体部位
アルファ	$A\alpha$	アレフ	א	白羊宮	牡羊座	頭
ベータ	$B\beta$	ベト	ב	金牛宮	牡牛座	咽喉
ガンマ	$\Gamma\gamma$	ギーメル	ג	双児宮	双子座	肩、腕、手
デルタ	$\Delta\delta$	ダーレト	ד	巨蟹宮	蟹座	胸
エプシロン	$E\varepsilon$	ヘー	ה	獅子宮	獅子座	心臓
ダイガンス	$F\digamma$	ヴァウ	ו			
ゼータ	$Z\zeta$	ザイン	ז	処女宮	乙女座	胃
エータ	$H\eta$	ヘト	ח	天秤宮	天秤座	腸
シータ	$\Theta\theta$	テト	ט	天蠍宮	蠍座	生殖器
イオタ	$I\iota$	ヨッド	י	人馬宮	射手座	腿
カッパ	$K\kappa$	カフ	כ	磨羯宮	山羊座	膝
ラムダ	$\Lambda\lambda$	ラーメド	ל	宝瓶宮	水瓶座	足首
ミュー	$M\mu$	メム	מ	双魚宮	魚座	足
ニュー	$N\nu$	ヌーン	נ	双魚宮	魚座	足
クシー	$\Xi\xi$	サーメク	ס	宝瓶宮	水瓶座	足首
オミクロン	Oo	アイン	ע	磨羯宮	山羊座	膝
ピー	$\Pi\pi$	ペー	פ	人馬宮	射手座	腿
		ツァダイ	צ			
コッパ	$\mathrm{\varphi}$	クォフ	ק			
ロー	$P\rho$	レーシュ	ר	天蠍宮	蠍座	生殖器
シグマ	$\Sigma\sigma$	シン	ש	天秤宮	天秤座	腸
タウ	$T\tau$	タウ	ת	処女宮	乙女座	胃
ウプシロン	$\Upsilon\upsilon$			獅子宮	獅子座	心臓
フィー	$\Phi\phi$			巨蟹宮	蟹座	胸
キー	$X\chi$			双児宮	双子座	肩、腕、手
プシー	$\Psi\psi$			金牛宮	牡牛座	咽喉
オメガ	$\Omega\omega$			白羊宮	牡羊座	頭

☆ 75 年頃
　西洋神秘思想「カバラ」の起源とされる
　創設者として知られるラビ・ネフニャ・ベン・ハカナの活躍
☆ 3〜5 世紀
　ラビ・イシュマエル・ベン・エリシャが活躍。この頃『創造の書』が書かれる
☆ 13〜15 世紀
　ラビ・シメオン・ベン・ヨハイの活躍期、13 世紀末ゾハール『光輝の書』発表される。以降 15 世紀にかけて確立

★「カバラ」が示す宇宙創造の十段階
☆ 2 世紀ギリシアの天文・数学者プトレマイオスの唱えた、天文学の十の天球に相当し、さらにそれはまた『創造の書』の十の数にも相当するものです。それらは、形而上的原初の力を象徴するものでもあります。
　10 の創造の基本原理と、22 のヘブライ文字＝万物の元素が結びつくと、様々な事物が周期的に繰り返し生じるのです。
　この「生命の樹」の 22 の小径（パス）に相当するのが、タロットカード 22 枚の大アルカナであり、10 のセフィロトが各スート、ワンド WANDS、カップ CUPS、ソード SWORDS、ペンタクル PENTACLES それぞれの小アルカナに相当します。
（「タロット解釈のための生命の樹」の章参照）

　創造エネルギーが流出し完成するまでには、両価性・相対概念が反映されており、それぞれが弁証法的に解釈されるべきものであり、作用と反作用の法則が見出せるもの。宇宙とそこに存在する小宇宙である人間との調停の必要性とそのあり方が示されているのです。事物は周期的に繰り返し生じる。その創造エネルギーを完成に導くものは、両価性と相対性の概念なのです。
　生命の樹と象徴される宇宙観を手がかりに、今日私たちが手にすることが出来る多くのタロット・デッキを、近代オカルティストたちが独自の手法で編み出してきたのです。

★カバラと魔術に関する誤解

INFORMATION タロット・カバラ・ヘブライ文字

　近代オカルティストたちは、あまりにも魔術的カバラに魅せられてしまいました。
　変化を起こす技を追求する余り、ユダヤ教正典タナハ TNH へと遡り、TORA の解釈へと走りましたが、実際この神秘思想は 13 世紀末ゾハールによって、形として成立を果たした若々しい思想なのです。

　　　　　　　　　　　（起源は 7 世紀、中世頃成立、その後目覚ましく発展。初期ユダヤ
　　　　　　　　　　　教の戒律とは大きく異なる。）

★現代におけるカバラ
　神智学、形而上学、宇宙論、自然主義に基づいた思想の他に、荒唐無稽な分野までにも、幅広くなってしまっています。他にも、禁欲的道徳派、魔術的迷信派などがありますが、魔術結社のメンバー達によって、第三学派、神髄から離れたいわば、異端派への集中から、衰退していくことになってしまいました。

　　　　　　　　　参考文献
　　　　　　　　　『ヘブライ語のすすめ』／池田潤／ミルトス
　　　　　　　　　『数秘術・数の神秘と魅惑』／ジョン・キング著・好田順治訳／青土社
　　　　　　　　　『カバラ Q＆A・ユダヤ神秘主義入門』／エーリヒ・ビーションフ／三公社刊　本来の「カバラ」が、現代社会における結社組織で盛んになっている儀式魔術とは、かけ離れていることを訴える一冊として参考書籍としてあげておきます。

タロットカードと生命の樹
TAROT & QABALAH 2

　関わる多くの者が、その魅力に取りつかれ、その謎を解こうと様々な試みに専心するようになるのが、タロットの興味深いところです。

　そして大抵、ウェイト以前にエリファス・レヴィ（＊1）、パピュ（＊2）が提唱した、古代神秘思想「カバラ」に謎解きの鍵を見出します。

　「生命の樹」に、78枚のタロットカードを相当させる方法は、今日多大な支持を得ているタロット解釈法です。

> （＊1）エリファス・レヴィ
> Eliphas Levi　1810頃～1875　フランス生
> 本名：Alphonse-Louis Constant
> オカルティスト。聖職者になるはずだったが、社会主義に目覚めフランシス・バレットがケンブリッジに設立した魔術学校に協力。『高等魔術の教理と祭儀』『魔術の歴史』を出版したが、後にカトリック教徒に戻る。
> 　　ことばと文字と数字の三位一体。「アルファベット」のごとく単純で、「言」のごとく深奥な哲学。ピタゴラスの定理よりもさらに完璧な、さらに鮮明な定理。指折り数えて要約できる神学。幼児の手のひらにも掴ませることができる無限なるもの。十個の数字と二十二個の文字、一個の三角形と一個の正方形、そして一個の円、これがカバラの構成要素の全てである（『高等魔術の教理と祭儀・教理編』／人文書院）。
> 「生命の樹」の22本のパス（小径）に、22のヘブライ文字を、さらに大アルカナ22枚を対応させ、10のセフィロトには、1～10の数が振り当てられた小アルカナを対応させた。

> （＊2）パピュ
> Papus　1865～1916　スペイン生
> 本名：Gerard-Anaclet-Vincent Encausse
> フランスで医師、オカルティストとして活躍。著書に『ジプシーの

タロット』『カバラ』などがある。
タロットとゲマトリアを関連させる。ゲマトリアとはカバラの実践化のひとつ。ヘブライ文字をそれに当たる数値に変換し、合計して出た数値から、暗示される意味を引き出そうとするもの。

　特に小アルカナを理解するに当たって、「生命の樹」を知っておくと非常に有効になります。

生命の樹とは、一体何か？

　旧約聖書の偽典、アダムとイヴの物語の中に、生命の樹は登場しています。この物語は、紀元3世紀頃、ユダヤ教分派エッセネ派が、旧約聖書をギリシア語に翻訳する際に導入した「偽典」のひとつです。

　エデンの園に暮らすアダムとイヴは、神から、楽園にあるその実を食べると知恵が宿るという「知恵の樹」から実を採ることを禁じられていました。ところが、蛇に誘惑されたイヴは、実を採って食し、アダムにもそれを勧めてしまいます。神は怒り、そこに樹を守る熾天使ケルビムを置きましたが、アダムとイヴが「生命の樹」の実にまで手を出して永遠の生命を手にすることを恐れ、結局ケルビムに彼らを追放させます。以来、人間の試練が始まったと言う、苦難の創始物語です。

　ここに登場する「生命の樹」は、その樹の実を食べれば、神の知恵、宇宙創造に関する知恵、宇宙に秘められた神秘と謎が解けるほどの知恵が授けられるというものです。そこには、人間と宇宙の関わり方、それに関する神秘・哲学的思想が体系化されているのです。
「生命の樹」とは、創世主である「一なるの神」の創世作業が図式化されたものだとも言い表すことが出来ましょう。
　その創造過程すなわち「神的創造の源泉の流出」を、「セフィロト（＝神の輝きの意もあるヘブライ語）」と呼ばれる十段階に分け、それぞれの段階に相当する神の位相、宇宙の位相を理解し、自らが置かれている状態に関することを紡ぎだそう

とするものです。
　ここで言う「神」とは、キリスト教における父なる神でも聖なる子イエスでも、他のどの宗教の信仰の対象になっている神でもありません。
　「カバラ」の思想では、「生命の樹」をテキスト（教義文書）としており、他にも数々の文献がありますが、以下の4文書が優れたテキストとして有名です。

① セフェル・イェツラー：『創造の書』（セフェル sefer／sepher＝書）
イェツラー文として知られる、宇宙と人類の創造、起源、本性に関する文書。
カバラ第一期と言われる、3〜5世紀頃に制作されたと推定される。

② ラビ・アキバのアルファベット
ヘブライ語アルファベットの文字はそれぞれ、宗教的、道徳的、神秘的、空想的性質を有するという思想が語られている。

③ ゾハール：『光輝の書』
ラビ・シメオン・ベン・ヨハイによる。
　1）神秘の書
　2）アダム・カドモンすなわち神の肉体についての記述
　3）死についての哲学的瞑想方法
　カバラ第三期と言われるのは13〜15世紀だが、本書は13世紀末に完成されていたと言われる。
　この頃よりセフィロトの体系が現れる。

④ セフェル・セフィロト　Sepher Sephiroth
それ以前に出た、『創造の書』『光輝の書』を樹と言う形に体系化したものであり、「生命の樹」（ヘブライ語で「オッツキイム」）という体系を用いて、神の本質を知ろうとするもの。
そのほかに　⑤アエス・メザレス　錬金術的論文集がある。

創世主である一なる神と十の原初思想

1〜10までのセフィロト（＝天球）とは、球体を意味するギリシア語、数を表すヘブライ語でもあります。

一説によると「神の光」を象徴する石の名前「サファイヤ」から生じたとも言われています。

カバラ思想における「神」とは一なる創世主であり、ビッグ・バンのエネルギー、無限なるモノ、無条件ナルモノ、絶対ナルモノ、「アイン・ソフ（無限）」と称されるものです。

2世紀ギリシアの天文・数学者プトレマイオスの唱えた、天文学の10の天球に相当し、さらにそれはまた『創造の書』の10の数にも相当するものです。それらは、形而上的原初の力を象徴しているものであり、以下の十段階で表現することができます。

創造の十段階
1. 統合であり神であるワンネス ONENESS ＝宇宙。
2. 神の息吹、声、すなわち「風」の要素。
 （旧約聖書では「光りあれ」の声）
3. 息吹から「水」の要素が生じる。
 （旧約聖書／地は形なく、闇が淵のおもてにあり、神の霊が水のおもてを覆っていた、）
4. 原初の水から原初の「火」が生まれ、火は空気と交わって、天とその住人を創り出す。
 （旧約聖書／水の間を大空で分け天と地を作り二つの星を作って、火をおこし人を住まわせ）
5、6． その宇宙・マクロコスモスの高低
7、8、9、10． 四方向（東、西、南、北）という広がりを持つ宇宙空間が作られました。

このように、十の創造の基本原理と、22のヘブライ文字＝万物の元素が結びつくと、様々な事物が周期的に繰り返し生じる、ということが「生命の樹」に示され

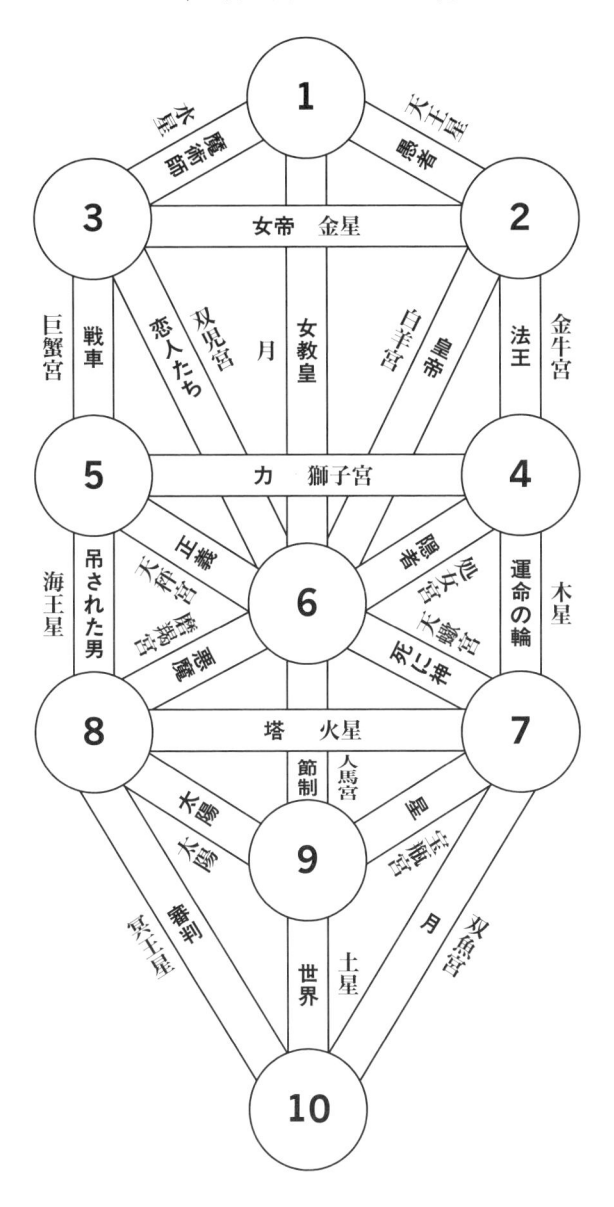

生命の樹と大アルカナの照応

```
              ( 1 )
         木星   天王星
        魔術師  愚者
    ( 3 )──女帝 金星──( 2 )
    巨蟹宮 戦車 恋人たち 月 白羊宮 法王 金牛宮
              女教皇 皇帝
         ( 5 )──力 獅子宮──( 4 )
         正義 隠者 処女宮 運命の輪
         海王星 天秤宮 悪魔 山羊宮 木星
         吊された男  死 ()()
              ( 6 )
         ( 8 )──塔 火星──( 7 )
         節制 人馬宮
         冥王星 太陽 ( 9 ) 月 双魚宮
         審判      土星
              世界
              ( 10 )
```

生命の樹と大アルカナの照応図

ています。そしてそこにはタロットカード 78 枚を見事に対応させることができるのです。

　その創造エネルギーの流出から完成までの間には、時と場合よって移り変わる、両価性・相対概念が反映されています。
　それぞれの事象が、弁証法的に解釈されるべきものであり、作用と反作用の法則から成るものです。
　宇宙とそこに存在する小宇宙ミクロコスモスである人間との調停の必要性とそのあり方が示されているのです。

　この「生命の樹」の 22 の小径（パス）に相当するのが、タロットカード 22 枚の大アルカナであり、10 のセフィロトが各スート、ワンド WANDS、カップ CUPS、ソード SWORDS、ペンタクル PENTACLES それぞれの小アルカナに相当します。

THE MAGICIAN. 魔術師

・第二のアテュ・
✴ THE MAGICIAN. ✴
魔術師

照応）
ヘブライ文字：ベト ב
　原カナン語の家を表す文字から派生している。旧約聖書の最初に書かれているのが、この文字である。古代人にとっての「家」、すなわち血筋・血統、また子供が産まれる場所、誕生とは、あたかも個人が知恵を発揮するためのステージが用意されるようなものだろう。

宇宙観：水星
　知性・言語・コミュニケーションに関する事柄を象徴する。人の学習能力や思考パターン、話術・執筆能力、応用力を司る星。対応十二宮：双児宮。

　タロットカードには、数秘学の概念が織り込まれています。前出したカード「愚者」以外、この「魔術師」のカードからは数字の1からそれぞれ、カードに当てられています。数字からも、1枚のカードの象徴を解いていくことができます。ただし、**タロット・カードは断じて「数秘カード」ではありません。カードに振り当てられたローマ数字よりも、22枚の大アルカナカードの何番目の札に当たるのか、**

THE MAGICIAN. 魔術師

すなわち「生命の樹」の何番目の小径（パス）に当たるカードなのか、と言うことの方にその象徴は凝縮されているはずです。

「魔術師」のカードを考察していきましょう。
　描かれているのはタイトル通りの魔術師です。
　ライダー・ウェイト版の作者で知られるアーサー・E・ウェイトが、イギリスの魔術結社「ゴールデン・ドーン」のメンバーであったことは周知のことですが、ここで魔術と言うものを紐解いてみましょう。
　魔術とは──

　魔術師の意志に従って、変化をもたらす業であり、科学である／A・クロウリー
（＊1）
　意志に従って、意識の中に変化をもたらす業である／D・フォーチュン　　（＊2）

（＊1）アレイスター・クロウリー：
Aleister Crowley　1875〜1947　イギリス生
本名：Edward Alexandar
自称 E. レヴィの再生、1898 年魔術結社「ゴールデン・ドーン」に参入、悪魔召喚の術などそのエキセントリックな活動・功績は、現代オカルティストの間で「20 世紀最大の魔術師」として仰がれている。『法の書』など魔術書を多数出版、GD 脱退後は、自らの結社「銀の星」を設立し首領となる。OTO（東方聖堂騎士団）の支部長位階も与えられている。

（＊2）ダイアン・フォーチュン：
Diane Fortune　1891〜1946　イギリス生
本名：Violet, Mary. Firth
Deo Non Fortuna（神によって幸福ならざる者）は自ら名付けた魔術師名・筆名、英国を代表する女性オカルティスト。*Moon Magic* などの魔術書を始め、小説、エッセイなど多数の著書がある。心理療法士でもあり、1919 年魔術結社「ゴールデン・ドーン」に加入。脱退後、「内なる光の協会」を設立。

また、『オカルト事典』に寄れば、

　物質界から押しつけられた障害を突破して、その背後にある精神の領域に入ろうとする、様々な技術を表すための用語。

超世俗的な力（＝精霊・悪魔など）と交信し、それらを導く科学であり、同様に下級の領域にある力に命令する科学。自然界の通常の限界を乗り越えようとすること。
　霊的代行者による説得（この場合は、結果的に白魔術になる）または強迫（黒魔術になる）を通して、一連の出来事に影響を及ぼす行為を言う。

　――と、定義されるものです。すなわち**「魔術」とは精神力を駆使し、自然界の常識を越えて、人や環境に変化を及ぼす作業＝願望成就、目的を成し遂げるための行為一般を指すことばです。**
　魔術師でなくとも、日常私たちは、精神・意志の力で、自己や環境を変えようと無意識の内に様々な努力を行っているもの――誰もが「魔術師」になりたいと思っているようなものでしょう。
　「まじない」は、道具や護符を製作して身につけることによって悪しきものから身を守ることが基本であり、その応用で願望を成就させる方法もあるというものです。
　それと区別して、「魔術」が通常儀式を要するもので、古代神や天使を召喚し交信することによって、変化を引き起こそうとするものであること。また、この場合の神や天使とは、人間に内在する高次の力、潜在能力のことなのです。その力と交信するために、神や天使と言う形を与えて視覚化して呼び出すと言う儀式を行うわけです。

　カードに描かれている魔術師の頭上には、無限大を示すマーク∞が描かれています。
　無限の可能性を象徴するものですが、頭上から、人間の魂に呼びかけて導く「神」と称する人もいれば、「Higher Power（高次の力）」、あるいは、自己の中に内在する「潜在能力」だと言う人もいるでしょう。
　人間の通常レベルを超えた高次の力を発揮して変化を起こそうとする精神力を表します。

　魔術師自身が、ワンドと呼ばれる魔術用具のひとつを手にしています。色々な種類があるものですが、彼が有しているのは「火のワンド」、意志を燃やして最強の創造力を、自分の中から沸き上がらせ発揮しようとしている瞬間なのです。
　対して、テーブルの上にも道具が置かれていますが……四大を象徴する人の道具

が置かれています。杖（木の棒）は火、聖杯は水、剣は風、円形の紋章は地の象徴です。

魔術師の姿は上ナルモノと下ナルモノとの統合を表しています。「私が四大を司ろう」——彼の意志するところです。一者のものが四大を統合しようとすること、四構造が相まってひとつの宇宙が創造されること——このカードには、創造する意識、自らの意志を貫こうとすること、が物語られているのです。

魔術儀式では、上記四つの道具から派生した、四大魔術用具が使用されます。

杖（木の棒）はワンドと呼ばれ、人間の直観、意志・情熱の象徴、聖杯はカップ、人の情を、剣はソードと呼ばれますが、人の感覚、思考・判断する力、円形の紋章はペンタクル、人の肉体、物質に対する感覚や価値観、物質そのものを象徴します。

つまり、魔術師とは、四大を操って、自らの望む変化を起こすのです。

そこには、ギリシアの哲学者・エンペドクレス以前の、あらゆる万物は四元素から成り立っているという、四世界論が打ち出されているのです。

火・水・風・地、四大を統合し、それらのバランスを取ることで、変化を生み出そうとする——**技術、応用力**——**知的活動一般を象徴します。**

ゴールデン・ドーン以前の魔術結社、薔薇十字会、フリーメイソンなどにも、エジプトびいきの傾向が強く現れていることでも分かるように、西洋・神秘思想は数々ありますが、古代のエジプト人達の生活様式・世界観の異相のようなものなのです。様々なイメージからひとつの象徴を見出そうとする世界観、儀式などの象徴的行為に満ち溢れた彼らの生活の中で、天文学は、儀式を司るのに相応しい時を選ぶために、編み出されたものなのです。

儀式は、その中味にもよりますが、太陽神オシリスを司祭長に、書記長トートが並んで、執り行われます。

学問の神であり、書くことを発明した書記神であり、月の神でもあったトート神は、さらに太陽神オシリスの守護神でもあり、筆記者の守り神ともされていました。

トート神は、後にギリシア神話のヘルメスと同一視されるようになり、**ヘルメス・トリスメギストスとして、西欧思想に導入されて以来、西洋文明における錬金術、神智学界、神秘主義理論への発達を促すものとなっていきました。**

カードに描かれている魔術師が手にしているのはワンド・魔術用杖で、本能・情熱の象徴です。ここでは**確固たる意志を抱いていること、望むもの、目的、ハッキ**

リとした方向性を示します。

　対応惑星の水星にも象徴されるのは、言語・読解・記述・計算能力など、一般に言う学校教育から身に付けるアカデミックな力です。特に、意思伝達能力に優れ、機転を効かせる鋭敏さをも表します。

　白い百合と赤い薔薇が描かれています。
「愚者」で述べたように、赤と白とが共に存在すると、ひとりの人間を象徴し得ます。
　そして、白は純粋さ、そして女性原理の象徴です。
　赤は、情熱と行動力と男性原理の象徴。
　女性特有の感受性と男性特有の理知を有したひとり子の誕生、新しいスタートまでも時に示しますが、絵柄の魔術師は、まだ卓上の物に手を触れてはいません。
　実際に物事に着手する、新たなスタートを切ることまで解釈できるかは、前後左右のカードによります。

　では、このカードの出方がよろしくない場合、前後左右のカードが、質問に関して否定的だったり、周囲のカードとのバランスがよろしくない時、端的に逆位置で出た場合はどうでしょう。
　浅知恵の、凡庸な発想しかできないことから生じた出来事、あるいは、そのような人の性質を表すことになります。
　確かな技術を持たない、ことを成すことが出来ない無能な人物をも表すでしょう。
魔術師ではなく、未熟な口先ばかりのペテン師、と言うことです。

THE MAGICIAN. 魔術師

カード NO.1 魔術師　THE MAGICIAN.
アテュの象徴：**ほとばしる創造意欲と新たな始まり、創造の原点**
キーワード：

強	高次の力
	強い志
	緻密な計画
	コミュニケーション力
	機知、手際の良さ
	アカデミックな力
	始まり、初期段階
本質	**ほとばしる創造力、技術と理知**
	浅知恵
	口先ばかり
	スタートを切れない
	発言と行動が一致しない
	コミュニケーション上のトラブル
	ごまかし、狡猾さ
	詐欺
弱 あるいは 過不足から 裏目に出る	（上記の事柄に対する）警戒・警告として出る場合がある

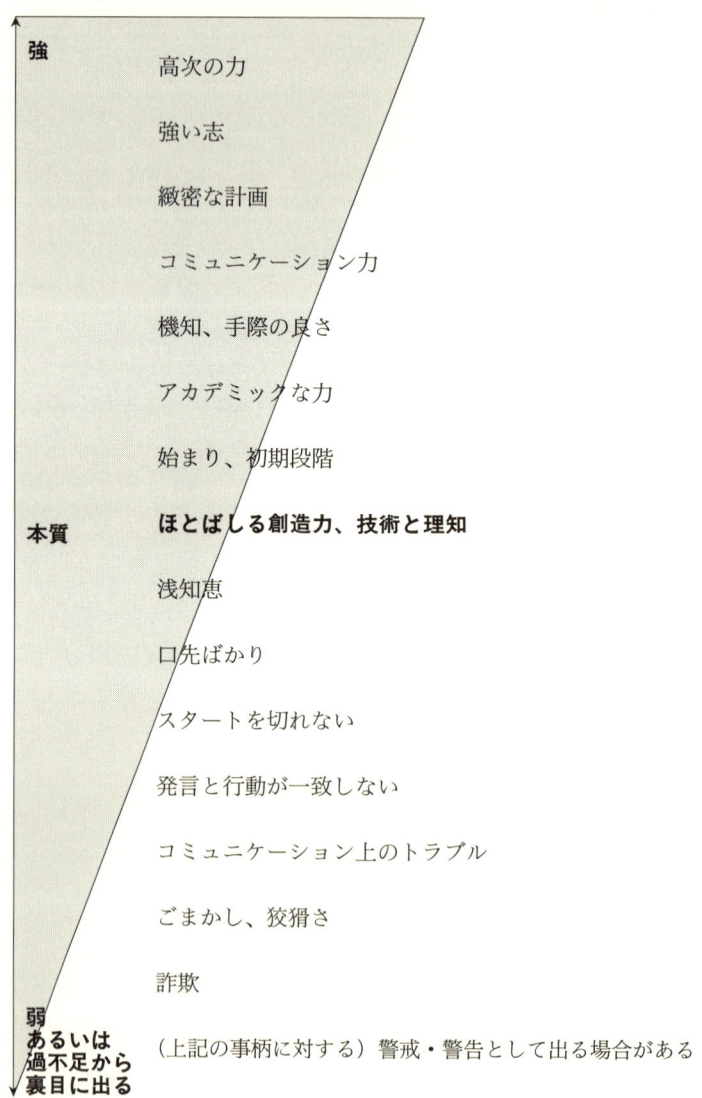

THE HIGH PRIESTESS. 女教皇

・第三のアテュ・
✢ THE HIGH PRIESTESS. ✢
女教皇

照応)
ヘブライ文字：ギーメル♪
　元とされるフェニキア文字は、ラクダのこぶを表している。ラクダとは、古代生活において、価値あるもの、生殖、繁殖能力、生きるものに備わった本能をも象徴する。
宇宙観：月
　女性性の象徴。その異相は、処女、妻・母親、老婆をも表す。個人の感情・感受性、精神構造の潜在的・本能的な部分を司る星。対応十二宮：巨蟹宮。

　タロットカードとは、絵柄・シンボルによって、物事の状態や性質を物語るものですから、象徴学的な取り組み方をしていくのが基本です。
　シンボリズムも、エジプトとギリシア、あるいはシンボリズムとイコノロジーとでは、解釈の仕方が微妙に異なってきますが、ウェイト版の多くのカードの図柄に、エジプトの古代文明・神話の断片が描かれています。

THE HIGH PRIESTESS. 女教皇

　「女教皇」の頭飾り（ヘッド・ドレス）は、エジプトの女神のそれそのものです。
　その円盤は、太陽を産んだとされる「古代エジプトの女神ハトル」もしくは後にハトルに取って代わった「女神イシス」の像に見られるもの、夜空の太陽を表し、二本の雌牛の角からできているタイプのものと一致します。
　ハトルは天空神であり、「太陽神オシリス」の母として知られています。
　オシリスは、エジプトの万神殿の中で、最高神と崇められていますが、弟である「砂漠の神セト」によって、事ある毎に王位剥奪、命の危機にさらされます。その度、オシリスを救い、その命を助けてきたのが、妻である「女神イシス」でした。
　女神イシスは、ギリシアにおいて「ソフィア」と称された知恵の象徴。
　古来より、女性性、女性の力は、魔術的な諸力を担うとされてきました。
　ウェイト版以降、驚異的な高まりを見せた、白魔術のシンボルとしての「女神イシス信望」の発端のひとつではないかと思われます。

　身に纏っているものが青く、またカードの色調も青々としています。
　青い色調のカードは、崇高な人間の精神性や冒頭で示した「宇宙観」を物語るものです。　　　　　　　　　　　　（＊「タロットカードの色調」の章を参照）
　毅然とした様子で正面を見据えています。
　冷たそう、厳しそう、恐そう……など、最初の印象を聞くと、多くの人が「物静かで厳格な様子」が感じられると言うカード。このカードが出る場合、状況としては、**見た目には物事が微動だにしない、緊張感のある状態になることが分かります。**

　正面を向いた人の絵姿のカードは、多分に当事者ひとりに関与する部分が大きく占めます。一方斜め向き、横向きの人の絵姿は、対人、周囲との関わりを暗示します。後ろ向きの絵姿は、当事者が「内向していること」。本人の内面に本人自身が焦点を当て、自覚をしている状態、閉鎖的とも言える心境を示します。
　真っ直ぐに正面を向いて座っている姿勢は、人で言えば一本気な性質にも等しいでしょう。純粋に自分の意志や思いを貫こうとする気質です。立ちつくしていた「魔術師」よりも、行動力には欠けるようですが、むしろ動きのなさ、柔軟性の欠如と言ったことから、頭の固さ、融通が効かないことなどが伺えます。
　そうあるべき整然とした状態ですが、情けは皆無、妥協は許されないのです。

　波打つような装束は、人間の感受性、女性性の最たる側面を表します。

THE HIGH PRIESTESS. 女教皇

左から、オシリスの子、タカ神ホルス、オシリスの妻「母」の象徴女神イシス。死と再生を司るオシリス、エジプトの王子ファラオ

　人を好きになったり嫌いになったり、芸術作品を鑑賞して胸を打たれたり、何かがあって悲しんだり喜んだりする人の情動が、このカードが出るときには、辛うじて落ち着いているのです。ただし、情動の波は何かがあれば敏感に反応します。
　足下の三日月は、やがて上弦の月、さらに満月となり、翌日には欠けてゆきます。満ちるときと等しい時間をかけて、新月になる——見た目には動きはなくとも、月の満ち欠けのような不安定な要素をはらんでいることも表しているのです。

　月は、古代人にとって闇を照らす太陽でした。暗がりの恐怖や不自由さをもってして、光の輝きを尊ぶに至り、月を神聖視し崇めていたことは太陰暦の使用にも現れています。
　西洋占星術の世界でも、月は、女性性、感受性、母性、生理などを司る星として、扱われています。**女性原理が凝縮されたカードであることが分かります。**

　オシリスを助けてきた女神イシスの知恵は、「内助の功」、「女性の第六感」などといったことばに示されるものです。
　本能的な直感や、鋭い洞察力、動かない、受け身に回る知恵、対男性としての女

THE HIGH PRIESTESS. 女教皇

性性、受け入れること、受動性も表します。

　女神ハトルを崇拝する神殿には、雌牛の頭が乗った2本の円柱が立てられている所もあります。古代人にとって、神殿は宇宙そのもの、円柱は天界を支えるものでした。

　女教皇の背後にある柱頭は、花が開いているようにも、ヤシの葉のようにも見えますが、古代エジプトの神殿にはどちらも使われています。

　カードの人物がいるところは、魔術によって栄華を極めたと言われるソロモン王(＊1)の神殿でしょう。内陣へと通ずる入り口に見られる、白い柱と黒い柱の中央にいる女神の姿——正反対の2つのものの、均衡を保てるのは本能的に人が授かっている知恵、物事を感受する能力であることの表れです。

　柱の向こうには、女性の性器を象徴したザクロが描かれた布地が掲げられて「生命の樹」のセフィロトを示すかのようです。女性性を神聖視していることが伺えます。

> (＊1) ソロモン王 King Solomon：旧約聖書の中で、イエスが「栄華を極めたソロモンでさえも、この花の一つほどに着飾ってはいなかった」と語っていることで有名。エルサレムを首都とするヘブライ統一王国の第2代の王・ダビデの子。
> 即位は紀元前960〜922年頃。死後は、イスラエル王国とユダ王国分裂するが、それぞれアッシリア、バビロニアに征服される。バビロンに捕人されたユダヤ人たちがユダヤ教を成立させ、エルサレムに神殿を再興することになる。

　大アルカナが、物事や人の状態や性質が擬人化されたものであることは、導入部分で述べたことですが、女性性という性質は、当然男性の中にも、子供の中にも誰しもに内在している精神の側面を指しているのであって、「質問の中に出てくる女性」を指しているわけではないことに留意して下さい。

　「女教皇」が手にしている巻物に着目してみましょう。「TORA」なる文字を、そこに見ることができます。最後の一文字が隠れた「TAROT」のアナグラムと言う説もありますが、**ユダヤ教の正典の一書、もはや現存することのない律法の書「TORA＝トーラー（掟を意味するヘブライ語）」**です。

　旧約聖書の最初の五書、創世記、出エジプト記、レヴィ記、民数記、申命記が、ユダヤ人の正典の「律法の書＝TORA（トーラー）」に当たるものです。

THE HIGH PRIESTESS. 女教皇

　ユダヤ人の律法 **TORA**（トーラー）こそが、神秘思想家たちの秘伝、「神の掟、神との約束」として、今もなお様々な形で各地で受け継がれています。

「女教皇」のカードは、万物のあり方を象徴するカードなのです。
　創世記の冒頭序文は、大宇宙が光と闇という2つの対立物によって成立していることを示しています。
　はじめに神は、天と地とを創造された……神は「光あれ」と言われた……神はその光と闇とを分けられた……。
　光と闇の逸話は、下ナルモノハ上ナルモノノ如シ──人間の内面においても、光と闇を認識し統合すること、TORA と言う戒律に従って、**対立原理の均衡を図ることの重要性を詠っています。**
　青を基調としたこのカードは、物静かで理性的な人の内面、崇高であろうとする精神性を表しています。
　ウェイト版には、数秘学的解釈も試みることができます。
「女教皇」に、振り当てられたローマ数字2は、ひとつのもの、すなわち1を構成するふたつの対立原理を表しており、絵柄の2本の柱に現れています。
　光と闇、男と女、白と黒、動と静──物事が、ふたつの対立原理と、両者の均衡から成り立つことを表し示す二元論を表します。
　シーソーは、両端が釣り合い水平が保たれると、静止します。このカードが表すのは、対立原理がバランスが取れた時の、**ピンと張りつめた緊張状態を示します。**

「女教皇」の否定的な側面、例えば逆位置で出た場合を考えてみましょう。
　女性の神秘性と言うより、気難しく陰気で、極端になれば陰湿なムードに焦点が当たります。
　女心と秋の空と言うことわざに表される、ヒステリックでムーディな扱い難さが強調されます。
　洞察力ではなく、独断と偏見に凝り固まった、ガチガチした物の考え方をすることになり、真実が見えていない。あるいは、冷静さを欠いて、いい加減な情報を鵜呑みにしているようなことにもなるでしょう。
　静かで落ち着いている状態ではなく、淡々として情の感じられない状態、冷酷無情な扱いをしたり、されたりするかもしれません。
　純真な処女性は、単なる男性否定、潔癖な男嫌いにも通じることもあります。

THE HIGH PRIESTESS. 女教皇

　逆位置で出た場合は、否定的な表現になりますが、必ずしも逆位置ばかりがそうなのではありません。前後左右のカードとのバランス、周囲のカードに、足を引っ張るようなマイナス要素があるかないかで、例え正位置でも、否定的に捕らえる場合もあるのです。
　本書では以降、上記の場合を
「カードの否定的な側面」
「カードの象徴が裏目に出た場合」
「周囲のカードが否定的な場合」
と、表現していきます。

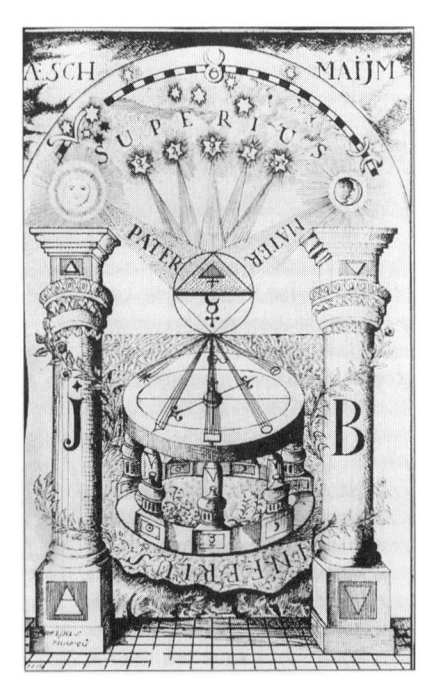

ソロモン神殿の前にある柱と同じ名称が記されている。J＝JACHIN ヤキン、B＝BOAZ ボアズ。JB の位置に注目

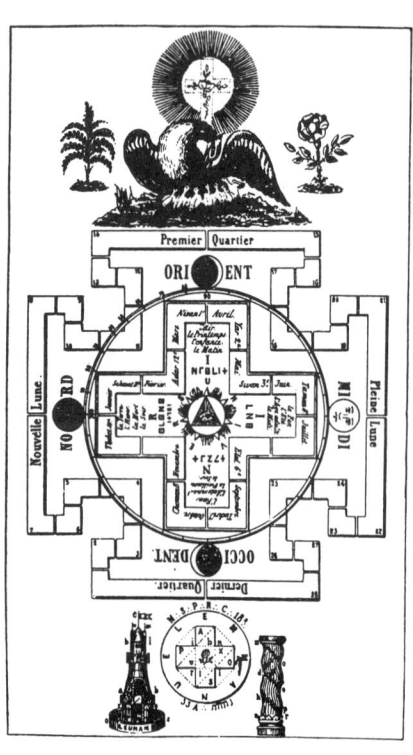

ソロモン神殿、第三の神殿の見取図
（神殿の内部図）

カード NO.2　女教皇　THE HIGH PRIESTESS.
アテュの象徴：**対立原理の均衡、二元論的な対立物の相互作用＝緊張した状態**
物静かな状態、女性原理、本能、洞察力、神秘性
キーワード：

強

第六感の力

神秘性

洞察力、直感力

本能的な知恵

品位、高潔

清楚、清貧

静寂、静観

本質　**対立原理の均衡＝緊張状態、女性の本能的な力と聖性**

陰気

独断と偏見

極端

潔癖

閉鎖的

情緒不安定

ゆがんだ聖性

弱
あるいは
過不足から
裏目に出る

（上記の事柄に対する）警戒・警告として出る場合がある

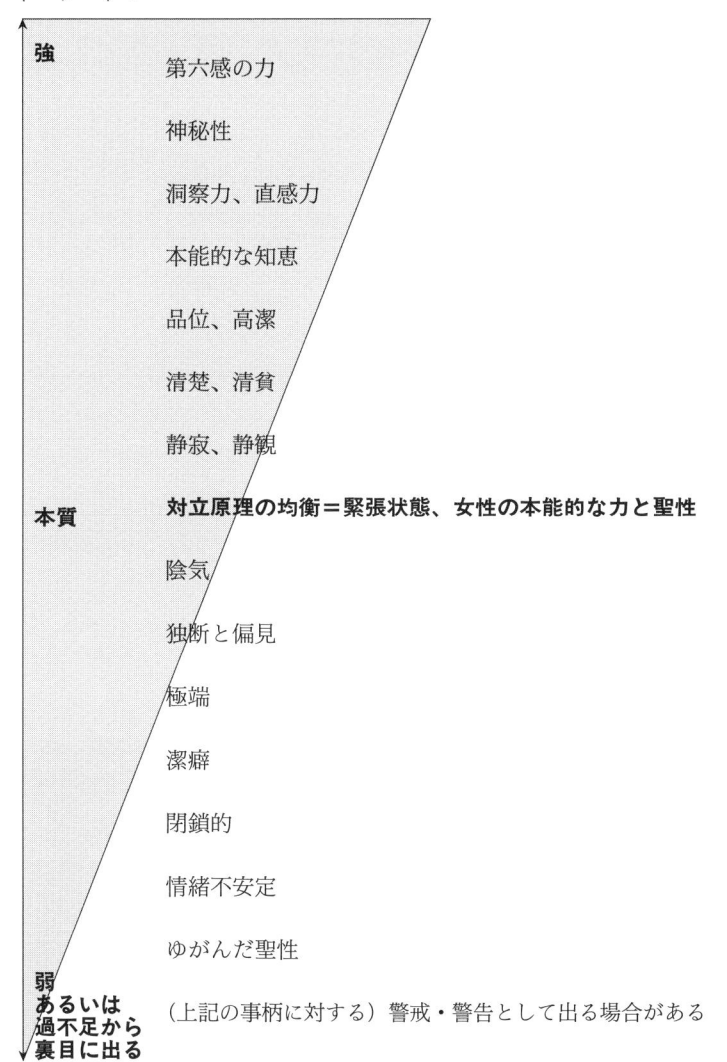

実践編 1：スリーカード・スプレッド
THE THREE-CARD SPREAD

　初めに、基本的なスリーカード・スプレッドを紹介しましょう。

　最もシンプルなスプレッドで、左から右へ3枚のカードを並べ、過去・現在・未来の流れを見る占法として知られています。端的に、物事の流れ、その傾向を見るのに適しています。

　シャッフルしたカードを、左から1枚ずつ、3枚並べていきます。

　一般的には、

① 過去
② 現在
③ 未来

と、設定することで知られています。

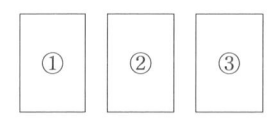

　このスプレッドは、「私の今日一日はどうでしょうか？」と言うような質問に答えることが出来ますが、**もともとタロットは、出たカードからこれからどうなるかを読むものでした。**

　上記場合、出した3枚のカードひとかたまりで、これからどうなるかと言う一点を見ようとすることになります。

　あるいは、3枚の中でも、中央のカードを主体とし、つまりこの件がどうなるかと言う判断の基準にして、左右のカードが、その主体の構成要素、例えば、その理由・原因、またさらに詳しいことを補足しながら解釈する方法もあります。

　それが時の経過と共に、初めに出す左のカードを過去、最後に出すカードを最終

カード、つまり未来として読むような、今日広く知られている解釈方法が派生したわけです。

いずれにしてもカードに慣れるまでは、**出すカードで何を読むのか、自分の中でハッキリ設定すること。**

今日一日がどうなるのか、近い未来のことを知るのに、過去のカードを出す必要はないと感じる方もいるでしょう。

基本的には、1枚のカードは、上下左右隣接する全てのカードからの影響を受ける、すなわちどうしてそのカードになるのか、原因・理由を示す作用があるのです。

過去のカードは、現状に通じる事柄、現状のカードが何故こうなっているのかを示す、何某かの原因・理由を読み取るために出すものなのです。

あまり良くない結果が出た場合、どうしてそうなるのか、その流れが分かっていれば、そうならないようにする対策が紡ぎ出せるはずです。

悪い結果が出たら、その対策・解決策も同時に出すのが、本来のタロットの使用法です。

★ 実際のカード解釈に入りましょう。以下の質問に答えてみましょう。

Q 私の今日は、どのような一日になりますか？

　スプレッドに従って、
　左から過去＝原因・理由
　　　　現在＝今日の主な出来事
　　　　未来＝一日の成果、達成感を判断しようと設定します。

スプレッドの状態は以下のようになりました。

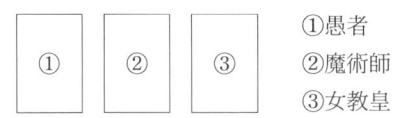

①愚者
②魔術師
③女教皇

THE THREE-CARD SPREAD　スリーカード・スプレッド

① 「愚者」
冒険心が伺えます。のびのび過ごそうと楽観主義的に物事を対処していこうと言う姿勢が伺えます。
② 「魔術師」
「愚者」の状態から積極的に活動している状態が推測されます。機転が効き、スムーズに仕事をこなせる現状が伺えます。
③ 「女教皇」
安定感と共に一日を終える。積極的であったために、見えないことが見えてくるようなこと、現状から相対的な学びを得た可能性であるとも読むことが出来ます。

では、次のように出た場合はどうでしょう。

スプレッドの状態

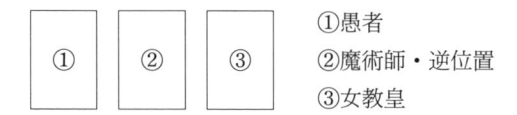

| ① | ② | ③ | ①愚者
　　　　　　　　　　②魔術師・逆位置
　　　　　　　　　　③女教皇

① 「愚者」
あまり先のことは心配せずに、行き当たりばったりで過ごしていこうと言う姿勢が見て取れます。**ここで既に②「魔術師」の影響を受けています。**
② 「魔術師」・逆位置
仕事・勉強面、あるいは対人面でのでの困難、障害、スムーズに行かない事柄、不測の事態などが伺えます。コミュニケーション上のトラブルが予測されます。
③ 「女教皇」
緊張感を持って一日を終えるようです。大きなミスや失敗は避けられるようですが、自己を省みたり、計画性や思慮深さが問われるようなことがあるように伺えます。

以上のように、同じカードで終わっていても、どう表現するかはまるで違いますし、正位置だからOK、と言うことにはならないことがお分かりでしょうか。

★ Q「片想いの彼と今後つき合えるようになりますか？」と質問されたとします。

　これまで通りスプレッドに従って、左から過去＝原因・理由、現在＝今日の主な出来事、未来＝一日の成果、達成感を判断しようと設定できますが、**基本的に、最終カード（＝未来であることが多い）とは、質問「～？」に対する「答え」を表すカードです。**

　では、3枚目のカードのみ出せばよいではないか、と言う声が上がるでしょう。確かにそうです。今後どうなるか、要するにつき合えるかどうかだけ知りたいのなら、3枚目のカードだけが必要だと言うことになります。本当にそれで気が済むのなら。
　大抵の場合、何故最終カードのようになるのか？　もっと言えば好ましくないカードの場合、どうすればいいのか？　と言う質問に必ずなるものです。
　最終カードの判断も、カードによってはその1枚のみをどう判断すべきか迷いの要素があるカードが多いのも事実。前にも述べたように、タロットカードは象徴が描かれたカードであり、端的な出来事が描かれているカードではないのです。従って、**原因・理由や対策のカードを一緒に並べる意味と、最終カードである象徴画の詳しい内容や判断をつけるために左側にもカードを並べると有効なスプレッドになるのです。**
　最終カードが、質問への答えであると言うことは、成否を象徴するメッセージカードにも等しいと言えるでしょう。

　では、前出した質問に対して、スプレッドは以下のようになりました。

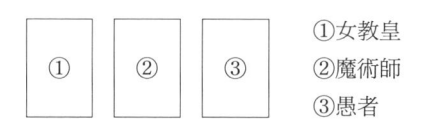

　①　②　③　　①女教皇
　　　　　　　　②魔術師
　　　　　　　　③愚者

　ここで、初心者にありがちなケースは、過去のカードに描かれている女教皇を、質問者の女性に見て取ってしまうこと。「女教皇」の解釈として、「質問者の女性は～」と、言い出してしまうのですが、このスプレッドは「片想いがどうなるか？」に対して切ったものです。

THE THREE-CARD SPREAD スリーカード・スプレッド

主体はあくまでも「片想い」であり、
その状態が過去においては「女教皇」のようであり、
今は「魔術師」のようであり、
今後「愚者」のようになるであろうと、読むのが本来の解釈法です。

　カードが表す状態の主体を、「彼女」あるいは「片想いされている男性」に設定して見るのもひとつの方法ですが、状態を判断すれば、質問者と関係者がどのような行動・心理状態になるのかは自ずと判断できるのが大抵の場合です。
　後々のために現時点では主体をひとりの人間に特定せずに、「その質問自体が」、どうなるのかを見る習慣を付けておく方が得策。
　「誰が何をするのか」を判断するのは、後半に説明する「小アルカナ」の負う部分が大きいのです。

　この段階では、まだ解説書の「女教皇」のページに戻って、書かれている事柄から、この質問においては、どのような状態が導き出せるかを考えましょう。ここがカード解釈の鍛錬のいるところです。しばらくは、解説書を開きながら、カードを1枚ずつ読み取ってみること。
　では、上記のスプレッドを解いていきましょう。

① 「女教皇」
　静かだが緊張感がある状態。
　片想いが、彼女の中で静かに始まったことの象徴だとも取れます。
　理知と洞察力を示すカードでもあります。
　突然知り合ったと言うより、紹介などがキッカケだった可能性も伺えます。
　もしくは顔見知り程度の仲だったが、徐々に相手のいい面が理解できるようになるような、質問者なりの内的な奥深い体験をしてきたのかも知れません。
② 「魔術師」
　コミュニケーションが取れて、明るみのある状態になっているようです。
　しかし、盛り上がっているものの、中味のある会話までは出来ていない模様。
　なぜなら、左のカードが
③ 「愚者」
　これは成り行きで、きちんとした恋愛関係が成立しているようには見なせません。

しかし、ふたりの間に悪意などはない気楽な雰囲気が醸し出されていることは確かでしょう。

★同一のカードでも、質問者の内容によってリーディングは異なってきます。

下記、2つの質問で、同じカードが出たと想定して解釈をしてみましょう。

パターン1
Q 「とても仲の良い友だち以上恋人未満の彼と、今後どうなるでしょうか？」

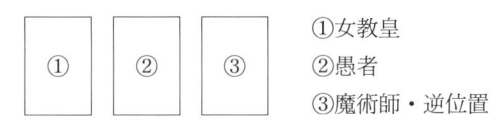

①女教皇
②愚者
③魔術師・逆位置

① 「女教皇」
　頭で判断しながら冷静に接していたふたりの状態。しかし、質問者は恋愛感情を持っているわけですから、このカードが示す状態の主体は「相手の男性」と見なすのが妥当です。彼には元々恋愛感情がないこと。
　単純にタイプではないと言うより、男女交際をして行くには無理な点があることや、性格的に合わない面など、きちんとした理由を意識していたようにこのカードからは受け取ることができます。
② 「愚者」
　遊びに行ったり、楽しく盛り上がることのできる関係だと判断できますが、
③ 「魔術師」・逆位置
　仲がよければつき合っていけるとは限らないこと、感覚的に同調できても、思考パターンや、会話のレベルや質に違いがあるふたりであることが伺え、交際には発展しない模様です。

　もし、①が「女教皇」以外の遊びの要素があるカードだった場合は、「愚者」もいい加減さが強調され、どっちつかずの宙ぶらりん状態となり、「魔術師」も「ペテン師」的な解釈になり、口先だけの交際で、適当に遊ばれてしまうでしょう。

THE THREE-CARD SPREAD　スリーカード・スプレッド

パターン２
Q 「時々駅で見かける名前も知らない男性に片想いをしているが、今後どうなりますか？」

　①　　②　　③　　　①女教皇
　　　　　　　　　　　②愚者
　　　　　　　　　　　③魔術師・逆位置

① 「女教皇」
　ちょっといいなと言う片想いではなく、好きな相手に対して奥深い考え思い入れの深さが伺えます。
　思いを寄せているのは彼女ですから、主体はやはり彼女になり、かなり真剣に相手を好きになってしまっていることが伺えます。
② 「愚者」
　しかし、不安定以前になんの接点もなく、風化してしまいそうな現状。
　あるいは、質問者が夢追い人になってしまっていることとも受け取れます。
③ 「魔術師」・逆位置
　会話も交わせないまま、進展もなく終わる可能性になります。

　パターン１、２以外にも、相談者の状況次第で、幾通りかの解釈が出来て当然なのです。

　以上、シンプルな方法ですが、カード解釈の基本の部分ですので、より多く実践すること。語学の習得と同じです。単語や文法の基本法則を知ったからと言って、直後に英字新聞を読破できはしません。長文読解の演習が必要なのです。

　初心者の方は、カードを展開する際には、手持ちのカードでも伏せたカードでも、表にするときに、カードの（頭＝）天頂と天底が逆にならないように気を付けて下さい。本のページをめくるように開いて、絵柄が逆さまにならないようにそのまま卓上に置いて下さい。

カード解釈のポイント1 READING-TIP 1
〜実践鑑定のためのアドバイス〜

　初期の段階では、必ずスプレッドの前に次の3点に注意するよう心掛けることが大切です。

　Ⅰ　どのカードで、何を読むのかを設定する

　Ⅱ　見る事柄の中での、カードの意味を設定する

　Ⅲ　カードの解釈の基準を設定する

　例えば、Q「買った宝くじが当たるかどうか」、と言う質問を、タロットカードを使って、どのように見て判断を下しますか？
　当たるかはずれるかを端的に知りたいのなら、1枚引きをすればよいでしょう。
　上記Ⅰに従って、**「引いた1枚のカードで、当たるかどうかを見る」**ことになります。

　言うまでもないことのように思われるでしょうか。実際鑑定をしていると、知ろうとする事柄とは、別のことを見ようとしてしまうことがあります（時には意図せずして、感じ取れてしまうこともありますが、非常に上級レベルです）――そこが、迷う、判断に困る、分からなくなる最大の要因です。特に大量のカードを広げる場合は、注意したいところです。
　ただし、たった1枚では、中には判断に迷うカードもあります。

　上記Ⅱに従って、**あなたの中で、「当たり」を象徴するタロットカードを、決めることです。**

「太陽」、「運命の輪」、「女帝」などが、まずあげられるでしょう。
「恋人たち」のカードも、良き選択を象徴し、当たりくじを引くことを充分表し得ます。「正義」、「節制」のカードも然り……ただし、額の程は保証出来ませんが。
　と言うわけで、大アルカナ22枚のみでみるのでしたら、初めに記した3枚が出るかどうか、1枚引いて見ればよいと言うことになります。

　そこで、「太陽」、「女帝」、「運命の輪」のいずれかが出たとしましょう。
「当たり」のみ、保証していることに注意して下さい。
　5万円買った内の1割が返金される程度では、質問者にしたら、当たってはいるものの、「当たった」内に入れたくないでしょう。
　そこで、もう1枚を引くことになります。しかし、額はいくらか——そんなことを、ピタリと知らしめてくれるカードが果たしてあるのでしょうか？
　ここが重要なポイントです。
　何の問題にしても、知りたいことの解答が得られるような、質問を考えること。

　上記の質問では、さらに続くべき質問を考えると、当たった時の「質問者の心境」、あるいは、それ以降の質問者の「経済的状況」等を見ようとするぐらいしかないでしょう。
　「女帝」でも「太陽」でも、当たりのカードが出た、「その時の質問者の心境は？」、あるいは「それによって、質問者の経済状態がどう変わるか？」と言う問い掛けを作って、もう1枚、その質問に対する答えのカードを引くわけです。
　ここで、喜び、幸福感、富を表すカードが出れば、「大当たり」でしょう。「恋人たち」のカードだったら、金回りが良く、交際費など社交的な所で豊かにしている雰囲気。「悪魔」のカードなど出れば、楽して得して御満悦と言ったところです。「塔」のカードなら、借金の返済にすっかり当てて、儲けはないものの、心機一転した生活を送れそう。「女教皇」なら、これ以後買うのは辞めるか、少し手を変えて挑戦し続けるかなど、シビアになっている様子——など。
　Ⅲに従って、質問者が、どの位の金銭を投じて宝くじを買ったのか、その投資が質問者にとって大きいのか小さいのかなどを基準に、占者なりのカード解釈をこの件に当てはめて、相応しい表現に変えて伝えることになります。
　これが真のタロットカードの用法ではないのでしょうか。いくらの金額が当たるかズバリを、カードから読もうとするような鑑定では広がりがありません。

READING-TIP 1　カード解釈のポイント1

　ヘキサグラム、ケルト十字法など様々なスプレッドがありますが、要は、上記より枚数を多く使って、どの位置のカードで何を読むのかと言う、設定項目を増やして見ているだけのことなのです。多くの解説書には「最初のカードが過去を示す…」等と書かれていますがひとつの設定例だという柔軟性を持つべきでしょう。

　あなたが知りたいことを知るには、タロットに対して、何をどう質問するのがよいのか——そしていずれにしても、根本的に、それぞれのカードの本質を掴んでいなければ、カードに振り回されるだけでしょう。

　現場では好んで1枚引きをする鑑定師が多く見られますが、いきなり引いたカード1枚で、感覚で即答しているケースが殆どです。「良いカードが出たから、良い、OK、YES」と言う、短絡的な扱いをしているのでしょう。
　そもそも良いカード・悪いカードと言う考え方から変えて行くべきです。

★「太陽」を、最高のカード、幸運、願いが叶うラッキーなカードだと認識している人は非常に多いようです。
　私は、「太陽」は「幸福」の象徴、シンボルだと言うにとどめます。
　カードが出たところで、質問者は幸福感を感じるのでしょう。唯我独尊にも似た状態かも知れない。両手ばなしで置かれた環境を楽しんでいるのかも知れない、色々なことが質問によって導き出されます。「昇天」の象徴でもあるがため、実際人の臨終の際に出た話も聞きます。芸能人や手の届かない憧れの異性とのことを見ても、良く出るカードです。すなわち、質問者の相手である異性のその人にとっての「太陽」であること、希望を感じる、生き甲斐や生命エネルギーの源であることを示しているのでしょう。別段恋愛の成就を物語りはしないのです。
　こう言ったことを識別をするために、象徴をしっかり抑えるようにと、私は強調するのです。象徴さえ抑えていれば、あとはそれを周囲のカードによってどう表現するか、なのです。それをせずに、「カードがどんな状態を意味するか」ということばの羅列を暗記しようとするとつまずいてしまいます。どのことばを当てはめて良いか分からないと、嘆く人がいますが、当てはめずとも自ずとことばが、表現が生まれてくるのがタロットカードなのです。
　周囲に喜びと達成感を表すカードに囲まれた状態で出た「塔」のカードは、ステレオタイプの「破滅」ではなく、当然祝福すべき改革、大変化との解釈に取って代わります。結婚や出産、仕事面での転身等、本人にとっては衝撃的で緊迫感が醸し

READING-TIP 1　カード解釈のポイント1

出されるような出来事が示されているのに変わりはありません。しかしそれに必ずしも不幸・厄災的なイメージをみいだそうとする必要はないのです。

★「運命の人」を表すカードはどれですか？　と言う質問もまた多いのですが、その方にとっての「運命の人」、あるいは「運命」なるものに対する概念やそれらの定義が解らないことには応えられません。類推するに、幸せな結婚生活を送れるであろう配偶者を示すカードを知りたいのでしょうが、「幸せな結婚生活」の中味は、人それぞれであり千差万別です。どんな種類の結婚を幸せとするかで、出るカードが変わってくることにもなります。メール鑑定などで、「ふたりは今後幸せに結婚できますか？」などという端的なご質問をされる方がおられますが、その人の恋愛観、結婚観の満足を象徴するカードはだいたいこれだ、と決定しておくには、情報──質問者の現状、価値観、過去の状態等の情報は多いに越したことはありません。解釈にも具体性と顕現性が望めます。

■第四のアテュ■
✢THE EMPRESS.✢
女帝

照応）
ヘブライ文字：ダーレト ד
　門・扉を表す原カナン文字から派生したこの文字は、受け入れること、受動性、女性の性器の象徴ともされる。
宇宙観：金星
　愛と美、エロスの象徴。個人の愛情・快楽の傾向、どのようなものに魅力を感じるかを表し、美的感性を司る。対応十二宮：金牛宮。

　カード解釈は、英文解釈が文法に従って行われるのと同様、カードの読み方の法則に則って行われるべきです。法則をきちんと抑えて初めて、実践の中で、あるカードに関するひらめきや洞察が活きてくるもの。法則に関して曖昧であったり、底の浅い知識しかなければ当然、解釈上の迷いや誤認に直結します。直感力を磨く云々より、まず基本となるカードの本質をしっかり把握し、自分の中に定着させることです。
　何度か述べたように、大アルカナは、基本的に物事の状態や性質を擬人化して表

THE EMPRESS. 女帝

した象徴カード、人物が描かれていても、人物カードとしては考えません。
　時として、物事同様、人間の性質を示すこともあります。どんな人間にも内在する精神性を象徴的に物語ることはあります。
　その場合一個の人間の性格を表すものとは違い、あらゆる人が共通して持ち、集合無意識が作り上げる、思考や行動パターンで、衝動・本能的に現れるものを表しています。
　すなわち男性性、女性性、道徳性、獣性、堅実性などが挙げられ、心理学の領域では元型と呼ばれるものに等しいでしょう。
　「魔術師」に次ぐ「女帝」から、「力」までは、魔術、すなわち変化を起こすに必要とされる精神性の象徴です。

　カード解釈の基本は、何が、どこで、どのようなことをしているのかに従います。人が描かれているなら、人物がどこで、どうしているのかが、そのままカードが「象徴していること」になります。

　女帝が、どっしりとした台座にゆったりと座っています。
　彼女の頭部を頂点に、三角形が描かれているようにも見えます。このカードに振り当てられているローマ数字は３。ピュタゴラスの時代より、正三角形で表されてきた数です。
　正三角形は、「女教皇」でテーマとされた、数字の２で表す対立する２つのものを、調停・解決することを、例えば、男性と女性が、一体化して子供が作られるような現象を表します。
　三位一体などにも表されるように、**実り、完全、父と母と子・家族的なもの、肥沃性、繁栄・収益を象徴するカード**です。

　女帝の周囲に、生気ある植物がたわわに実っているのが見渡せ、大自然の実りが見て取れることでしょう。また、このカードに対応している惑星は金星です。
　金星は、占星学では、個人の愛情傾向や金銭面に関する事柄を見る星です。
　彼女が着ている衣服の模様を、「女教皇」のカードの、背景に掲げられている布地の模様と同一視できます。パイナップルともザクロとも言われますが、その果実の象徴は女性性器です。
　「女教皇」のカードでは、そのシンボルを神殿の内幕として掲げ、神聖視している

のに対して、「女帝」のカードでは、シンボルを身に纏っている。
　——このことは、一体何を物語っているのでしょうか？
　前出の「女教皇」は、魔術的な力を担うとされてきた、女性の神秘性、潜在力の象徴のカードです。それに対し「女帝」は、**女性としての実際的な機能、男性原理に対しての女性原理を象徴しているのです。**
　女性の機能と言えばまず受胎・出産です。
　出産は、当然男性には出来ないことです。しかし、男性原理なくしては、また不可能なこと。
　受動性と愛情豊かに子を慈しみ育む精神、母性、生産性を象徴するカードです。
　女帝は笏を手にしています。本能的な欲求、本能そのものを示すものです。この女帝が、自らの本能・欲求に根ざして行動していくことが伺え、**快楽をも表すことが分かります。**

　「女帝」の否定的側面を考察していきましょう。
　まず、生産性の過不足を考えます。
　成果がないこと、不達成が、端的にあげられます。エネルギーの浪費、損失・無駄と言うことも言えるでしょう。
　生産性も過剰になると、現実的には、仕事が忙しく身体を壊すような状態。過労、ずさんな仕事になることに。
　愛情の豊かさも裏目に出ると、情に流されやすく、複数の異性と同時進行するような多情な異性関係として現れることになります。
　甘い母親の過保護に象徴されるような、過剰な愛情を押しつけて、重たがられる時にも出るカードです。
　現実的な状態を表すとすれば、男性が尻に敷かれているような状態や、極端な快楽志向によるだらしなさを示すこともあります。お金回りの良さも、やはり浪費、散財、見栄や虚栄心を張るようなことへ通じます。

カード NO. 3　女帝　THE EMPRESS.
アテュの象徴：**受動性、快楽、愛と性、豊かな愛情、生産性、育む精神、実りと安定**
キーワード：

強

繁栄

豊穣

多産、結実

結婚、妊娠、出産

豊かな暮らし

見守る、待つ

どっしり構える

安定

本質

産み育てる母の愛、母性、受動性、生産力

甘やかし

多情

家庭不和

過剰生産

赤字、浪費

見栄

母子関係のひずみ

（上記の事柄に対する）警戒・警告として出る場合がある

**弱
あるいは
過不足から
裏目に出る**

照応)
ヘブライ文字：ヘー ה

窓を表す原カナン文字から派生したことから、光が射し込むこと、光線、天啓、沸き上がる創造意欲などを表すものとされる。動きのある事柄、移動してゆくことの象徴でもある。

宇宙観：白羊宮

対応惑星：火星。

灰色は、抑制や困難を暗示する土星のカラー、停滞、動きのないことをも示すものです。

思えば、このカードには、皇帝とはいえ立派な皇居も、従者も見当たりません。「王者の孤独」なることばが似合うような絵柄です。実際、この皇帝を無力な者と解釈する説もあります。

彼のまとっている赤い装束が、目的や理想に燃える情熱を表しています。

THE EMPEROR. 皇帝

　赤い色は、血の色から情熱、熱気、闘争心を表します。彼の立場や実力の有無よりも、**勇気、闘志、意欲に溢れる精神に焦点が当たっているカードです。**
　人の行動力、衝動性、熱情が大きく影響していること、目的や理想に燃えて前進していること、活気のある状態を表します。

　魔術結社「ゴールデン・ドーン」にも導入された「カバラ」思想の中では、創世主である唯一神、すなわちビッグ・バンに等しい宇宙創造の力を、アイン・ソフ、一なるものワンネス、無限ナルモノ、無条件ナルモノ、絶対ナルモノと表現します。旧約聖書の中では、「エロヒム」、「ヤハウェ」などと表記されているものです。その創造エネルギーと自己との合一を目指すのが「カバラ」。旧約聖書に登場する神の真実の名は、神聖故に正確に発音することは避けられ、さらに時と場合によって「テトラグラマトン」、「アドナイ」など呼び方が変わります。
　表記される場合は通常、四つのヘブライ文字 יהוה（ヨッドヘーヴァウヘー）で表されます。
　「皇帝」のカードは、ヘーに相当し2回出現します。
　ヨッドは、創造の源、万物の父。
　ヘーは、創造力を目覚めさせる力強い意欲。
　ヴァウは、ヨッドとヘーによって創造されたもの、子供のような存在。
　ヘーは、ヴァウと同等、双子の兄弟のような存在で、後に再びヨッドを目覚めさせる意志となるもの。
　創造されたものによって、さらに創造性を高められると言う創造エネルギーの構造を読み取って下さい。ものごとを生み出そうとする躍動的なエネルギーが象徴されているカードです。
　例えばそれは、英雄伝説のオディプス、父オシリスの地位を継ぎ戴冠した息子エジプト神ホルスなど、父と子の関係にも見られるもの。
　創造作業とはそれを果たす者の生みの親の作業に帰すること。**時の流れを経て、着実な生産過程の行く末には、勝利や達成へと通じるものですが、象徴としては「奮闘、奮戦」に焦点が当たっています。**

　変化を求めて神的存在と交信を果たすには、まず「皇帝」が象徴する精神性が必要。燃えるような力強い思いのままに前進することが、人の可能性を開花させる第一歩です。
　背後の岩山は、彼が峻厳たる状況に置かれていることの表れ。

この皇帝の立場がさほど強くないことが示されているのです。
威風堂々としておりますが、これが、彼自身自ら岩山に陣地を取った理由です。これは、後の好転までをも保証するカードではありません。

振り当てられているローマ数字は4。

4が象徴することは、四大による安定、四要素による物事の完成、秩序、物質界・世俗的な事柄になります。対応する図象は、正方形を初めとする四点によって作られる四角形。

皇帝の座する、羊の頭飾りがついている角張った玉座、角張った岩山など、カードに描かれている立方体は、物質・世俗的な事柄を示します。

四角形も、十字を中心に持つ正方形になると、現象の安定・完成、安定した物質界、世俗的な達成などを表すことになり、**ここに描かれている人物が、地位や名誉など世俗的な成功を求めている物質界の皇帝であることが分かります。物欲・獲得意欲を象徴するカードでもあります。**

皇帝が手にしている、十字をかたどった杖――ただの十字ではなく、アンク十字と呼ばれる、古代エジプトの「多産」の象徴です。

アンク十字は、金星のマーク（♀）の元にあたり、エジプト文字・ルー（口、生誕、子供）に、十字を付けたもの。不妊予防のお守りとして使われたと言われています。

先に出た「女帝」が示す生産性が、受動性、産み出し育む力であるのに対して、「皇帝」の生産性は、**目的に向かって前進する行動力を伴った、能動的な獲得意欲を表しますが、「奮闘する」ことが強調され、最終カードに出れば、その段階でもまだ奮戦していること、問題が解決していないことをも表すので注意が必要です。**

強い意志と情熱・やる気などから、自立・独立心、統率力やリーダーシップまでを表し、獲得・達成、成功、成就まで言える場合もありますが、周囲のカードがそれを補償するように出ているかどうか見極

ファラオ（エジプトの王子）に永遠の生命を与えている女神ハトル。アンク十字を持っている

THE EMPEROR. 皇帝

める必要があります。

　対応十二宮の特徴も、カード解釈には大きなポイントになります。
　白羊宮（牡羊座）の特徴、煽れば燃える、追われるより追うのが好き、負けず嫌い、意地っ張り、我が強いことの最たるカードですから、周囲に調和が取れるカードが出ていることが好ましいとされます。

　出方がよくない場合は、手にしているアンク十字を欲望のままに振りかざすような「皇帝」であることに。
　強引、横暴、支配的と、独裁者のカードになります。
　正反対の側面が出て、意志・勇気がない状態、無気力さ、無責任、未熟——まるで、やんちゃ坊主がダダをこねているような状態も表されます。
　灰色の岩山に焦点が当てられて、主導権を持てない立場の弱さや、空回りしている意志や行動などが強調されることもあります。

カード NO. 4　皇帝　THE EMPEROR.
アテュの象徴：**男性原理、男性的な力、創造・獲得意欲、物事を達成・確立させる、動きを伴った建設的な力**
キーワード：

強

統治、支配

威風堂々

有力者、権力者

地位の向上

奮闘、身体的活動

強く出る、勇敢に前進する

燃えるような力強さ

本質　**戦う男性の力、闘志、獲得意欲、建設的な力**

横暴、強引

人がついてこないリーダー

荒れる、喧騒

家庭内暴力

弱腰

疲労困憊

権力への隷属

（上記の事柄に対する）警戒・警告として出る場合がある

弱
あるいは
過不足から
裏目に出る

COLORS 色調

タロットカードの色調
COLORS

　ウェイト版タロットの優れた点の一つに、色調の一貫性があります。大小のアルカナは問わず、絵柄のどこをどの色で染めるかという一定の法則は、やはり「生命の樹」のそれぞれのセフィロトから導き出されています。

セフィロトに対応している惑星・元素と色

1　無限光
　　白く熱い炎のような光＝アイン・ソフの輝きより、白、水晶の明るさ
　　カードの中では**白**
　　純粋、崇高さを象徴
　　例：「吊された男」「死に神」「節制」「愚者」の太陽などにも

2　天空（黄道十二宮）
　　淡い水色・空の色より
　　カードの中では**水色〜青**
　　高みなる精神性、穏やかさの象徴、多くは背景に使用されている
　　例：「女教皇」「審判」「世界」

3　土星
　　土の褐色〜黒
　　カードの中では、**灰色〜黒**
　　世俗的・物質的な事柄、試練を象徴

例：「悪魔」「塔」「ペンタクルの5」「ペンタクルの3」

4 木星
神性を表すサファイヤの輝きより深い青
カードの中では**青**
温情を表す、水の色、波の色、衣服の色に使われている
例：「女教皇」「カップの9」

5 火星
燃えるような闘志・血の色より
カードの中では**赤**
熱意や我欲を表す、多くは衣服の色に使われている
例：「皇帝」各ワンドの色

6 太陽
金色の太陽の輝きより
カードの中では**黄色**
実りの象徴、多くは背景に用いられている
例：「力」「太陽」多くのペンタクルのカード

7 金星
生物の緑、植物の緑よりオリーブ、エメラルド色
カードの中では**淡い青〜薄緑**
生命力、自然の本能などを表す、植物・花や自然の実りとしても描かれている
例：「愚者」衣服の色

8 水星
両性を象徴する黄褐色のオレンジ、赤い男性性と緑・白・紫の女性性の融合より
カードの中では、**オレンジ〜黄色**など
動的エネルギーを表す、衣服の色に多く使用されている
例：「愚者」「ペンタクルのペイジ」

COLORS　色調

生命の樹のセフィロトと色

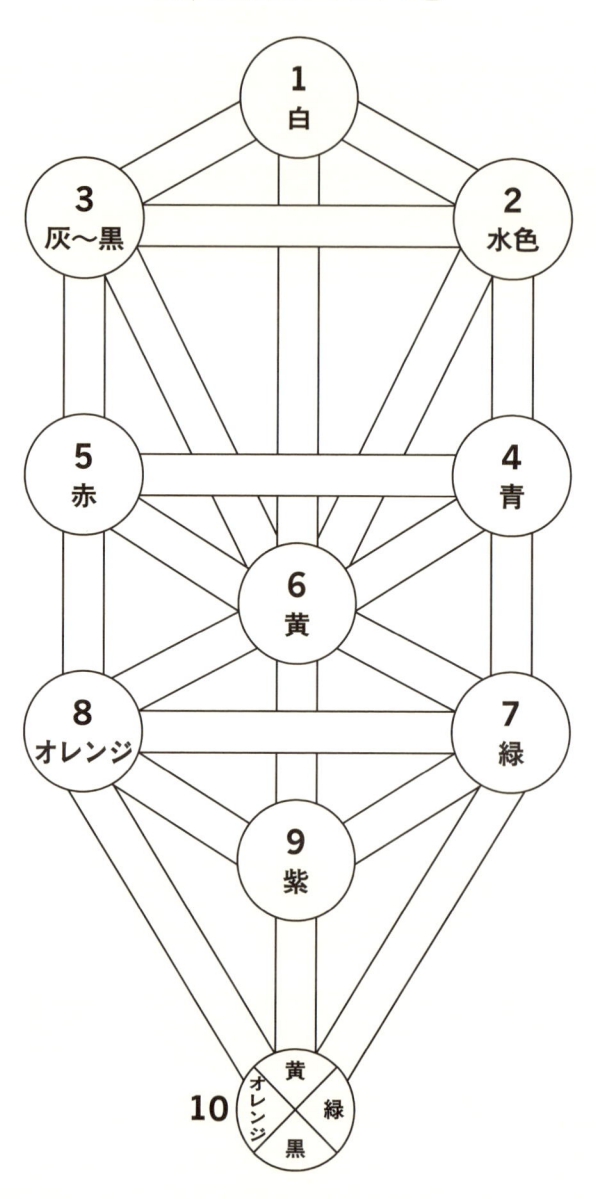

- 1 白
- 2 水色
- 3 灰〜黒
- 4 青
- 5 赤
- 6 黄
- 7 緑
- 8 オレンジ
- 9 紫
- 10 黄／オレンジ／緑／黒

9 月
　月の輝きより、玉虫色の光から王家を表す紫
　カードの中では**紫がかった桃色**
　ブドウ、山の色、衣服の色にも多く使用されている

10 地球
　セフィラー3、6、7、8を参照のこと

THE HIEROPHANT. 法王

■第六のアテュ■
✱ THE HIEROPHANT. ✱
法王

照応)
ヘブライ文字:ヴァウ ו
　釘や爪を表す原カナン文字から派生したもので、門や扉を開けるものの象徴、すなわち鍵、権威、男性性器などを表す。
宇宙観:金牛宮
　対応惑星:金星。

　タイトル通り「法王」が描かれています。
　ウェイト版では、「HIEROPHANT.」ですが、英語のタイトルが、「POPE」になっているパックも多く出回っています。
　前者は、階級を意味する hierarchy から来ており、古代エジプトやギリシアにおける秘教儀式を司る最高司祭のことです。後者は、「ローマ教皇」を特定して指します。
　「すべての道はローマに通じる」と言われた、政治・文化における西欧の中心地であったローマ帝国の首都。BC 63 年には、このキリスト教が宣教された最たる地に、

THE HIEROPHANT. 法王

ユダヤ国家も吸収されました。しかし、ローマはまた、キリスト教徒迫害の痛ましい歴史が残されている土地でもあり、帝国側の皇帝礼拝に対して、多くのキリスト教徒が反抗し、ローマ教会の設立者とされるパウロは殉死するに至りました。
「**女教皇」に見られたエジプト色から、キリスト教の文化と歴史へと移りましたが、もともとバビロニア、エジプトに発生した思想・文明は、ギリシアの神話・哲学などに引き継がれ、後にローマ人の文明を経て、キリスト教へと取り入れられていったのです。**

　神を示す神聖四文字ヨッド・ヘー・ヴァウ・ヘーの中で、「法王」には、ヴァウが相当します。

　対応十二宮は金牛宮（牡牛座）。この宮は陰、女性原理の象徴です。「**皇帝」の示す男性性というよりは父性を示すもの。愛すべき妻子のために、規範性が強く、冒険を好まない保守的・堅実な姿勢、女性性にも似た包容力を表します。**

「法王」のカードの構図は、「女教皇」と酷似しています。先述した、人物がどこで何をしているかに注目することに加え、人物の背景にも象徴的なカギがかくされているので注目します。「女教皇」とは対照的に、背景は地味で、柱が灰色に染まっています。灰色は、世俗・物質的な事柄の象徴でした。
　法王の三重の冠は、キリスト教における三位一体＝父なる神、子なるキリストと聖霊の一体化の象徴です。
　ユダヤの民は、宗教戦争に敗れ聖地を追われたことで知られています。ディアスポラ＝離散していったユダヤ人たちは、彼らの戒律＝TORAを支えに各地で聖地の奪回とソロモン神殿再建への情熱を燃やします。事実上、彼らの唯一神信仰は衰退します。そしてキリスト教の勃興が始まるのです。このカードの背景には、「女教皇」の背後に描かれていたソロモン神殿を侵害するに至ったキリスト教会、変容する宗教が描かれています。
　それを信仰する者には慈悲深い法と権威を象徴したカードなのです。
　すなわちこの法王は、**世俗社会の法王、最高司祭であるが、神性や霊性に富むわけではない、一般市民と同じ人間なのです。物事の進展としては、穏やかにして順当。現実的に進行していくでしょう。そこには道徳を基本に、利害や損得に関する何らかの思索が作用していることも示します。**

THE HIEROPHANT. 法王

　エジプト人たちは、王冠の種類によって、それをかぶる神の特性を識別したり、描き分けていました。オシリス、その子ホルスなどは、大抵背の高い二重冠をかぶっています。上エジプトと下エジプトの王は、二重冠によって、ふたつの地域を支配していることを示していました。
　先に述べた「法王」に見られる三重冠、そして手にしている三重の十字架、三位一体の象徴は現代人に対応させれば、**一個の人間の精神性が、肉体、感情、霊性の三世界の働きで決まることの象徴。ここに「道徳観念」「倫理観」を表すカードであることが伺えます。**

　振り当てられている数字5は、星形ペンタグラム☆で表されます。
　星形の中に、人間が描かれ、五つの頂点にそれぞれ、頭、手先、足先が当たっている図を目にしたことがあるでしょう。5＝4＋1。ペンタグラムは、万物を構成する四要素に人の精神が加味したまさに人間の象徴です。

　足元に交差している鍵は、この高位の司祭が、それより下の階級の者たちには許されない、神性への扉を開けることが出来ることの象徴であり、これが、彼の目の前で、ふたりの人間が深々と頭を下げている理由です。
　許しを乞うような、救いを求めるような、ふたりはそれぞれ、赤い薔薇と白い百合の模様の着物を着ています。
　崇高な理念を抱く、純粋な心の持ち主であれば、司祭の前に進み出ても良い。
　許しを乞うても良いし、救いを求めても良い。求めれば、司祭を通じて、神の導きと恵みが与えられると物語っています。うやうやしく頭を下げられて、この法王は、初めて鍵を手にするのでしょう。
　秩序と形式を重んじるが故の、権威による許し・慈悲の精神を表します。

　出方が良くない場合の考え方は、これまで通り、カードの本質が、過剰・不足な状態、或いは正反対の形状を考えて下さい。
　「法王」の、形式ばかりを重んじる権威や堅苦しさに、焦点が当たること、また、秩序やモラルに反すること、反社会的な事柄を表します。

カード NO. 5 法王　THE HIEROPHANT.
アテュの象徴：**権威、父性、道徳性・社会性、形式を重視する保守性、慈悲、賢明さ**
キーワード：

強

社会的権威

信仰心、慈悲の精神

慣習、伝統

導き

包容力

社会性、公共性

秩序

穏やかな日常

本質　　**見守る父性、道徳性、形式**

世間体

ゆがんだ倫理観

役に立たない慣習

モラルハラスメント

偽善

宗教観の問題

信仰・立場の乱用

**弱
あるいは
過不足から
裏目に出る**　　（上記の事柄に対する）警戒・警告として出る場合がある

▪第七のアテュ▪
✥ THE LOVERS. ✥
恋人たち

照応）
ヘブライ文字：ザイン↑
　これに当たる原カナン文字はないが、アルファベットのYに似た形の、二股になったフェニキア文字から派生した模様。棍棒と剣という武器、鋭いもの、戦い、また、人間の五感で、最も直感・本能を刺激し、潜在意識に働き掛けるという嗅覚なども表す。
宇宙観：双児宮
　　対応惑星：水星

　6の数字が振り当てられていますが、6は正三角形と逆正三角形が重なって出来る、六芒星（ヘキサグラム：三角形と逆三角形の重なり）✡で表されます。
　対立原理は、「女教皇」でもテーマになりましたが、そこでは、ひとつの物事が、相反する二極の物事から成り立っていることに焦点が当てられていました。ここでは、その2つの対立原理が調和し、美しい形で一体化することに焦点が当たります。
　正三角形と逆三角形というふたつの対立原理、両極のバランス・調和に焦点が当

たっているのですが、△＝火、▽＝土、▽＝水、△＝風——ヘキサグラムは、四大の調和を象徴するともされています。また、火は男性原理、水は女性原理の象徴でもあります。

完全なる調和と安定のシンボライズされたカードです。

カードに描かれている人物が、裸であることに注目して下さい。

裸身は、肉体という入れ物の中味、精神・スピリットそのものを表します。

ウェイトは、画家パメラ・コールマン・スミスに、形のない、目には見えないスピリットを、人型にして描かせたのです。

一方、上空に見える天使の姿は人間の精神の崇高な部分を描いたもの。

しかしカードの絵柄を見てみると、裸身の女性と、男性と、大空に浮かぶの天使姿を結ぶと、三角形のみが形成されます。遠景に見える山から、到達することが難しいこと、不達成・未完成を象徴していることが伺えます。未完成のヘキサグラム、すなわち不安定、アンバランスを表し、私たち人間にとって、「調和」すること、「完全」であろうとすることが、永遠のテーマであることを象徴しています。

ふたりの男女は、男性の精神性と女性の精神性を表しているわけですが、現代心理学では以下のように定義されています。

男性性）
感情よりも理知・理性で判断する
理論的に考える
雰囲気に構わない
客観性が強い

女性性）
理性よりも本能・感情で判断する
直感的に真相を見る
雰囲気に敏感
感受性が強い

勿論、男性的であれ女性的であれ、100パーセントを占めているような偏った人間は存在しません。人によっては、男性だが女性的と言うタイプもいるように、比

THE LOVERS. 恋人たち

率の違いです。
　このカードに描かれた裸身の男性と女性はそれぞれ、ひとりの人間の中の、顕在意識、と潜在意識、本能・直感を表しているのです。

　旧約聖書創世記の「エデンの園」を彷彿とさせる絵柄でもあります。
　アダムとイヴのエピソードを知らない人は多くないと思われますが、神から禁食とされている「知恵の樹」の実を、蛇に誘惑されたイヴが食べ、彼女はそれをアダムにも勧めて食べさせてしまいます。神は怒り、「生命の樹」にまで手を出さないよう、楽園からふたりを追放した——と言う話です。
　ここに、私たちに課せられた人生と言うものが象徴されています。人生とは試練が待ち受けているものであること、それは、快楽を求める人の本能・生の本能からもたらされるものであることが見出せるのです。
　聖書に拠れば、イヴはアダムの肋骨から作られました。肋骨とは心臓部分にあるもの、すなわち最初の人間が、自分と反対の性を持つ存在を望んだ、神がアダムの願いを聞き入れてイヴを創造したのです。そのイヴは蛇にそそのかされ、アダムもまたイヴに誘惑されてしまう——。人間は自分の本能的欲求によって試練を被るのです。
　人間の願いとは、往々にして叶うべきでない欲望に根ざしていることがあるものです。

　蛇はサタン、旧約聖書の中では、悪しきものとして象徴されている生き物。サタンの誘惑で、本能的な欲求に負けたことから始まった人間の試練。
　人の本能がいかに、欲望・悪しきものの誘惑に流されやすいものか、本能と理性との葛藤を克服することが、人間の完成には不可欠であることを物語っています。
　カードに描かれた天使と、裸身の女性、すなわち崇みなる精神と直感・本能との関係の重要性を物語るカードです。
　私たちに潜む本能的欲望と、祝福されるべき直感に従うことを、感じ分けること、良き選択をすること、ひとつを選んでひとつをあきらめる必要もあることの象徴です。

　否定的に出た場合は、まさに選択できないことを表します。
　アンバランス、どっちつかずの曖昧な状態。

THE LOVERS. 恋人たち

数と象徴

数字	概念	図形
0	無、完全、全体、不可視	∞
1	点、始まり、可視	・
2	対立する2つの要素、原理、2本の柱、男女の概念	‖
3	対立物からひとつの新たな出生	△
4	四要素による完成、家族	□
5	四要素を有するひとつのもの、人間	☆
6	対立物の調和、美	✡

アダムとイヴ

THE LOVERS. 恋人たち

　また、人の優柔不断さや、誘惑に負けることなどにもなります。
「恋人たち」のタイトル通り、また、エデンの園という「楽園」にも象徴される、快楽、開放的な、楽しみのある状態をも象徴します。
　楽しければそれで良いような、ルーズな異性関係や、ダラダラと惰性に流される傾向の状態を表すことになります。

　いずれにしても、最終結果などで出た場合は、調和やバランスの状態が良好かどうか、気分的な快楽感があるかどうかを指し示しているのであって、タイトルどおりの「恋人」が出現することや、恋人関係に発展することを示しているのではありません。
「アダムとイヴの物語」は、楽園物語のストーリー以上に、人間の元型と地上における事象との関係と調和の取り方、それらに根ざす回りの状況や出来事の「象徴」なのです。

カード NO. 6　恋人たち　THE LOVERS.
アテュの象徴：**和合、人と人との調和、ハーモニー、開放感、快楽、選択をする、直感を重視する、感覚で選ぶ**
キーワード：

強

地上の楽園

和合、友愛、仲間

感性、感受性

サークル、SNS、ゲーム

波長、フィーリング

趣味やレジャー

自然体、楽な状態

本質　**調和、開放感、五感による判断**

日々変わる感情の波

優柔不断

気分屋

誘惑に負ける

ルーズな関係

一時の快楽

解散

裏切り

弱
あるいは
過不足から
裏目に出る

（上記の事柄に対する）警戒・警告として出る場合がある

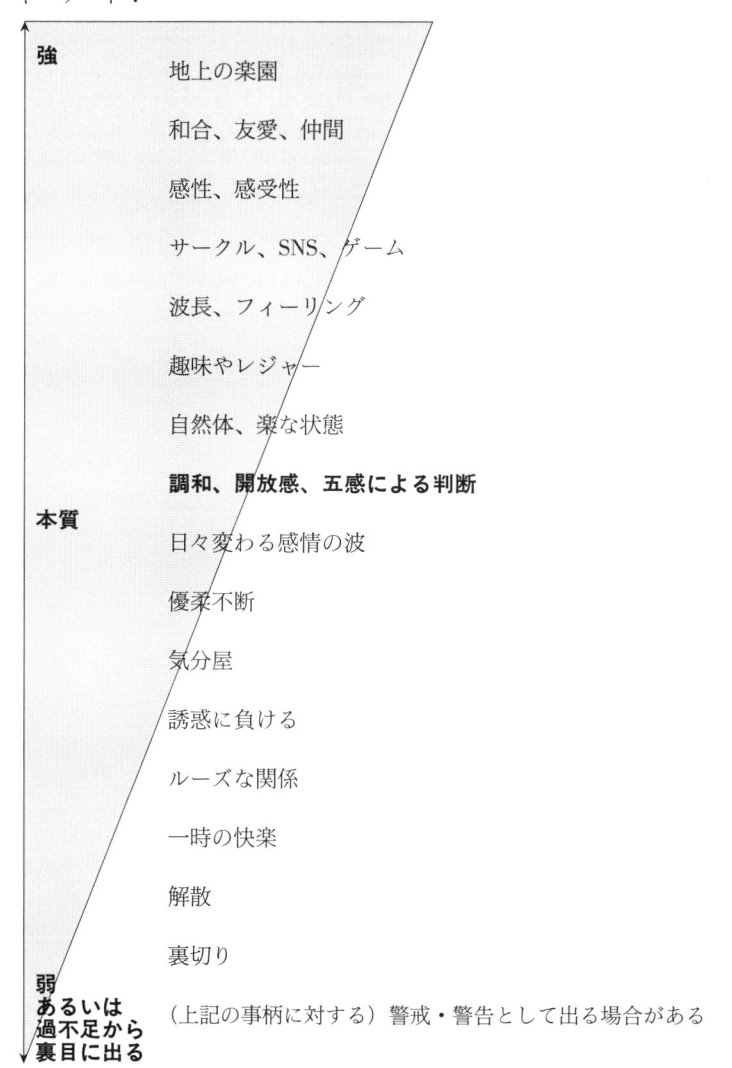

■第八のアテュ■
✲THE CHARIOT.✲
戦車

照応）
ヘブライ文字：ヘト ח
原カナン語の囲い込みを表す文字から派生、身を守るもの、戦うこと、外と内との概念、表出するもの・しないものなどの象徴、すなわち精神や言語、魔術儀式も表したと言われる。
宇宙観：巨蟹宮
　対応惑星：月。

　戦車を御している若者の衣服の中央に、四角形が見られます。
　4の数字が振り当てられた「皇帝」の章でも述べたように、四角形は、四要素による物事の完成、物質或いは物質界・世俗社会を表します。
　戦車を引くスフィンクスは、エジプトにおいては、神や聖地を守る聖獣、架空の生き物ですが、元々は魔除けの象徴として、神殿の入り口や玉座に、前足を投げ出した形で配置された古代エジプトのライオンです。
　他のカードと同様、動物はここでも人の本能、特に心理学用語で言うリビドー

THE CHARIOT. 戦車

（本来は、性欲・性衝動、欲望を示し、1923年頃より、自我衝動・自己保存衝動の一部とあわせて、「生の本能」と考えるようになったもの）を象徴します。生きるための欲求、食欲、性衝動、敵に対して強くある攻撃性などを表します。

　白は純真、黒は闇の側面。

　聖なる生き物の姿で描かれているのは、若者が抱く理念が如何に崇高であれ、生の本能に根ざす欲求であることに変わりはないことを表しているのです。

　リビドーの赴くままに突っ走る、衝動性の象徴です。

「皇帝」も獲得意欲を表しますが、獲得したいもの・目的に向かって進んでいく、男性原理に根ざした征服、支配欲、行動性に焦点が当たり、初めに目的ありき、と言うことになります。

　対して「戦車」は、初めに衝動ありき。思いついたら一直線、と言うような瞬発力に焦点が当たります。男性原理と言うよりは、男性にも女性にもある、自制心の効かないような情動、本能的欲求の強い部分に焦点が当たります。

　前景の2頭のスフィンクスと、それを御する若者とを線で結ぶと、三角形が出来ます。三角形で表される数字3は、「女帝」で述べたように、ふたつのものからひとつのものを産み出す力、物事の調和的解決、三位一体の象徴です。

　悪しき本能が暴走しないよう、自意識をもって、二方向へ別れがちな本能を統合しながら前進すると言うカードです。

　この若者は、エジプト神話に照応させると、オシリスとイシスの子、頭部がタカとして描かれている「太陽神ホルス」だと語られることが常です。その父オシリスは、ある日弟セトによって、身体を八つ裂きにされてしまいます。14切れにされて、ナイル川に放り込まれたところを、知恵の女神・ソフィアである妻イシスは、13までその破片を集めます。残りの一切れはナイル川の魚に食べられてしまい、後にホルスが、セトへの復讐を果たしますが、片目を失ってしまいます。カードの背景にも、ナイル川が描かれています。

　エジプトでは、死んだ国王を、オシリスとして崇めることがありました。また、ナイル川で溺れ死んだ者も、神として崇められました。

　このようなエピソードがモチーフとされて描かれたことから、戦闘性、戦い、攻撃性を象徴するカードでもあります。

　また、若者の鎧の肩飾りになっている月は、心理学用語で言うペルソナ。

THE CHARIOT. 戦車

　自我を隠す仮面のことで、他人からどう見られようとするか、社会においてどのような役割を果たそうとするかと言う、「表の顔」です。
　人間は、社会的な生き物ですから、誰しもペルソナを意識しています。成長するに連れて、人は本音と立て前を使い分けるようになるのが自然です。
　天蓋に見られる崇高な理想に端を発して、このカードの若者は衝動のままに戦車に乗って走り出してしまったものの、実は既に不安に満ち満ちているのです。しかし、自分の中で、内的情動に振り回されないよう克服しようとしている、さらに外界に対して自己をコントロールしようとする奮闘状態、非常に移ろいやすい状態を表し、持続性のない状況であることを物語るカードです。
　どうして彼の身につけているベルトが傾いているのかを考えてみても、彼の衝動性、表面の微笑む顔とは、また別の一面があることが伺えます。

　天文学的には衛星ですが、占星学上の惑星である月は、観測上最も動きが速く、人間の感情の象徴です。不安定な事柄、周期・移り変わり、移ろいやすいものの象徴でもあります。
　対応星座の蟹座（巨蟹宮）に象徴される、情動の波が激しく、不安定になりやすい、傷付きやすい性質をも表します。
　「愚者」の冒険心、新たなものを発見するに至る大きな夢を彷彿とします。
　「戦車」の若者の背後に見える角張った幌は、物質・世俗の象徴。愚者ほど現実離れしてはいないこと、夢と言うよりは、実際に手にすることが出来るような、即物的な衝動、獲得欲に駆られがちなことが分かります。

　戦車の前方には、コマの絵が描かれています
　勢いで立っている間は、回転し続ける所から、熱しやすく冷めやすい衝動性一般と捕らえてよいでしょう。このカードが出たら近い内に事態の波が引いていくことを読みとらなければなりません。

　否定的に出た場合は、さらに瞬発力のみが強調されて、飽きっぽさ、コロコロ変わりやすい気持ち、熱しやすく冷めやすい状態か、衝動によって物事が停滞する・裏目に出ることになります。

カード NO. 7　戦車　THE CHARIOT.
アテュの象徴：**自我衝動、それに根ざした行動、自分／事態をコントロールしようとする。仮の顔、姿**
キーワード：

強

飛躍、夢に向かう

英雄

自分の中の戦いに勝利する

独立、自立、単独行動

主導権を持つ

勢い、スピード、短期決戦

快活、アクティブ

本質　**自我衝動とそれに根ざした行動、自分を御す、表の顔**

熱しやすく冷めやすい

激情、思い込みの激しさ

飽きる、続かない

制御不能

突っ走って失敗する

外面だけ

突発的な事故やケガ

弱
あるいは
過不足から
裏目に出る　（上記の事柄に対する）警戒・警告として出る場合がある

▪第九のアテュ▪
✧STRENGTH.✧
力

照応)

ヘブライ文字：テト ט

　元になったフェニキア文字は円の中を、二本の線が横切るような印、アラム語は、蜷局（とぐろ）を巻いた蛇にも見える。古代より、蛇は時の流れと永続性、普遍性、すなわち循環する生命エネルギーを象徴しうるもの。治癒、性的エネルギー、味覚なども表す。また、無限大の印にも似た尻尾を嚙んだ蛇や龍は、時間と再生の象徴・ウロボロスとして知られている。テトに当たるアルファベットはTであり、ギリシア・ローマ神話のヘルメスの杖、メルクリウスの杖を連想させる形である。

宇宙観：獅子宮

　対応惑星：太陽。

　絵柄には、再び無限大のマーク∞が登場します。
「魔術師」に端を発する、自然を超越した変化を起こすに相応しい精神力がここで完成する段階です。最終段階である、自己の獣性との葛藤を象徴するカード。
　すなわちタイトルの**力とは、精神力を表しています。**

STRENGTH．力

　タロットの絵柄で、動物が、人間の精神の一部、無意識や本能を表すことは述べてきましたが、ここに描かれている獅子は、その最も獰猛な部分です。
　獅子は、本能的に怒りや不満を感じる、感情の負の側面、**ネガティブな情動、人間の獣性を象徴します。**
　前出の、「戦車」のカードのスフィンクスも生の本能でしたが、それぞれの違いに着眼して下さい。「戦車」のカードの馬は、突き進んでいく衝動性。例えば、ケーキを見て、食べたい！と思う時の感覚、食欲や物欲、性欲も含まれます。

比較！
　欲求の赴くままに、衝動的に動く人間は、「動物的」であると称されます。
　性の本能：リビドーを適切にコントロールしようと、悪しき方向へ突っ走らないようにするのが「戦車」の象徴するところでした。
　しかしコントロールしていようと所詮人は動物です。頭で割り切れても、感情が伴わず本能のままに動いてしまうものなのです。
　馬が、突っ走って行く生き物、人が手綱で御する生物であるのに対して、獅子は、獰猛で、手強い生き物。アメと鞭で宥めて飼い慣らすと言ったところです。

　カードに描かれた獅子は、「皇帝」の装束と同じ色（赤）に染められています。
　男性性たる活動性、果敢な獰猛性を、女性性によって抑えること、対象は何であれ、反射的にカッとなる、苛立つ、我慢できず攻撃的になったりする時、それはしばしば、感じて当然の怒りや不満であるかも知れません。
　しかし、尚かつ抑えるべきだと言うことがカードには描かれているのです。**精神力と総称される、忍耐力、根気、抑制すること、そして、それは「女帝」に見られた女性性を発揮することで果たせることを示しています。**

　白い衣装を纏った女性が、優しく手なずけている様子が伺えます。
　女性は受動性の象徴。白が純真無垢な精神を表すことなどは、そろそろ説明がなくとも判断が付くことでしょう。
　高潔であろうとすればするほど、人は自己の獣性に打ちのめされるでしょう。
　自己の闇の部分に真っ向から敵対する者は極端な禁欲主義に陥り、その暗い側面を全面否定しようとするかも知れません。しかし、カードには、ベルトのように連ねた花が、獅子と女性とをしっかりと結びつけている様が描かれています。

STRENGTH．力

　影の側面は、自己から切り離すことは出来ません。唯一手なずけて調和することのみが解決方法なのです。

　食欲・物欲など、あらゆる欲の支配を受けなくなる時、その魂の側に天使が降臨すると言われています。
　このカードが出たところでは、自己とどう折り合いを付けるか、と言うテーマを直視しましょう。その暁には祝福があることも、太陽の光の色に染まったこのカードは物語っています。
　錬金術（Alchemy アルケミィ：「エジプトの秘儀」を意味する言葉から派生したと言われる）とは、「不純物をより純粋な物質から分離する技術」を表しますが、精神変成を目的とした神秘的哲学思想です。
　錬金術にこのカードのような「内的獅子との戦いの段階」と呼ばれる段階があります。
　己の中に住まう獣性を、否定・敵対するのではなく、どうその力を生産的に自己に馴染ませるか——それが達成できたときに、無限大のマークが示す、「神」とも呼ばれる高みなる力との関わりが顕現するのです。
　「魔術師」の変化を起こそうとする精神力、「力」の内在する獣性を抑制する精神力には、高次の存在からの導きが約束されていることの象徴です。さらにこの２枚の間にあるカードも含めた７枚のカードが出たとき、私たちは内的な調和とバランスが必要であるとのメッセージを受け取るべきであり、それによって事態の進展が約束されるのです。

　ウェイト版以前に主流だったマルセイユ版など古典的なデッキでは、8番目に「正義」のカードが来て、この「力」のカードは11番目に来ています。ウェイトが78枚のカードを「生命の樹」に対応させる際に、意図的に行った入れ替えは有名です。人によっては、伝統的な順番に固執する人がいるようですが、もともとタロットカードとは今日知られているような整然と体系化されたものだったわけではないのです。私は実践家として、拘る必要はないと主張します。

カード NO.8　力　STRENGTH.
アテュの象徴：**精神力、忍耐、自己抑制、受動すること。獣性・自己の影・否定的側面を抑制する**
キーワード：

強

高潔な精神

尊厳を重んじる

不屈の精神

長期的な努力の成果

獣性を克服する

根気、信念、一途な強い想い

懐柔、やわらかい力

本質　**精神力、忍耐、己を飼いならす、長期戦**

手を焼く

欲が強い

懐がせまい

キャパシティの問題

わがまま、傍若無人

権力に物を言わせる

長い物に巻かれる

弱
あるいは
過不足から
裏目に出る

（上記の事柄に対する）警戒・警告として出る場合がある

実践編2：フォーカード・スプレッド
THE FOUR-CARD SPREAD

　フォーカード・スプレッドは単純にスリーカード・スプレッドよりも、1枚多く出すと言うだけではなく、観点が違う展開方法です。
　シャッフルしたカードを、左から1枚ずつ、4枚並べていきます。筆者の方法では、キーカードとして更に1枚を加えて、合計5枚のカードを並べることが多いですが、4枚のみを展開する方法が紹介されていた解説書もいくつか記憶にあります。

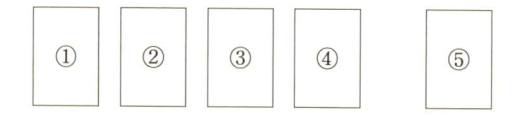

① ② ③ ④　⑤

① 　現状
② 　どのような出来事が起こるか
③ 　起こる出来事に対して、質問者がどうなるか
④ 　最終カード

⑤ 　キーカード

と、設定することになります。

　ここで、「最終カード」の概念を学習しましょう。
　タロットカードの展開における最終カードと言うものを定義すると、現在質問の対象となっている事柄が、そのように落ち着く、という収まり方、決着のつき方、このように一段落着くということになります。

それが最終結果、と言うことではありません。私たちに関する最終的なことと言ったら、生命を全うするときであり、どんなことでも命ある限り付きまとうわけですから。

タロットカードは、時間的に近ければ近いことほど、具体性のある答えが導き出せますし、そうなる確率も高くなります。2〜3ヶ月のことを見るのには最適でしょう。数年後のことを見る道具ではありません。

例えば、恋愛がどうなっていくかを見た場合、もし結婚をするのなら「結婚」を象徴するカードも然りですが、生涯を共にすることを示すカードが出るのも当然のことです。

質問者が「当面の成り行きはどうなるのか」を知りたいのなら、最終的な④には、時期を設定する必要があります。それにより、その頃にどうなっているか？と言う質問に対する答えが読み取れることになります。

結婚するかどうかを知りたいのなら、④を「結婚することになるでしょうか？」という問いに対するAnswerとして、解釈するのです。

その Answer が NO であったとしても、ここで「落ち着く」わけであって、一生・永遠に NO であることは、いっていません。現実にそう落ち着いたときに、またさらなる展開を見るのが妥当です。

次のような質問を見てみましょう。

Q　職場で仲がよいのですが、妻子のある男性に、食事に誘われました。私は友だちとして仲よくやっていくぶんには構わないのですが、行ったら今後ふたりはどうなるでしょうか？

①愚者
②皇帝
③恋人たち
④法王

⑤正義

解釈をしてみましょう。

THE FOUR-CARD SPREAD　フォーカード・スプレッド

　①現状からは、ふたりの間に、はつらつとした楽しげな雰囲気があることが分かります。仕事中も冗談を言い合ったり、また仕事以外の話、趣味の話題や雑談なども弾んでいる様子が伺えます。
職場仲間以上の異性を意識した雰囲気が漂っている様子が伺えます。

　②が、食事に誘われたが、それに乗った場合どうなるか、何が起こるかを見るところになります。
　初心者の方が解釈すると、この辺ですでに、何を見ようとしているのか見失ってしまうことが多いようです。極端な例になると、②よりもその隣の③に出ている「恋人たち」のカードに目がいってしまい、「男女交際が始まるのでは……？」と言い出す人もいます。全体的に感じるパッと見たときの印象も大切ですが、それは心に留めておくこと。「恋人たち」のカードが気になったのならそれを踏まえて、まず順番に1枚1枚読んでいくことです。
　特定の人との会食で、何が起こるかを読み取るわけですから、「皇帝」が象徴する、活気ある状態、やはり話が弾むでしょう。また、これは目的に向かって前進するカードであって、①からの流れでは、「楽しさ」を求めて会っているふたりですから、もっと他の機会を作る話、次の約束や今度は違うことを計画するようなことも伺えます。
　食事をしながらの会話の中で、自分のことを知ってもらおうとしたり、相手のことを聞きたがったりする、積極性が出てくるふたりが伺えます。
「ふたりが」どうなるか、を読み取っているので、通常はどちらがどうと言うハッキリとした言い方は出来ませんが、今回のスプレッドでは隣接している③の「恋人たち」から、質問者自身も、相手にオープンになって快く受け答えをすることが分かります。

　③は質問者の女性がどうなるか、どう思うかを見るカードです。「恋人たち」は、楽しい時を過ごし、別段何か嫌な思いや誘いに乗って後悔するようなことは伺えませんので、女性として既婚男性とどうなってしまうのだろうと心配するようなことはないと伝えることが出来ます。

　④は食事に行くことによって、今のふたりの関係が変わるか？　変わるとすればどの様な関係になっていくのか？　ということが読み取れることになります。

「法王」が出ていますから、引き続き調和のとれた職場仲間の関係が保てることが分かります。しかし極立って大きな変化はない。要するに食事に行っても何もないわけです。

⑤キーカードですが、これはこの質問に関する、質問者へのメッセージのようなものです。最終的な落ち着き方が芳しくなかった場合、その対応策などを示すカードとして出すのが一般的な方法です。
　この件に関しては、「正義」が出ておりますが、やはり相手には妻子が居ることを弁えて付き合うように、と言ったメッセージです。
　一回食事をしたからと言って、大きな変化はない模様ですが、①②のカードからは、質問者次第で、容易に異性関係へと発展することも伺えるふたりであることが分かります。(分からない人は、もう一度「愚者」「皇帝」の項を読み直しましょう)

　例えば質問者が、既成概念にとらわれないタイプであったり、相手の男性に恋愛感情を抱いて、それを表出してしまったりすれば、④の「法王」が覆されてしまう可能性があることが暗示されているわけです。
　しかし、質問者がそれを望んでいないことは、ご相談を受ける中で把握いたしましたし、③から④に至るカードの流れからも、食事に行って急激に相手に対する恋愛感情が沸き上がってくることも伺えません。
　よって、倫理観をもっておつき合いしていく分には問題ありません。楽しんできては如何ですか、と言ってあげられるわけです。

実践編３：ヘキサグラム・スプレッド
THE HEXAGRAM SPREAD

　カードを広げた時の形に由来してこのように呼ばれますが、ヘキサグラムは、対立原理の調和を示すシンボル。どうすれば調和が保てるのか、不調和となる原因は何なのかを示唆するスプレッドです。二者間の事柄を詳細に見ることには優れた、カードの展開方法でしょう。①～⑦のカードから何を読み取ろうとするのか、何を導き出そうとするのかの条件設定をしっかり行うことがポイントです。

　シャッフルしたカードを７枚選んで（選び方は自由）、下のように置いていきます。

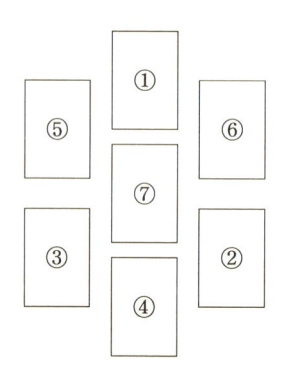

①～⑦は、以下のようになります。
　①過去
　②現状
　③未来
　④対策・障害
　⑤質問者に対しての、周囲・環境、相手の立場等

⑥質問者
⑦最終カード

　重要なポイントは、③と⑦の違いです。
　⑦は Manifestation「顕現」、どのような現象として現れてくるのか、到達し得る可能性、「この件はどうなりますか？」「～になりますか？」と言った質問「～？」＝QUESTION に対する Answer としての、YES か NO を見るところです。
　③は Future「近い未来」であり、あくまでも現状②が、時間の流れでどのように変わるかという経緯を示すものですから、最終的にどうなるということを③から読みとるべきではありません。
　③は⑦に至るまでの原因・理由に相当することになります。
　その他のカードも同様に、最終的に⑦のようになるだろうとの答えを導き出す材料であり、⑦が象徴する事柄に強弱を付けるカード、あるいは⑦に影響を与えるカードであると表現できます。
　互いに隣接するカードが影響を及ぼし合い、周囲の全てのカードによって、最終カードの判断がなされるわけです。
　いつ頃までのことを見るのか、⑦の時間設定をしておくことになります。
　⑤⑥には、幾つか条件設定の方法があります。
　基本的には⑤で質問者もしくは対象となる人物を出し、⑤に対する人物やその他物事一般を見ます。
　現状を示す②の中で、登場人物である質問者⑤と対相手⑥とのさらに何を読もうとするのかを特定するのがポイントです。例えば⑤と⑥で、ふたりの人間がお互いにどう思い合っているのかという気持を読もうと設定するのもひとつですが、恋愛などでもう既にうまくいっていない場合のふたりを見るときには、⑤と⑥双方、どういう点が嫌だったり好きだったりするのかなど、どんどん設定事項を狭く深く絞ってカードを切るのです。その他には、互いに置かれている立場や状況などを出してその優劣関係などを見ることも妥当です。
「現状」と言うのは、現在の状況ですから、質問者にしてみれば当然のことが出るでしょうし、ある程度の話を伺えばそれを表すカードが出るわけです。現状の中で、さらに質問者・またその相手が、どの様な心境でいるのか、どのような立場にいるのか、何が問題点なのか、どう動くべきなのか等、具体的な何を読み取ろうとするのかは、その都度占者であるあなたが考え出す必要があるのです。

THE HEXAGRAM SPREAD　ヘキサグラム・スプレッド

多くの解説書に、⑤⑥を単に質問者とその相手、と記されているようですが、とくに実際の鑑定では、質問者を目の前にして、しかも②で、質問者の現状は既に出ているのですから、⑤⑥にはもう少し具体的に何を見ようか設定するべきでしょう。

次のような質問を考えてみましょう。

Q　一年ほど前から、上司（有妻子）と恋愛をしています。彼は「いつか妻と別れて君と一緒になる」と言っているのですが、このまま付き合い続けても良いのでしょうか？

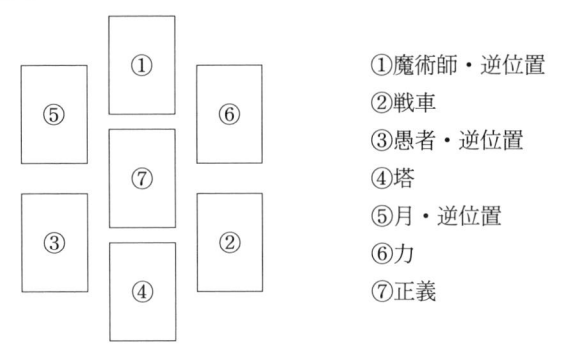

①魔術師・逆位置
②戦車
③愚者・逆位置
④塔
⑤月・逆位置
⑥力
⑦正義

　過去のカード①が、知性・コミュニケーションを象徴する「魔術師」の逆位置。交際が始まった当初のふたりの間には、ある種の狡猾さ、偽りのことばなどがあったことを暗示しています。現在のカード②は、「戦車」。ふたりの関係を進めていこうと頑張っているものの、①を踏まえると、質問者の思い込みが激しくなっていたり、努力が裏目に出やすくなっているよう。
　相手の彼は、今の関係を続けたいが為に、つい気を持たせるようなことを口走ってしまっているのではないでしょうか。
　未来のカード③は、「愚者」の逆位置で低迷を暗示。ハッキリと別れることにもなりませんが、これ以上の進展はなさそうです。
　キーカード④は、対策や障害となっているものを教えてくれるカードですが、破壊を象徴する「塔」。元々ふたりの関係そのものが、成立し難いものであること、

このまま押し進めて行くと、周囲を巻き込んだ大きなトラブルを招くこと、最終的には破局を迎えることの警告とも捕らえられます。

　最終カード⑦は「正義」。物事が、治まるべき治まり方をします。その時の彼のカード⑤が「月」の逆位置。徐々にまっとうな気持ちに帰って行くこと、妻や家庭のことを意識し出すことが伺えます。奥さんと離婚する可能性は、まずないでしょう。

　一方、その時の質問者のカード⑥は「力」。彼のことが本当に好きで、結構続けていく努力をして行く姿が伺えます。彼のことばを信じようと努力するよう。相手の彼も、質問者を傷付けるようなことはしないと言うことでしょう。

　全体像としては、質問者の女性は、彼がことば通りにすることに期待をするべきではありませんが、彼との付き合いの中で、そんなに嫌な思いや辛い経験をするとも出ていません。

　対策の「塔」のカードの精神で、自ら関係を断ち切るか、それとも、彼とはいつか終わる覚悟で割り切って付き合っていくか、と言うことになります。

カード解釈のポイント2 　READING-TIP 2
～実践鑑定のためのアドバイス――どのスプレッドを使うか～

　どのスプレッドを使うか特に決まり事があるわけではありませんが、流儀は様々にあり、占術家のセンスが現れるところです。
　質問をよく見極めて、有効で無駄のないスプレッドを選べるよう心がけましょう。

　通常、ひとつの質問に対して2、3回はカードを切ることになりますから、自分なりのパターンを確立させておきましょう。これは、実践する中で培って行くことになります。
　例えば、最初はスリーカードで大まかな流れや見通しを立ててから、時期や期間を限定して、その中で何がどうなっていくかをヘキサグラム、ケルト十字などのスプレッドで見ていくパターンもひとつの方法です。
　或いは、ひとつのスプレッドで顕現や潜在的な事柄を出し、そこで得た解答を踏まえた上で占的を変えて別のスプレッドを用い、多角的な観点から分析して行く方法など、色々と考えられることでしょう。

では以下の質問の場合はどうでしょう。

Q　今の仕事に向いているか？

　向いているか適正を知りたいのなら、カードを1枚引くだけで良いでしょう。しかし、質問をよく見極めなければなりません。
　対人関係が影響して仕事がやり辛くなっているとか、仕事そのものが好きになれないとか、**人がどうしてその質問をするに至ったのか、その答えを知ることによっ**

READING-TIP 2　カード解釈のポイント2

てどうしようとしているのかが重要なポイントです。

　また、カードを切る前に、質問者からカード判断に必要な情報を得ておく必要があります。やみくもにカードを切ってもなかなか効果的なリーディングは出来ません。
　質問者の質問が何なのかから当てようとするなど、今日電波のひしめく現代社会の雑踏の中で生きる私たちがシャーマンの真似事をしてもパフォーマンスの域を出ないだけでしょう。
　プロならお客さんのニーズを優先すべきです。多くの方が時間は最大限有効に使いたいと思っており、具体的なアドバイスを求めているのです。

　1枚のカードが象徴することは、何の相談でも、どこにどう出ようと変わりません。しかし、私たちの仕事は一般の方にカードを解釈して伝える、言って見れば翻訳家なのです。象徴を伝えるだけでは、直訳をして後は質問者にそれが一体どういうことで、何を物語っているのかを判断させると言うずさんな翻訳者です。
　カードの象徴を解釈し、さらにそれを意訳し、相談に即したきめ細かい表現にして伝えることができて、初めて相談者の役に立つ納得して頂ける鑑定が成立するのです。
　より役に立つアドバイスを紡ぎ出すために、質問者をリラックスさせる効果も含めて、出来る限りコミュニケーションを取るようにと、私の生徒には強調しています。

　自分なりのパターンはありますが、時にはひとつの質問に関して78枚全てを使い切ることもあります。
　同じ質問を何度もカードを切り直してみているのではありません。一回一回、導き出される事柄のさらに詳細・具体化を求めて、全く別の観点や切り口からスプレッドを展開させているのです。意識的にするものでもありませんし、対する相談によって、何回カードを展開するかは変わります。一回一回がいかに固有の展開をすることかの現れでしょう。
　一度スプレッドしたカードは端によけて二度と使わずに、78枚までを使用限度としています。どのような種類のカードが、どのような特徴で出るかを見て、判断の材料にするのが目的なのですが、大切なことは、**最初のスプレッドを念頭に置き、**

READING-TIP 2　カード解釈のポイント2

　あくまでその範囲内で、2回目以降のスプレッドを読むこと。言ってみれば最初に出したヘキサグラム・スプレッドが1枚の新たなカードであり、それを象徴カードとして踏まえ、さらに具体性を追求しながら、カードを展開していくのです。
　しかし確率的に、回数を増やすごとに出るカードは限られてくるわけです。
　それを嫌って、2回目以降一度切ったカードも混ぜて使う、或いは別のパックの78枚を使用すると言うやり方もします。頻出するカードを吟味することで、さらに暗示が得られる点が有効です。
　スプレッド選択に関しては「最後に」も参照して下さい。

THE HERMIT. 隠者

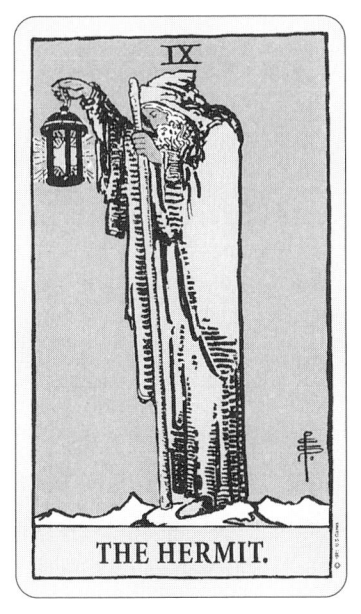

照応）
ヘブライ文字：ヨッド ゙
　ヨッドには他の様々な文字に付いて、その文字を変化、活用させる働きがある。対応フェニキア文字は、人の肘から手に掛けてを表すような形をしている。神の手を象徴し、運命や創造性、生産性、性的な欲求などをも示すもの。
宇宙観：処女宮
　対応惑星：水星。

　「隠者」と「愚者」の2枚からは、タイトル通りの両価性が見て取ることができます。絵柄の構図、色彩等全てが対照的に描かれているのがお分かりでしょう。
　太陽の出ていない闇の中、地味なマントを羽織った老人らしき人物が、ランタンの明かりを頼りに、かつて自分が足を踏み外しそうになった崖っぷちに佇み、深遠なる淵の底を覗き見ているのでしょうか——。
　地にしっかり足を着けた隠者は、もう何も口にすることがない。彼の深遠なる思いは、ことばによって言い表すことができるような代物ではない。

THE HERMIT. 隠者

　彼は悟りに至った。何を求め、それがどこにあって、どうすれば手に入るのかを。もはや、かつての愚者のように、向こう見ずな冒険に出る必要はないのだ。
　全ては内なる世界に存在する、いや内在と言うべきか。
　これまでに描き出された、人間の精神のあり方、精神の側面ひとつひとつを統合することが出来る精神性として、この隠者は描かれています。統合とは、ふたつ以上のものをあわせてそれぞれの特質を損わないようにひとつのまとまりあるものにすること。
　「女帝」、「皇帝」、「法王」、「恋人たち」、「戦車」、「力」……これらの精神性を統合することが出来る人間とは……？
　隠者は、ランタンの中に「輝く六芒星(ヘキサグラム)を灯すことが出来る人間」なのです。
　「恋人たち」の章で触れた、対立原理の調和のシンボル・六芒星は、この世における人間の可能性の果て、最も完成度の高い、私たちが出来る物事を表します。
　火を灯すという行為は、まさに四大を操ることのひとつです。四大を操る——魔術師を彷彿とさせますが、魔術に限ることはありません。魔術師ならずとも、時に人は、内的な統合を果たして願望を成就し、周囲に変化をもたらします。
　あなたの中の、母性に代表される女性性を、男性性を、秩序を重んじる父性を、快楽を求め、衝動に駆られやすい本能を、獣性を、冷静にどれかひとつを突出させることなく操れば、私たちは私たちの中にも外にも、六芒星を灯すことが出来るのです。

　このカードは「深淵」の象徴です。
　短絡的なことばでは決して述べることの出来ない、奥深い事柄を物語っています。
　パターン化した解釈はもはや通じません。深い意味を読みとって下さい。
　隠者の悟りを証明するためにも、灰色のマントを身に纏う——もはや虚勢を張る必要はない。物を言う必要もない——無言で佇み、行為を持って証明すればよいのですから。華美な装束を纏って、我を見よと我に従えと、大口を叩く者ほど、隠者の悟りとは無縁です。
　確かに歳月を費やして老齢であるなら、悟りも開けましょう。しかし、肝心なのは年齢でも費やした歳月でもありません。絵柄の身を隠すように羽織ったマントの下が、必ずしも老人だとは限らないのです。
　魔術師、宗教家、或いは一般市民でも、神の叡智を宿しているならこの灰色のマントを着るに相応しいことを表すかのように、描かれている隠者の背はピンと伸び

THE HERMIT. 隠者

ています。

　数、0〜9までの数字は、それぞれ神秘的な要素から構成される象徴があり（数秘学）、9はその代表たる数、古来より魔術的な力を担うとされてきました。
　個人的に印象に残っている数に関する記述に次のようなものがあります。
　　0123456789
　　9876543210　二列のそれぞれ縦の和は、必ず9になります。

　また、9の乗数は、単数変換すると必ず9になるというのもあります。
　　9×2＝18、1＋8＝9、9×5＝45、4＋5＝9
　さらに
　　　(0×9)＋1＝1
　　　(1×9)＋2＝11
　　　(12×9)＋3＝111
　　　(123×9)＋4＝1111
といったようなものがありました。

　また、3（＝安定と調和の象徴）の2乗であることから、9は、変化変容しつつも、静止したまま動きのない数として、古来より神聖視されてきました。

　前述しましたが、「神の名」を口にすることを謹んできた古代人は、ヘブライ文字のヨッド、ヘー、ヴァウ、ヘーの四文字で表記しました。
　そのヘブライ文字に対応する3枚のカードの人物は、これまでの歴史を左右してきた三種の支配者を表しているのではないでしょうか。
　「皇帝」は、古代社会の指導者、軍事政権、現代における政界や内閣等行政機関。
　「法王」は司法機関、現ローマ教会などに代表される司法立法機関。
　「隠者」たる思想家、誰もが知るイエス・キリストに代表される宗教的・思想的な指導者が、次世代にもさらに登場するのかも知れません……。
　描かれている隠者は、「ヘルメスの経典」の想像上の著者、伝説的な修行者ヘルメス・トリスメギストス（＊1）として知られている、錬金術の始祖だと言う説もあります。

　　　　　（＊1）トリスメギストス Trisdmegistus は、三重に偉大、哲学者修

THE HERMIT．隠者

道僧、王としての三位一体への言及であり、最大にして三倍のヘルメスを意味します。2世紀頃まではこの人格を指す時は、ギリシア語の megas（偉大を意味する）を、三度繰り返し唱えられたと言われています。

そのいずれかと言うより、全てが統合された、名状し難い「神の異相」なのかも知れません。ヘブライ語の普通名詞「神」は、Elohim（エロヒム）であり、Elo＝神、him＝複数語尾から成ることばです。ウェイトは、彼の『タロット図解』の中で、このカードを、「我がある場所に汝来るべし」と解釈しています。

岩山の頂上から、下方にランタンの灯を示して、彼は導いているのでしょう。
「ここには真実がある、真実を知りたければ、この明かりの下へ来るがよい」
しかし、それが伝授されるべきでない人は、彼の姿に気付きはしません。
姿を隠して秘儀を守るために、彼はマントを羽織りひっそりと佇んでいるのです――宇宙の真理の象徴。神の叡智を宿した、超常的な人間――隠者を「神」だとする説もまた多くあります。

知恵を表すカードはこれまでにも出てきましたが、この隠者が表す知恵は、神秘・隠秘学的な知識と経験に根ざした内的・精神的な高まり、深淵なる知恵。すなわち宇宙の法則を知っていることです。

比較！
「魔術師」は、人が成長する過程で培う学識、応用力、語学に関する能力を指し、学校などで、目で見て耳で聞いて養う知性を言います。
「女教皇」は、人が生まれ持っている、生きるための本能的な知恵。直感や洞察力として現れるもの、またそれに従い、冷静に理知的な判断を下せること。
「法王」は、道徳・モラルを基準にした、良識的な見解や導き、を表します。

カード NO. 9 隠者　THE HERMIT.
アテュの象徴：**思慮、俗世を離れた事象、精神の深淵な部分から沸き上がる知恵**
キーワード：

強

悟り、密儀

思想・精神世界

長い経験からつちかわれる能力

アナログ的な知性

修行、瞑想

内省、沈黙、秘密裏

奥深さ、探求

本質　**思慮、俗世を離れた事象、精神の深淵な部分から沸き上がる知恵**

頑迷・偏屈

邪推

社会的孤立

閉鎖的

引きこもり

陰うつ、抑うつ

悟ったつもり

弱
あるいは
過不足から
裏目に出る　（上記の事柄に対する）警戒・警告として出る場合がある

WHEEL of FORTUNE. 運命の輪

■第十一のアテュ■
✣ WHEEL of FORTUNE. ✣
運命の輪

照応）

ヘブライ文字：カフ ♪

　指を含めた人の手を象ったような原カナン語に相当する。手のひらと言えば表、表と言えば、裏があることの暗示である。両面一体の概念、また、神の手＝癒しのエネルギーをも表す。

宇宙観：木星

　事象の拡大を象徴、幸運と発展を司る星。対応十二宮：人馬宮。

　「隠者」がひとつの到達地点だとすれば、物語の筋としては、今や運命の輪が回り出す時——。
　このカードは、ひとつの周期、物ごとの終わりと始まり、時の流れを物語るもの。好転、暗転、流転、あらゆる変化の象徴です。

　万物は流転する。人もモノも動物も、形ある物もなき物も、この宇宙も全て。現状は点であり、未来は形質を異にする点と化します。

しかし、永遠という概念は存在する。

私はアルファでありオメガであると語ったキリスト。

ウロボロスの蛇。メビウスの輪も然り。

始まりと終わりとは常に始まりであることが、これまで多くの形で語られてきました。

「運命の輪」には数字の10が振り当てられています。

図形では円で表され、完全なる調和、完全性のシンボルとされています。

ウロボロスの龍

あらゆる数の源、創造の原点である1、二元論を象徴する2、それを解決する安定と調和の3、物質界を象徴する4、1＋2＋3＋4で表される10は、まさしく「神」を象徴する数字です。

カード中央に描かれた、運命の輪には、ROTAの文字が。まさしく「輪」を意味するラテン語です。

その4文字の間には、それぞれヘブライ文字が置かれています。

これまで幾度か述べてきた「神」を表す4文字の登場です。

ここに神の力あり——神の意志のみが左右する、何者にも抗し難い宇宙のサイクル。**時間的・環境的な変化として表れ、質問者には因果関係がないというのが定説です。**善人にも悪人にも分け隔てなく降りかかる、時の流れによってもたらされる変化、時に自然災害をも表します。

時にチャンス、幸運なる出来事をも表しますが、その内容は周囲のカードによりますし、一時的な事柄、質問者の本質的な幸不幸・能力を保証するものではありません。

この宇宙に存在するが故に起こる出来事や経緯を表し、その良し悪しは、前後左右のカードで判断します。

また、良し悪しと言うことばも、そのカードが出た時点でのみ有効、相応しい事柄であって、何ら普遍性があることでもありません。

数字の10は単数変換する場合、1＋0＝1、1に還元されうるものです。

素数の1とは、次元の違う、新たな単一性、唯一性、始まり・起源。——神は最

初の創世作業の後、人類創造を果たしました。神の似姿として、アダム・カドモンと呼ばれる人間を――。
　ヨッドは頭部を、ヘーは腕を、ヴァウは胴体を、ヘーは脚を表しています。
「……下ナルモノハ上ナルモノノ如シ……」宇宙に対して小宇宙である人間一個人のレベルにおいては、かくありたいという意志に基づいた、新たなる人間形成を表します。**真の自己への目覚め、転換・転機、高みなる自己へと移り変わりの象徴です。**
　変化を起こす業が魔術であると、以前から述べてきました。
　事態が暗転した時こそ、その効力を発揮すべき時であるはずです。
　逆境・不吉な事態に遭遇した、内的な統合を果たした隠者は、どう対処するのだろうか？　魔術的な思考と行動を持ってして……。

　絵柄の輪を昇り行く生き物は、エジプト神話における悪の化身・セトです。
　その行く手を制するかのように、輪の頂点には、剣を有したスフィンクスが、描かれています。
　悪しきものでも、一時的に上昇することがありましょう。
　下降する蛇は、人間の未発達な部分の象徴でもあり、時間の流れや進化の象徴にまでも解釈されます。
　時流は根拠なく、あなたを巻き込みます。誰しもが下降し上昇する、その繰り返しが生きると言うことなのです。それが大宇宙の法則です。
　錬金術において、蛇は進化して蠍に変わり、蠍はさらに進化すると天に上がって鷲に変わります。蠍座（天蠍宮）に象徴される、「人間の執着心」を解き放つことの必要性を伝えてもいます。時の流れにしか解決出来ない物事を理解するには、それしかないでしょう。

　四隅には獅子、牡牛、鷲、人間の姿が描かれており、それぞれ翼を持っています。
　占星学の獅子座、牡牛座、蠍座、水瓶座に表される生き物であり、この四星座は全て不動宮に属し、それぞれが火、地、風、水と四大を象徴します。
　あらゆる事象は、万物を構成する四要素全てが相まって起こること、その相互関係のバランスが崩れた時に、悪しき変化は訪れる。
　先にも述べましたが、人間の精神構造に当てはめた場合、四要素はそれぞれ、直観、思考、感情、物質的感覚或いは肉体に相当します。

WHEEL of FORTUNE. 運命の輪

ウェイト版の「運命の輪」のもととなったといわれている図

未来に暗転の象徴として出た場合は、質問者に警告を与えて下さい。
内的な四大のバランスを図ることの重要性があることを伝えて下さい。
激しく人を非難する感情、恨み辛みの感情、快楽や肉欲に支配されるなら、たとえどんなに現状が満ち足りていようと、陰りが訪れる時が来ることでしょう。

絵柄の四獣の概念は、旧約聖書以前に、魔術・神秘的な分野で頻繁に登場しています。

古代エジプトに置いては、ホルスの4人の息子たちが、各々サルの頭、ジャッカルの頭、ハヤブサの頭、人間の頭を持ち、それぞれ北、東、西、南の基本四方位を司っていました。

また、テトラモルフ Tetramorph と呼ばれる、ギリシア語からきた「四重のかたちの」を意味するものがあります。獅子は人間の感覚的要素、牡牛は肉体的要素、鷲は高度な精神を表し、翼を持った人間は、これら三つの能力が人間をかたどって表現されたものだと言われています。

悪の化身として知られる
エジプト神セト

カード NO. 10 運命の輪　WHEEL of FORTUNE.
アテュの象徴：**宇宙の法則、時の流れがもたらす変化、サイクルの終わりと始まり**
キーワード：

強

転換・転機

必然的な変化

出会いやオファー

好機、機が熟す

重なる偶然

上り調子

順風満帆、スムーズな流れ

本質　**宇宙の法則、時の流れがもたらす変化、サイクルの終わりと始まり**

急変、避けられない出来事

抵抗できない変化

流される

暗転、停滞

一時的な衰退

行動

弱
あるいは
過不足から
裏目に出る

（上記の事柄に対する）警戒・警告として出る場合がある

JUSTICE. 正義

■第十二のアテュ■
✲JUSTICE.✲
正義

照応)
ヘブライ文字：ラーメド ל
　かぎ針編み棒のような、フェニキア文字・アラム文字に相当する文字で、家畜つき棒を表します。すなわち仕事、義務、先へ進むこと、前進、の象徴。
宇宙観：天秤宮
　対応惑星：金星。

　ミクロコスモスとして安定するということはすなわち、いつ何時でも内的な（対立するふたつの原理の）均衡を図るという作業に他なりません。男性性と女性性、思考と行動、肉体と感情、理知と本能……。それらが、「正義」のカードが示すことが、それら均衡を図ると言う作業です。
　また、このカードは「正義の女神」「裁判の女神」などともタイトルが付けられています。
　物事の正当性、あるべき公正さ、均衡・バランス、正しい方向へ進むこと、公正な判断が下ることを象徴するカードです。

「女教皇」の構図を彷彿とするかも知れません。女教皇のカードが示すのは、「女性原理」とそこに象徴される対立原理の均衡を図る力。対して「正義」は、天秤という計量器を用いて、ふたつのものが、双方の重さ分量が等しいかどうかで価値判断をするという、すなわち、ある測定基準・一定の規則の下での、均衡を表します。日常レベルでは、法のもとに下される判断をすることになります。

比較！
　規則・社会性と言うと、構図が似た「法王」が連想されるかもしれません。法王のカードは秩序に基づき和を重んじること・人の和に焦点が当たっています。穏やかで順当な進展が約束されているのですが、秩序も調和も各自の主観によります。「正義」が出たときには、情は通用しません。あるべき正当な状態になること、不正があるのならそれはまかり通らないのです。例えば、不倫や三角関係の解消と言う出来事を表しうるものですが、不倫の成就を望む人にとっては、決してその願いが叶うとは言えないカードです。
　社会・国家で適用されている法律、秩序に基づき判断すること、裁きを下すこと、人の理知に焦点が当たっています。
　動きはないが緊張感のある状態です。

　絵柄の人物は、矛先を天頂に向けて真っ直ぐ突き立てるように剣を手にしています。剣・ソードは思考の象徴。その判断・裁量には寸分の狂いもなければ情もない、冷酷なまでに機械的に判決は下されるのです。

「神に似た者」大天使ミカエルは、鎧に身を固めて剣を携え登場しますが、最後の審判では、人間の魂を測る天秤を手にし、人間に裁きを与える役割を司ります。
　古代エジプトでは、死者は心臓を秤量され、許された者のみが、オシリスによって来世への喜びを預かるに相応しい者とみなされたのでした。
　「正義」のカードに描かれた人物は、現状で言えば、理知的であり思考・判断力に優れた、厳格な精神の擬人化。

大天使ミカエルは必ず剣か天秤を持ち、鎧姿

JUSTICE. 正義

死者の魂の裁量をするエジプトのアヌビス神と書記神トート

正当性とは、ある種当然・妥当なことであり、物事が順当に・淡々と進行していくこと、感情的によいにつけ悪いにつけ、何ら不当なことがない物事がこのまま保たれていくことをも表します。

また、ふたりの双方が、同等の感情を抱き合っていることに由来して、釣り合いのとれたパートナーシップをも表します。同性同士のベスト・パートナーであることも、理想的な異性の交際相手を示すこともあります。婚約していて愛し合っているふたりの未来に出れば、そのまま順当にゴールイン、結婚を示すことになります。

質問者が何らかの正誤を主張してきたとしても、法律的な解釈はまた異なる場合もあります。

質問に関連する判例などがあれば、事前に調べておくべきでしょう。

原告も被告もどちらも正当性を主張するような訴訟問題で、法律家でも意見がわかれるような審理であれば、この札は逆位置を示して出るでしょう。質問者が何を知りたいのか占的を明確にして、占術家としてのアドバイスにどう役立てるか、慎重な扱いが求められる札です。

また逆位置で出て、質問者の判断や考え方が法律の上で受け入れられないことを指摘して出ることもあります。

どちらとも判断を下せない、曖昧な状態をも表し、恋愛などでは、つき合っている異性以外の別の人の存在や、三角関係を暗示する場合が顕著です。

恋愛相談などで、スプレッドの中の相手の位置にこのカードが出たら、質問者には注意を促しておきましょう。

カード NO. 11　正義　JUSTICE.
アテュの象徴：**正当性、法に則った公正な考え・判断、それに基づいた均衡・バランス**
キーワード：

強

調停成立、勝訴

公明正大

公正な成り行き

機械的な判断、裁量を下す

フィフティ・フィフティ

パートナーシップ

当たり前の日常

義務を果たし権利を主張

本質

法の下の正義、それに基づいた均衡・バランス

不正

違法行為

不貞

不釣り合い

偏り

両天秤にかける

訴訟が難航

弱
あるいは
過不足から
裏目に出る

（上記の事柄に対する）警戒・警告として出る場合がある

THE HANGED MAN. 吊された男

照応）
ヘブライ文字：メム
　相当するフェニキア文字は「波」の形をしているもの。水、流れるもの、時などを象徴。移り変わることや変換する物事などをも示す。
宇宙観：海王星
　神秘・幻想を象徴する星。非現実性、目には見えない事柄、潜在性や感受性を司る。対応十二宮：双魚宮。

　「カバラ」とは、ひとつの哲学的・神秘学的思想であり、「宇宙と人間との関わり」を説いているものです。「神」の存在を認め、太古の書物であるユダヤ教正典をその教えの基本としているため、「聖書の解釈学」とも呼ばれますが、論じられている「神」とは、平たく言えば「宇宙エネルギーの源」としての存在であり、宗教とは異なるものです。カバラの思想・理論を体系的にまとめたものが、これまで幾度か登場している生命の樹なのです。

生命の樹を上昇して行けば、「吊された男」の行為を余儀なくされることになります。カードに描かれているように、足を樹に結びつけて逆さ吊りになること——まるで、宗教儀式、新参者がその信仰心の証を身を持って証明しているかのような参入儀式＝イニシエーションのようです。
　文字通り試されること、試練を象徴するカードです。
　身を投げ出すような行為、高いところから、下方に広がる深淵に向かって身を投じること、自分を捨てることを象徴します。自分自身を捨てるとは、その考え方、価値観、思考パターンなど、自分の法則を放棄して、宇宙の法則に従うことを示します。

比較！
「女帝」「力」のカードも、受け入れること、妥協すること、柔軟性を象徴しますが、「吊された男」は、自己を否定することがテーマになっています。自分にそぐわないものをあえて認めて肯定すること、そのことをできる柔軟性と、それによって生じる苦難に焦点が当てられています。

　現実には、誰も積極的に自分を捨てようとは思わないし、またそうする必要もありません。自由意志がある私たちは、したくないことを強いられたとしても、その場から立ち去ればよいだけです。
　しかし、肉体の拘束を受けることのない高みなる存在への飽くなき挑戦は、地上のどこかで——往々にして信仰という名の下に——いつでも努力が成されていることでしょう。
　そしてその行為の暁には、生命の樹の第6のセフィロト、ティファレト、地上において可能な最終到達までの上昇を果たせるであろう、崇高な精神性を物語るのがこのカードです。描かれた吊されている人物の頭部の、神性を示すオーラの輝く様、彼が吊されている神聖なるT十字が、そのことを保証しています。宇宙との調和を果たそうとする行為は報われることの現れです。

　樹をよく見れば、彼の行為が、やがて何らかの新芽となって再生すること、彼の行為によって、救われる者があることが伺えるでしょう。
　日常的に、まったく見方を変えたり、第三者の考え方を聞くことによって、目からウロコが落ちた、と言うような体験は、誰しも持っているでしょう。

THE HANGED MAN. 吊された男

　描かれている人物の表情も、決して苦痛の面持ちではありません。彼が、身を投じたことに満足を得ていること、見えていなかったものを認識するに至ったこと、より高度で優れた方法があることを確信しているのです。
　木と彼との足首とを結びつけている結び目は、「魔術師」の頭部に見られたHigher Powerの印、「女教皇」に見られたTORAであろう書物と同様、彼の導きであり支えであり無限の可能性を約束するもの——しかし、何と導きらしからぬ支え方でしょう——支えられていることを信じようとする勇気ある行為をも表すカードです。
　精神的に向上したければ、導きを信じて、安心してこの試練を受け入れてよいのです。

　描かれている人物の赤と青の服の色——これは、内的葛藤があることを示しています。水のように全てを受け入れ、自分が柔軟性を発揮することと、自分を曲げたくはないことの現れです。それでも、彼は自ら足で「水」象徴する逆三角形▽を作って、高みなる精神性、信仰心で、葛藤を強い意志に変容させているのです。
　ウェイト自身も、このカードは、自己犠牲、忍耐・妥協と言う行為そのものよりも、そこに至るまでの、或いはそれを決意するに至る「柔軟性」に焦点が当てられていることを強調しています。
　水の如し、時に中庸、中性的な物事こそ、私たちに最も要されるものなのです。
　なぜそれが必要なのか？——分からない人は、「運命の輪」を復習することです。我を押し通し頑なであることに、何の栄光も与えられないことを学んで下さい。
　このカードを克服できるときが、あなたの眠っている可能性が目覚めるときでしょう。

　カードの象徴が裏目に出ると、まさに宙ぶらりんな状態を表します。
　どっちつかずの優柔不断さや、中途半端な状態を表します。
　また、頑固に物事に固執している状態や、偏見や身勝手な考え方をしていることへの警告にもなります。
　的外れの努力や忍耐、観点や視点が間違っていること、報われない行為を示します。
　質問者には、地に足のつかない不安定な努力を強いられることを伝えなければなりません。しかし、ここで観点を変えれば、執着心を捨ててやりなおせば、未来は

開けるのです。

注目！　大アルカナの象徴を、小アルカナの示す場面に見る
　少々遊び感覚を取り入れた解釈になりますが、具体的にこのカードが、日常的にはどの様な行為をしていることになるか……小アルカナの「ペンタクルの8」を見て下さい。
「吊された男」に似た人物が描かれておりますが——それはまさに「修行」する姿です。——技術を磨く職人は、師弟関係を頼りに、日々鍛錬を積むしかないのです……「吊された男」に対応する四大の水は、ペンタクルの堅実性、合理性に現れる行為によって報われ、また顕現することが読み取れます。

「愚者」、「吊された男」、「審判」は、ヘブライ文字の文法上主な語根となる母なる文字、アレフ、メム、シンがそれぞれ相当するとして特別視すると言う説が、多くの専門家によって示されています。

カード NO. 12　吊された男　THE HANGED MAN.
アテュの象徴：**固定観念・自我を棄て、外界の求めに従う、宇宙の法・人間を超越した存在の認識**
キーワード：

強

目には見えない世界の認識

内的葛藤の克服

ペンディング

固定観念からの脱却

誰かのための実りある忍耐

自分のやり方ではない努力

目からウロコ、視点を変える

拘束、自己犠牲

本質　**自分を棄てる、外界の求めに従う、試練**

忍耐をともなわない道へ

努力を放棄

葛藤から逃げる

自分自身に固執

固定観念に縛られる

視点を変えられない

報われない

弱
あるいは
過不足から
裏目に出る　（上記の事柄に対する）警戒・警告として出る場合がある

DEATH. 死に神

照応)
ヘブライ文字：ヌーン】
　魚を表すフェニキア文字と一致するもの。古代人は、黄道を一直線に泳いでいくような「魚」すなわち魚座を夜空に見出し、それは後にその時代に起こった「キリストの出現」という事から、魚は、キリスト・神秘・秘密の象徴とされた。
宇宙観：天蠍宮
　対応惑星：冥王星。
　対応惑星である冥王星は、創造と再生を象徴。命あるものの生き死にを司る星。
　対応十二宮はもとより、その支配惑星の影響を強く感じるカード。

　マルセイユ版等古典的なパックでは、タイトルがなく、絵柄のイメージからこのように呼ばれるようになったことはよく知られています。
　「愚者」同様、特殊な扱い方をすべきカードと言えるでしょう。

　人が死ぬ時のことを考えてみましょう。

DEATH. 死に神

　私たちは、死者を悼んで葬儀を執り行い、死体を埋葬します。生き物は全て死んで土に帰ると言われるように、自然界に放置された死体もやがては朽ちて土の一部と化していきます。
　肉体という使い古され役に立たなくなったものを葬り、魂はより優れた新しきものへと再生します。
　再出発を物語る、変革、刷新の時を象徴するカードです。

　古代エジプト人は、地平線というものを直線ではなく、2つの山を描いて表しました。その2つの山の間に太陽を描き、日が昇る様を表したそうです。
　このカードには、2つの山の代わりに2本の門柱が描かれ、生と死と言う究極の対立原理を表しています。日本で見られる鳥居のように、2本の門柱は、地上の至る所で聖地を守る目的で建造されているもの。
　絵柄はまさに殺戮劇の模様ですが、これは死という聖なる裁きが下される場面であり、**2本の門柱から覗ける太陽は、沈んでいく太陽、消え果てていく生命の象徴です。**

　馬に乗ったデス・エンジェルに、人が何かを乞い求めているような姿が描かれていますが、「法王」のカードに描かれた人物を彷彿させます。高みなる世界の光明を求めて、現世での生命を閉じたいと望んでいるのか、現世への執着から臨終を拒もうとひれ伏さんとしているのか、或いは幼子のために助けを乞うているのか、いずれにしても、デス・エンジェルには通用しない行為です。
　その横には、覚悟を決めたように首を差し出している「力」のカードに描かれた女性に似た少女がいます。デス・エンジェルは、目の前にいるすべての人の魂を刈り取ることでしょう。
　死とは罰ではなく、すべての生けるものに下されるものです。
　人の生きた軌跡とは、残された者たちの進化と発展の為に重要な歴史となるものです。誕生から死までの経緯は、ひとつひとつ固有の成長過程を示した歴史であるべきだということの象徴です。
　カードには、鎌で切り落とされ、地に落ちた身体の一部が、土地を肥沃にしている、或いは種が芽吹くように、生まれ出る様子にも注目して下さい。
　死に神の旗の白百合の紋章は、女性の生産力と神性の象徴です。
　流れる川が描かれていますが、エジプトのナイル川、ギリシア神話の黄泉の国の

川、その水を飲むと過去を忘れる忘却の川レテ等、あらゆる神話に登場する川は、新生の象徴です。初期の太陽神オシリスは、死者の裁量をする死の神でもあり、豊饒を司るナイル川と穀物のシンボルでもありました。土に埋められて暗い所から、新しい芽を出す穀物＝死と再生のイメージを、エジプト人たちはオシリスに見出しました。悪の神によって、身体を引き裂かれ殺された後、土に埋められたオシリスの肉片は、植物と化して再生したのです。オシリスの墓の横には、常に一本の木が植えられていました。

　対応星座は蠍座、蠍は時の流れを象徴し、「運命の輪」にも、何某か抵抗しがたい現象として現れていました。
「運命の輪」のカードの片隅には、鷲が描かれていたのを思い出して下さい。
　錬金術における精神の成長段階で、地を離れられない蠍は救われない魂を表しますが、後により高度な存在へと変成を果たすと、空へ舞い上がって転身した鷲の姿で描かれます。

　蠍座の支配惑星は、冥王星です。個人を越えて社会・国家・世相の動きを司る役割がありますが。時にこのカードも、個人を越えた集団、社会国家レベルでの改革、刷新、殺戮を表すとも言われます。

　このカードの否定的側面は、ただ始めと終わりを繰り返すだけ――同じことの繰り返し、停滞に通じるものです。時には、堂々巡りの中にも僅かながら人や状態に変化があるかも知れません。時間を費やせばより優れたものへ変成を果たせる可能性もありますが、このカードが出たときは意識して改革を起こすべきでしょう。
人は脱皮するために、意気消沈し生気を失う経験も通り過ぎなければなりません。その先には、新たに生まれ変わった魂のための新世界が広がっているのです。
　次なるカード、「節制」に描かれた昇る太陽がそのことを示しています。

参考！
　実際鑑定の中で、現実的な死を表すことは意外に少ない模様。経験上、「死」を示すカードは、「運命の輪」、「塔」、「太陽」、小アルカナの「ソードの3」等。それをサポートするように、「ソードの9」、「ソードの10」等が出ることも多いです。

DEATH．死に神

カード NO. 13　死に神　DEATH.
アテュの象徴：**死と再生、生まれ変わり・寿命・より優れた新しいものへの変成**

キーワード：

強

新しいものへの変成

刷新

白紙に戻す、仕切り直し

白黒がハッキリつく

断ち切る、別離

血の通わない冷たい言動

潮時、幕切れ

本質

死と再生、生死に関わること、寿命、強い縁

グレーゾーンをさまよう

仕切り直せない

堂々巡り

人生の深いループにはまる

往生できない

未練

弱
あるいは
過不足から
裏目に出る

（上記の事柄に対する）警戒・警告として出る場合がある

■第十五のアテュ■
✣ TEMPERANCE.✣
節制

照応）
ヘブライ文字：サーメク
「怒り」を表す文字とされている。相当する原カナン文字はないが、それぞれ多少複雑な形をしたアラム文字・フェニキア文字が原型である模様。支持、慈善行為なども表している。感情、特に「怒り」を表すという説がある文字。
宇宙観：人馬宮
　対応惑星：木星。

　古代エジプト人が、地平線を2つの山で表し、そこに太陽を描いて日が昇る様を表したように、ここには前出の「死に神」とは対照的に、昇る太陽が描かれています。

　黄泉の国の川を伝わって門柱をくぐり抜けた魂は、生命の復活・再生を果たす土地へ出ます。天使の姿が描かれていますが、四大を司る高みなる精神が擬人化されたもの。

TEMPERANCE. 節制

比較！
「魔術師」のカードを思い出して下さい。卓上の四大を象徴する四つの魔術道具を使いこなせる能力・技術・応用力を示すカードでしたが、「節制」のカードでは、四大の、火を示す三角形が、天使の衣服に描かれ、この天使自身が力ある天使であること、風、水、土はそれぞれ元素の形で描かれており、それを使いこなせること、四大を操ることが出来る「魔術師」を越えた知恵や技術が伺えます。

　カードには私たちの居る風がそよぎ川が流れるこの地上が、太陽の光を授かる場所、至福を体験することができる場所であることが示されています。

　天使は、足を水の中に浸しています。
　水は深遠なるもの。
　女性性、柔和さ、潜在的な事柄・潜在意識、深遠なる知恵を象徴します。

　また天使は壺から壺へと水を移し替えていますが、これは例えて言えば、硫酸と硫黄を混ぜて硫化硫黄を作るような、化学変化を起こしているようなことも示します。しかし、双方の液体の分量を量って調合すると言う非常に原始的な方法で、分量を違えば化合は失敗に終わってしまうような状態です。
　異質のものから、全く別の第三の物を作り出すこと、それに要する慎重さ、現状に可能性がまだ潜んでいること、しかし事を成就させるためには知恵と慎重さと柔軟性が必要であることを表しているのです。

　魔術においても召喚魔術、殊に大天使を呼び出す術は、非常に高度且つ四大を操り万能の変化をもたらす極めて強靭な精神力が要されるもの。
　大自然の中に、大きな羽を広げて、裸足でたたずむ天使の姿には力強い印象があります。赤く染められた翼からも、この天使の行動力と情熱が伺えます。
　着物の中央には、火を表す三角形△が描かれ、よく見るとその上にはヘブライ文字が書かれています。ウェイトが隠し文字にして描かせたと言われており、英語読みをすると「テトラグラマトン」、先述したように、「ヤハウェ」、「エロヒム」とも称される「神の呼び名」です。

　大自然の中に、裸足でたたずむ天使を見ると、非常に粗野というか素朴な印象を

受けますが、対応する人馬宮は、十二宮の内九番目、個人の人生の半期を越えた壮年期に相当する場所。多くの人が社会的に安定し人生を振り返って、身につけた知恵や財産を活かし、有意義に生活していこうとするのがその頃でしょう。宗教・精神世界に関連する事柄をも示す宮です。

　その活動宮に対応する星座は、男性性で火象サインである射手座。半人半馬のケイロン、ケンタウルスにシンボライズされます。

　ケイロンは、知力と体力とが合体された、馬術や弓矢に優れた四つ足を持った半身獣です。ここでの理知の特徴は思弁的なこと。実証や経験に頼らない、自分なりに理論を組み立て思考する能力に帰するもの。これまで触れてきた学校で学ぶ技術一般・言語力、本能的な知恵、悟りとはまた別の次元、学問そのもの、精神・哲学的思想に関する深い思考や研究を指します。

　多芸多才や器用さを象徴するカードです。

　異化作用、変容させる力を示すことから、万能、オールマイティに作用する強力なカードとする説もありますが、活用できるあらゆるものを活用し尽くせば、取り分け節制しなければならないと言う条件を果たせるかどうか、周囲のカードを見極める必要があります。

「節制」の他には「力」「隠者」「正義」に、西洋中世社会における四（美）徳、正義、勇気、思慮、節度が表されているとも言われています。

　14世紀イタリアに、ルネッサンス（古代ギリシア・ローマ文化の再考と復活）が発生しますが、キケロやポンタノと言った哲学者たちから、「徳」に関する思想が様々に提議されました。「従順について」「力について」「君主論」「堅慮について」と言った倫理観が発表されています。

　この時期の歴史的考察はタロット及び西洋占星学の学習に際して、今最も力を入れるべきところではないかと思われます。

「節制」とは国語辞典によれば、「ともすれば度を超しがちな、食欲や飲酒・喫煙の量を抑えて、身体を壊さないようにすること」——清く正しく慎ましやかに暮らすことで解決しなさい、ともこのカードは説いている場合もあるわけです。

　あるもので済ませる感覚、経済的なやりくりをつけること、質素倹約、また、心身の癒しの象徴でもあり、精神的な安らぎを得られることをも表します。

TEMPERANCE. 節制

　女性的な諸力と男性的な諸力を兼ね備えたカードですが、異化作用とは、日常的には、柔軟性を持つこと、妥協すること、中庸を取ると言う行為になり、これまでも他のカードにも示されてきたことになります。
　「節制」はその穏やかな解決策に至るまで、あるいは見えない所にある活動・活発性、ありとあらゆる方法を網羅していくような「動き」に焦点が当たっているのです。

　14という数字が振り当てられています。14＝7＋7という単数が導き出されます。7は、「戦車」のカードに振り当てられている数字です。「節制」には、「戦車」の諸力が活かされているのです。「戦車」に描かれていた「コマ」を思い出して下さい。**一見すると穏やかな静止状態ですが、その裏にはその安定を支えるために、絶えず発動しているもの、活動・労力が要される状態なのです。**その速度により、空を一直線に飛ぶ矢のような、力学的エネルギーが作用していることを物語っているのです。

　故に、このカードの否定的な側面は、バランス・調和が取れるべき状態にも関わらず、質問者や登場人物の動きが、それを破壊してしまうことになります。
　能力や可能性を活かしていない状態、不適切な言動・衝動性によって、穏やかな状態が乱されてしまうことを示します。
　特にこの「節制」は、眠れないなど精神的に落ち込むような状態や、文字通りの不摂生に至ることから、身体を壊す、心身の健全さが損なわれることにまで、顕著に出るカードです。

カード NO. 14　節制　TEMPERANCE.
アテュの象徴：**物事の質・形状を変えて、平和的に解決する。協調・和を重んじる美徳**
キーワード：

強

超人技

人並外れた技術と応用力

献身的

手を尽くして解決する

仲介、和解、折衷

足して二で割る感覚

調節、節度、配慮

本質　**調整、さじ加減、形を変えて平和的に解決**

面倒くさがる

ひと手間を惜しむ

やりくり下手

制限に弱い

度を越す、行き過ぎ、やり過ぎ

無理がたたる

不健全な生活

弱
あるいは
過不足から
裏目に出る　（上記の事柄に対する）警戒・警告として出る場合がある

THE DEVIL. 悪魔

■第十六のアテュ■
✴THE DEVIL.✴
悪魔

照応）
ヘブライ文字：アイン ע
　相当するカナン文字は、そのまま目の象形文字のようだが、目、見通す力、神、太陽に象徴される神の光、予言などを象徴する。西洋思想「カバラ」では、神的エネルギーとその輝きをアイン、アイン・ソフ・アウルと呼ぶ。
宇宙観：磨羯宮
　対応惑星：土星。

　描かれているのはバフォメット——想像上の魔神・有角神、魔女の集会・サバトで崇拝の対象とされる魔王レオナルドを彷彿とさせる半身獣です。
　ギリシア神話では農耕を司る神パンに相当します。パンは、人々にパニックを起こして大改革をもたらす恐怖の神でもあります。人々に死の恐怖を味わわせることで、畏怖されていました。
　磨羯宮の支配星は、土星。サターンと呼ばれ、悪魔を表す言葉でもありますが、勿論山羊座の人の性質・人格を示すわけではなく、あらゆることにおける「冬」の

THE DEVIL. 悪魔

側面を象徴する時期、受容と忍耐を示すものです。
　12月中旬〜1月中旬、太陽は天球図上の磨羯宮に入ります。
　冬、地上に生けるものにとって、一時的な死滅の季節、その山羊座の季節のまっただ中、1月1日、新たな夜明けを告げて昇る生命力のシンボルである太陽に、人々は「死」に象徴される闇の力を見出すのです——変化を求める者、特に、自然界の法則に逆転劇を望むような闇を支持する者たちが、有角神を崇拝するようになったのはこのためです。

　悪魔の台座は、「皇帝」の石の王座同様、物質を象徴する四角形です。
　物欲一般、人や物事に対する所有欲や執着心、
　あるとすれば金銭的な価値を重視すること、即物的な行為・考え方等を表します。

　これまで動物の絵柄で表されてきたものを思い出して見て下さい。
　タロットの世界では、人間がコントロールされるべき、悪魔の姿をした獣が、逆にこのカードでは、人間を鎖につないでいます。
　情動、本能、欲求に人が支配されていること、高みなる精神性を欠いている状態を示します。
　しかしながら、絵柄の人物の表情は、苦しそうでも悲しそうでもありません。
　鎖の拘束も、決して人が抵抗できないような強さでもないでしょう。むしろ、本人が逃れることを積極的には望まないようなぬるま湯状態。そこから抜けたくても抜けることが出来ない人間の惰性、怠け心、慢心などを物語っています。
　こうして見てきたものは、生きるための本能・リビドーに等しく、生き物人間として誰もが根底に持つものであり、決してそれを悪しきものであるとか、持たぬべきだといっているのではありません。絵柄の悪魔の羽が白いことに注目すること。
　本能は好ましい形に昇華させることができること、それを促すために登場してくるカードでもあるのです。

　振り当てられているローマ数字は、15 と表すことができます。そこに見出せる 1 の「魔術師」の意志と、5 の「法王」の道徳・モラルのバランスを欠いた状態が示されます。偽りの言動、混乱・無秩序な状態などを表すことになります。
　男女間の身体だけの関係や断ち切れない腐れ縁などを表し、性欲だけでの結びつきなのかは、周囲のカードとよく見合わせて確かめる必要があるでしょう。

THE DEVIL. 悪魔

　前後左右のカードによっては、異性としての魅力が強い程度で、恋愛相談などでは悪い状況ではない場合もあります。
　単純に、人に内在している甘え・怠け心が出るだけの場合もあり、質問によっては特に問題にすることもないのです。

　また、15＝7＋8で表すことができます。
　7の「戦車」と8の「力」、どちらのカードも、本能・獣性とどうつき合うかがテーマでした。突っ走らないように、常に引きながら自制すること、宥めて沈めて飼い慣らし、自己の中の生産性に取り入れることなど、「悪魔」のカードの快楽志向を克服するには、精神力を駆使するあらゆる試みが要される極めて強いもの。克服するにはまず当人にその自覚が必要です。実際にアルコールやドラッグなどの依存症を示すこともあります。

　15を1＋5＝6と、解釈してみましょう。

人を喰う魔王が描かれていると言われるヴィスコンティ・タロットの「悪魔」(1432年頃)

　構図は確かに、6を振り当てられた「恋人たち」のカードに酷似しています。
　4「皇帝」の我欲・物欲を、2「女教皇」の冷静なる理知によって、それを必要なレベルで抑えることによって、「恋人たち」の好ましい安楽さに変えることが出来ると解釈することもできます。
　「恋人たち」も快楽主義傾向のあるカードでしたが、そこには感覚的な楽しさ、仲間意識・友愛の上に成り立つ楽しみ、フィーリングで感じ取る楽園のムードです。
　「悪魔」は、言って見れば「恋人たち」の逆位置にも等しいカード。
　肉欲が先走り、本能さえ快感を得られればよいと言う、社会性・道徳性に乏しく、時に、悪巧み・詐欺行為などの犯罪を表すことになります。
　「悪魔」と「恋人たち」には並べて比較すると多くの洞察を得ることができます。
　悪魔の羽が「白」であるのに対して、「恋人たち」

の天使の羽が「赤」である点は、深く考察すべき点のひとつ。
　完全なる純、完全なる闇というものはないことの現れでしょう。
「節制」を思い出して下さい。崇高な精神性は生物としての動作・作用に支えられている。赤い血潮が、まさにあらゆるものごとの原動力であるのだから、それを操る腕を、崇高なまでに、高みなる天使の霊にも等しいまでに高めればよいのです。

「悪魔」の負の側面はどうでしょうか？
　カードを逆さまに置いて、動画にして見て下さい。
　ゆるい鎖は、ストンと男女の首から落ちることでしょう。
　肉欲の支配から解放されていく過程——純粋な気持ちが戻ってきて、事態は清く移り変わってきます。もともと負の要素が強いところが、好転して行く傾向になります。
　ただし、他のカードの出方によっては、鎖が取れても、人間の方にはどこかぬるま湯状態への未練が残り、ズルズルして完全に抜け切らない状態になります。
　行く所まで行って他にやりようがなしに、嫌々ながら鎖を手放す、あきらめていくような感がある場合も。
　それでも、真っ当な精神に立ち返る、立ち直りの兆しです。

　水中に住むエジプト神セトは、ギリシアに伝えられるナイル川の怪物テュフォンです。上半身は人間ですが山羊の角を持ち女好きで、水の妖精を追いかけていた怪獣です。悪魔テュフォンをみて、慌てて魚に変身しようとして誤って、川に浸かっていた半身が魚に、上半身は山羊になったところを、ゼウスが天に上げて星座にしたという言い伝えがあります。
「ヤハウェ」の語源が、「山羊のように飛び跳ねる者」に関係するとは興味を抱かせられるところです（『魔術—理論と実践』／アレイスター・クロウリー著・島弘之他訳／国書刊行会参照）。

カード NO. 15　悪魔　THE DEVIL.
アテュの象徴：**物質・快楽主義傾向、欲望に捕らわれる、惰性・反社会的行為**
キーワード：

強

快楽主義

一攫千金、濡れ手にアワ

反社会性、犯罪

依存、中毒

人の道から外れる、獣

魔が差す、酔いしれる

惰性、物欲、色欲

本質　　**物質主義、欲望の捕らわれ、惰性**

酔いから覚める

依存症の自覚

自我を取り戻す

自分本位

粗野、野性的な言動

ひぼう中傷の的

（上記の事柄に対する）警戒・警告として出る場合がある

弱　あるいは　過不足から　裏目に出る

■第十七のアテュ■
✢ THE TOWER. ✢
塔

照応)
ヘブライ文字：ペーפ
　ことば、最初の行為と言う意味を持つヘブライ文字だが、カナン文字やフェニキアその他の文字からはなかなか推察がし難い。人間同士の力関係、不滅の力を示すとも言われる。
宇宙観：火星
　男性原理と闘争心の象徴。肉体的エネルギーの衝動性・情動の方向性を表す。対応十二宮：白羊宮。

　土星の象徴により染められた生命の樹の第3のセフィロト同様、黒々としたこのカードは、最も強力な警告のカードです。

　カードに振り当てられた数16は、四構造が4つ連なってできる数字です。16＝8＋8＝4＋4＋4＋4　と考えてみましょう。
　カードには、落雷によって破壊される建物から人が転落する様が描かれています。

THE TOWER. 塔

　これは、闇なる状態に他なりません。
　4の「皇帝」の建設力を有効に活かすために、8の「力」の調和的な解決手段が必要になります。ここではさらに二元的に、調和を保つために動乱があることを物語るカード。そこには対応惑星・火星の時間を要さない破壊力があり、現状はもはや打ち壊すしかないことを示しています。

　　現象の不思議さは、自然の法則を前にしてのわれわれの無知を証明するだけなのである……神はわれわれにその存在を知らしめようと欲するときは、われわれの理性を照らしてくれる……神の像に似せて作られた人間の能力がどこまで及ぶものか知れるであろう。

　偉大なる近代の魔術師エリファス・レヴィの興味深い記述があります。
　ご多分に漏れず、ゴールデン・ドーンにも不名誉な内部紛争あり、裁判沙汰もあり、末期の誹謗中傷劇は、今日のオカルティズム領域と数々の流派に少なからず影響を与えているはずです。
　オカルティストとは、本来内的探究を目的とする精神修業者であるはずです。
　高みなる境地を求め精神の覚醒を目指していたにも拘わらず、人間というのは切っても切れない貪欲なまでの我欲が内在する生き物なのです。
　カードに描かれている四角柱の塔は、放り出されている人間自らが築いた物。物欲に囚われながら、そしてその彼ら自身もまた、凝り固まった精神に、塔の中に囚われの身になってしまったのです。
　稲妻に打ち砕かれた塔の頂点は王冠になっています。

　魔術を志す人間が到達しようとする生命の樹の頂点のセフィラーは「ケテル」（王冠）と呼ばれて、最下位のセフィラーが「マルクト」（地上の王国）であるのに対し、「神の国」を表します。
　稲妻は、我欲に生きている人間の理性への警笛であり、閃きや、利発性を表すこともあります。
　この「塔」に見られる破壊は、宇宙エネルギー、自己に内在する導きの存在、Higher Power、すなわち「神の行為」によるものなのです。

　絵柄に見られる、王冠をかぶった人々は「我こそが神」と、最高位の存在だと、

THE TOWER. 塔

首領であると、塔の中で表明した瞬間に、角柱の塔が示す俗物の精神ゆえに「バベルの塔」の物語の如く撃墜されたのでしょうか。

堕天使ルシファーの失墜も、神の御座につき「私が神だ」と明言したことによるのは有名です。旧約聖書には以下のような記述もあります。

　　神は、人に自分たちが獣であるに過ぎないこと悟らせる……人の子に臨むところは獣に臨む……人は獣に優るところがない。すべてのものは空だからである。

「バベルの塔」のエピソードの元になったとされる、創世記11章の、古代バビロニアの人々が町を作り頂を天に届かせようと塔を建設しようとする節では、「民はひとつでみな同じ言葉である……彼らがしようとすることは、何事もとどめあり得ないだろう——」との記述があり、神は人々がそれ以上のことをしないようにと、彼らが共有していた言語を乱します。そこから、人々は町と塔の建設を途中で辞めて、全世界に散り散りになって行きましたが、絵柄のような惨劇は繰り広げられません。

　この絵の中の閃光に限らず、太陽、炎などにもあるように、ウェイト版で黄色に染められているものは、第6のセフィロトを染める太陽の輝きを示もの。祝福されるべき光なのです。
　一見して出来事は破壊的、状況は崩壊するかも知れない。しかしそうなって祝福されるべきなのです。
　精神面の拡大・解放、強い影響を受け意識的な改革がある事柄一般をも象徴します。
　描かれている火花が——ヘブライ文字の数だけ飛び散っていることが分かるでしょう——神の賜物と受け入れるべきなのです。火花の形はヘブライ文字・ヨッド ゝ の形をしています。
　ヨッドは「隠者」のカードに相当するもの。「塔」が出たら、「隠者」の精神が必要なときであること、内省すること、一切は他言無用、さもなくばその時には絵柄のごとく打ち砕かれるだけでしょう——厳しい状態です。
　ヨッドは、まさに神の創造エネルギーそのもの。「火」、古代人の創造エネルギー、労働、破壊の中から生まれる再建力などをも意味するもの。

THE TOWER. 塔

　日常的なスプレッドでも頻繁に出てくるカードです。

　衝撃的な出来事がある、現状がガラリと変わる、発見や閃きがあること、これまでの自分や考え方を変えなければならないこと、健康面・体調などの急変などに留意する必要はあります。

　周囲のカードと見合わせて、あなた或いは質問者に、破壊的な考え方・行為があれば改めるべきですし、辞めるべき事・放棄すべきことにはもはや執着心を持たないことです。

　逆位置の場合の解釈として、物事が「崩壊」した後のような混沌、荒廃した状態、精神の動揺を示す場合があります。

　また、「崩壊」に至るまでの過程、今ある問題が拡散・広がって大きくなりながら何か破壊的な出来事を迎えるような前兆を匂わせるような状態を示す場合もあります。

　いずれにしても、「崩壊」という事態、崩壊そのものはないが、事態の混乱の尋常でないこと、何某かを再建しなければならないような状態であることが物語られるわけであり、解釈する人によっては「正位置より酷い混乱、破壊的な状態」であるとか、「崩壊は免れる」と言ったような表現をすることになるのでしょう。

　このカードは強いメッセージカードであって、不吉なカードとして忌み嫌うべきものではないことを質問者には伝えて下さい。分かりやすいように、このカード1枚が「何がどのようになるのか」を物語っているのかをも伝えなければなりません。「もうダメですね」のひとことで終わらせる人が余りにも多すぎはしないでしょうか。

THE TOWER. 塔

カード NO. 16　塔　THE TOWER.
アテュの象徴：**崩壊、衝撃的な出来事、事態の急変、病気・事故・災難に遭う**
キーワード：

強

　　　災い転じて福となす

　　　災害、病気、事故

　　　発熱、体調の悪化

　　　暴動、動乱、社会的混乱

　　　人生が行き詰まる打撃

　　　対立・紛争、組織の崩壊

　　　ショッキングなできごと、強烈な印象

本質　**突破的な出来事、崩壊、衝撃、急変**

　　　嵐の後の荒廃

　　　衝撃は弱いが問題山積

　　　時間と労力がかかる問題

　　　一筋縄ではいかない

　　　崩壊にまでは至らない

　　　再建が課題

弱
あるいは　　（上記の事柄に対する）警戒・警告として出る場合がある
過不足から
裏目に出る

THE STAR. 星

■第十八のアテュ■
＊THE STAR.＊
星

照応）
ヘブライ文字：ツァダイ ツ

　釣り針を表すと言われているが、原カナン文字ではいわゆるルアーのようにも見える。相互作用、作用と反作用、反対する事物、想像すること、などを示す文字。
宇宙観：宝瓶宮

　対応惑星：天王星。

　今世紀最大の魔術師と言われるアレイスター・クロウリーは名言を残しています。

　　すべての男女は星である。

　私たちは誰も皆、この広大な宇宙に浮かぶひとつ星なのです。太陽、月、水星……ふたつとない、宇宙の構成要素であること。上ナルモノハ下ナルモノノ如シ、私たちひとりひとりが、小宇宙・ミクロコスモスなのです。
　ビッグ・バンから始まったマクロコスモス創造と同様に、私たちの中にも神に等

THE STAR. 星

しい創造力が内在していることを物語るカードです。
　絵柄の天空に輝いている星は7つ。旧約聖書においては、神の創世作業は6日間と1日の安息日による7日で完了しました。現代生活の中でも、私たちは日常から7周期を採用しています。日本では「四十九日」等仏教の忌日を数える単位に示されます。女性の生理周期、月の満ち欠け、また、西洋占星学における惑星の公転周期はその多くが7の数字に関係しており、人生の変革期を示すものです。
　7は、古来より、勝利を表す神と英雄の数でした。新約聖書の黙示録の中では、光と闇の最終戦争に関して、7の数字が頻出します。

　カードに描かれた裸体は精神そのもの、人間と言うよりは、肉体という入れ物の中味に焦点が当たっていることは、先述の通りです。
　創造性・可能性とは、私たちのスピリットのあり方に等しいもの。
　希望とは、塔の中にではなく、自己の内部に存在するものなのです。即物的な見地に立っていては、感じることは出来ません。まるで愛のように内側から沸いてくるものです。「愛が欲しいなら、まず自分から愛を与えること」とはよく言われることです。希望も、自ら泉のように沸き上がらせなければなりません。それによって、自分自身をそれを取り巻く環境を潤わせようとする様が、カードには描かれているのです。星を見て、希望を感じてきたのは古代人も現代人も同じです。
　「あなたの中に希望が沸き上がること」が象徴されているカードなのです。
　行き詰まった時には内省すること。
　可能性が考えられること・出来ることが湧き水のように立ちのぼってくるまで。そして自分の内も外も潤わせること。潜在する力を信じて！

　古代エジプト人たちは、肉体は滅びても私たちの魂は天空の星と化し、永遠に輝き続けると信じ、星の光を崇めました。ことに北極星とその周囲の星々は、一年を通じて夜空に姿を見せているため、不滅の象徴として、敬意が払われていました。
　古代人たちは、七つ星・オリオン座を再生・死を司る神オシリスと同一視し、最も明るい恒星シリウスを女神イシスとして崇めたと言われています。キリスト教における「処女マリア」に相当する聖なる女神です。太陽神ホルスの母神です。
　やがて、処女宮に位置する乙女座の主星・恒星スピカが、聖母マリアの星として崇められるようになりましたが、ギリシアにおけるいくつかの神殿は、スピカに向かうように建造されているとのことです。

THE STAR. 星

　また、エジプト人は、天空を36分割し、それぞれを司る神を置きました——ナイル川流域に生きる彼らは、川の氾濫と作物の出来具合、それに関する儀式を司るのに最も相応しい時を知ろうとするために天体観測を利用し、それが占星学へと派生していきます。**生きるための知恵、叡智・学識・革新的発想、空想力と芸術性の象徴でもあります。**

　優れた芸術作品は、魔術的趣向に満ちた思想と生き方による産物に他なりません。日常生活の中でも、私たちひとりひとり、自己と言う最高の芸術品を仕立て上げ、最高の人生を彩ろうとする魔術師であり芸術家のようなものです。

　カードに描かれている女性が持つ水瓶からは、2つの水流がほとばしっています。海へも大地へも等しく、生命の水を注ぐという行為——。水の機能と土の機能、感情と知覚・感覚機能とを統合すること。内在する力を総動員して、創造作業に取りかかる時であることを示します。

　人間関係においても、美しい友愛を象徴します。男女間の異性愛と言うより、人類愛的なもの、この世の事が全てスムーズに潤滑してくために他人を慈しむ輝かしい感覚です。

　私たちも、この大宇宙に浮かぶ掛け替えのないひとつ星だと認識した時、眼前に広がる可能性と希望はいかばかりのものでしょう！

　このカードの否定的側面は、行動が伴わないような理想主義者を示すことになります。

　また極端な場合は、将来を放棄した、殺伐とした質問者の内面や、美意識に乏しいものや状況を指し示すこともあります。

　前後左右のカードをよく見て、質問者が、単に力やセンスを発揮していないだけなのかなどをしっかり確認して下さい。

　そのカードが出た時点で、「質問者には可能性があること、希望を感じる状態」であるわけですから、質問のテーマになっている事そのものが成就することまでは保証してはいないのです。「輝かしい未来を創造できるはずだ！」と言う可能性があることを内在を伝えてくれるカードではあります。

カード NO. 17　星　THE STAR.
アテュの象徴：**豊かな感性・発想、そこから発する創造力。未来への希望・可能性**
キーワード：

強

芸術、アート、クリエイター

宇宙を感じるスピリット

輝かしい未来

スポットライトが当たる

独創性、センス

輝き・彩りのある生活

美しい友愛

本質　**泉のように湧き上がる希望、豊かな感性、未来への希望と可能性**

理想だけ

今ひとつの感性

光・みがきが足りない

色あせた生活

流行おくれ

理想と現実のギャップ

星のない夜空

弱
あるいは
過不足から
裏目に出る　（上記の事柄に対する）警戒・警告として出る場合がある

▪第十九のアテュ▪
✧THE MOON.✧
月

照応）
ヘブライ文字：クォフ ק
　頭、特に後部を指すというこの文字だが、元の原カナン文字はまるで無限大の印さながら。直感、啓示、霊的インスピレーション、眠りなどを表す。
宇宙観：双魚宮
　対応惑星：海王星。

　古代エジプトにおいて太陽神信仰のもとに、ナイル川の氾濫と恒星運行の定期制から太陽暦が発見される以前、チグリス・ユーフラテス川流域の古代人は月を崇め、シュメール時代には、月の周期を用いた太陰暦が採用されていました。月は古代人にとって「夜空の太陽」でした。
　ご存じの通り月は惑星ではなく地球の衛星ですが、占星学の世界では、個々のパーソナリティを司る十惑星のひとつとして、母、人間の女性性を象徴、個人の感情を司るものとして扱われています。
　カードの月は、太陽に重なって描かれています。日食の模様が描かれているとも

言われますが、単純に月の象徴を示すだけではなくもっと言えば、太陽とは相反する事柄に焦点が当たっているのです。

　太陽は、父親、男性原理などの他に、人の自我・パーソナリティ、車で言うとエンジン馬力のタイプを表しますが、月はその車をどうハンドル裁きで動かすか、と言う情動のパターンを表します。
　月は、パーソナリティに反映する個人の影、本能的な側面、見えない事柄を象徴します。

　占星学上の惑星・月が対応しているのは、この月のカードではなく「女教皇」です。それはすなわち昨今のオカルティストたちの関心、「女神イシスの召還」によって彼らが得ようとするものに等しい——神秘の力、直感・洞察・本能的な知恵＝ソフィア——「女教皇」が象徴する女性原理であるのですが、カードの絵柄を思い出して下さい。「女教皇」のカードに描かれていた2本の柱の片方、向かって右側の黒い柱が象徴する物事が、ここでは主役となっています。

「月」のカードは、人間の本能的な感覚がモチーフになっており、より動物的でなおかつ女性的な、言ってみれば女性なら誰にでもある心と身体の生理が強調されている札だとも言えるでしょう。
　夜や電気がつかない窓のない部屋など、ただ暗いと言うだけで、生まれながらにして人は不安を覚え、用心したりするものですが、そんな暗闇に対する恐怖が描かれた札でもあります。
「死に神」のカードに描かれていた門柱が再び登場し、その間を長く曲がりくねった道が果てしなく続き、月明かりを頼りに進んで行かなければならないとしたら……。
　不安定で緊張感のある物事や精神の状態、「死の恐怖」にも等しい恐れ、前途多難な暗澹たる状況を物語っています。

　ザリガニが描かれていますが、基本的に、水辺の甲殻類は月の象徴。ちなみに陸上の甲殻類は、太陽の象徴で、スカラベなどがそれに当たります。
　古代エジプト人にとって、イヌ科の動物は死を象徴する生き物でした。
　例えばジャッカルは守り神として、棺の前に、ツタンカーメンの墓の宝物棺の入

THE MOON. 月

り口に置かれています。エジプト神話には、犬の頭部を持つ神が数種登場します。
　オオカミは、神・ウェプワウェット（道を切り開く者の意。神々の指導者として行進の先頭に立った）。犬は、ジャッカルとオオカミのあいのこであり、神・アヌビス（聖地の神で、死体やミイラを守る）で、死体を食べて、冥府の案内役をするのだと見なされていました。
　ギリシア神話では、月の女神アルテミスが、地上に舞い降り、冥府を司るヘカテとなって、地上を徘徊する様が見えるため、犬は月に向かって吠えるのだとも言われています。

　カードに描かれている動物はいずれも、天空の光を仰いで吠えている様子。月に向かって、これから死者の魂を天空に送ることを告げているように——。
　獣性＝本能が危険を察知して、胸騒ぎがするような状態、疑心暗鬼になっていることなどもを示します。
　目には見えないことへの警告のカードでもあります。このカードが出た場合、現実・真実を知ろうすること。騙し騙される要素がないかどうか、夢想や非現実的な感覚に陥っていないか注意が必要です。

　カードに描かれる天上界の光は、神聖なるものの象徴。
　上方には聖なるもの、下方には獣性。
　構図としては四方向、上下左右のバランスが強調されています。
　人間の精神における四構造、**直感、感情、思考、感覚全てを集中させて、あなた自身の声に耳を傾けて下さい。意識と無意識の双方に焦点を当てること、感じられるもの、目には見えない人の内面に注意深くなること。**
　そして、置かれている現状をよく吟味すること、容易に動くべきではありません。

　絵柄の下方にある水は、深遠なる無意識の象徴。
　「運命の輪」も時に暗転を表すカードでしたが、「月」は環境は変わらずとも、人の言動やささいな日常の出来事から水を揺らしてザリガニが這い上がってくる、まさにその様子で、自己に内在していた不安や恐怖心が沸き上がってくるような状況を指します。

　新月はその次の瞬間から、月が満ち始めることから一般には、何かを成就させる

ための事始めの日にするには吉とされますが、天空では観測上、月と太陽が重なり夜空に月が見えなくなるのです。この時、人間の精神活動は最も乱れやすく、人との関係や物事への取り組みなどに秩序を欠きやすくなるため、魔術を初めとする一切の儀式はよほどの達人でないかぎり避けるべきだとされています。

　このカードが逆位置で出た場合、または周囲のカード状況から暗転ではなく好転と受け取れる時、この月は満ち行く月になります。
　事態が徐々に好転していくこと、月明かりが増して物事が見えてきます。
　母を彷彿させるような安堵感、安定感を表します。
　しかし周期的な安定であり、再び暗転する可能性も秘めているのです。

THE MOON. 月

カード NO. 18　月　THE MOON.
アテュの象徴：不安定な状況・精神、事態の移り変わり、周期、見えざる物事、母性・母親、家庭、郷里、母国のシンボル
キーワード：

強

イマジネーション

無意識・本能の働き

空想、想像

情緒不安定、盲信、狂気

隠し事、秘密、嘘

用心、不安、恐怖

暗く不透明な事態

本質　暗闇、周期、見えざる物事、女性の生理、感情、本能的な感覚

視界が明るくなる

見えてくる

気持ちがやわらぐ

母性的な安らぎ

周期的な好転

夜明け前

弱
あるいは
過不足から
裏目に出る

（上記の事柄に対する）警戒・警告として出る場合がある

▪第二十のアテュ▪
✷ THE SUN. ✷
太陽

照応）

ヘブライ文字：レーシュ ר

　対応する原カナン文字は明らかに人の頭部を象徴している。個人の他に啓示を受けた人、平和、戦争など、人と人とが作り出す活動を表すものになっている。

宇宙観：太陽

　自我・生命エネルギーを象徴。人の本質的な特徴を司り、男性原理と父親をも示す。対応十二宮：獅子宮。

　生命の樹のティファレトにまで上昇した修業者、「隠者」に示された開眼、悟りを開いた人間は、肉体を超越すべく魂の旅に出た。

　秘められた可能性を顕現させつつも、人である限り避けることが出来ない本能との闘争——星の導きを頼りに克服し——それでもなお、地上は彼の心を惑わし恐れを喚起させることに溢れている。死の恐怖にさらされながら暗い道を通り抜けた時、隠者はいよいよ太陽の光を目の当たりにする世界に到達した——。

THE SUN. 太陽

　太陽が象徴する事柄には、これまでにも幾たびか触れてきました。
　あらゆる生命の源、活力、創造の根元エネルギー、自我パーソナリティ、男性原理、幸福と希望の象徴。万物の生みの親である創世主として、古代人たちは奉ってきました。

　読者のみなさんも、そろそろシンボルの解釈には精通してきているはず。
　この開放感溢れる絵柄を見て、その場所がどのような世界か判断がつくでしょうか——裸の子供が無邪気な様子で白い馬に乗っています。周囲に咲く沢山のひまわりの花も、太陽そのものを表しています。
　ありとあらゆる可能性、希望に満ちた状態、幸福が約束されていることを表すカード——ただし、それらは全てこの子供がいる現世における事柄です。

　子供を取り囲む壁は、子供が守られていること、
　障害がないこと、状況が味方してくれていること、祝福されるべき状態、成就、達成、成功が目前に近づいていることを物語るカードです。

　曇りひとつない晴れ晴れとした状態、周囲から祝福されるべき事柄を暗示し、いわゆる吉事の象徴です。
　大変強力なカードとされていて、78枚の中で最も強力としている人もいるでしょう。しかし、絶対的に望みが叶うスーパー・ラッキーなカードだと解釈すべきではありません。

　古典的なカードでは、「太陽」には、純粋な子供のみが入ることができる神の国が描かれていると解釈されています。
　ウェイト版のこのカードには、前述してきた天界、死後の国を表す2本の門柱や聖獣などが描かれてはおらず、背景には灰色がかった壁が連なっています。「皇帝」の四角い台座、「法王」「正義」の背後の門柱と同様、現世・世俗のシンボルであり、**このカードが表すのは、あくまで現実世界で到達し得る成功や幸福なのです。**
　地に足のついていない相談や質問であれば、このカードが出たからと言って叶いはしないでしょう。

　また、単純に、子供の純真性・無垢な魂を肯定しているものでもありません。

ユングは、分裂病を、「精神の直観、思考、感情、感覚と言う四つの機能の統制が取れなくなったがために、既存の自我が崩壊してしまった状態」だと説明し、さらに、「自我が上手に無意識にある魂のイメージと合一する必要があること」を説いています。
　絵柄の子供は新生児です。前述したように、裸体は肉体の中味を表します。
精神機能の統一を果たすことに成功した新たな人格、確立した個我こそが、万物創造のエネルギーにも等しい力だと示しているのです。

「運命の輪」でも、精神の四機能の統合が語られましたが、それを果たせる精神状態であることを超えて、今や一個の自我が、無意識の底に内在する固有の創造性との合一を果たすことに成功し、神から祝福を受けているのです。
　業（精神力）によって変化を起こそうとする魔術師（私たち）は、まず初めに「上ナルモノ」である「宇宙」を知らなくてはなりません。太陽という惑星なくして機能することのあり得ない大宇宙――そして、「下ナルモノ」である自己の中に、太陽すなわち創造エネルギーを沸き上がらせるべく、精神レベルを上昇させようとする――ある日自己という小宇宙が完成したとき、――宇宙との調和を果たします。
　そこには、**命あることへの喜び、生まれ持った自己の資質、生まれ出た環境など与えられたものを受け入れること、四大を象徴する大自然への感謝と祈りとが生まれるはずです。**
　日常生活において、どんな些細なことにも喜び感動し、希望を抱き続けてきた幼少期の、曇りのない精神の持ち主を思い浮かべてみて下さい。
　描かれている幼児は恵まれた子ども。父母の庇護の下、環境に恵まれ、生まれ出た新生児です。完成した「個」は、天真爛漫に進むべき道を前進して行けるのです。

　ウェイト版には（「カップの7」を除き）影らしき影が描かれた絵柄がありません。影に、カードの負の側面が反映されるのを避けたことが考えられます。
　このカードにも、太陽が作る影は描かれていません。影、負の側面に相当する「女教皇」の黒い柱、「戦車」の黒いスフィンクス、「力」の暖色に染まった動物等も描かれておりません。これまで問題とされてきた精神の葛藤や抑制が微塵もないことを物語っています。

　実際の鑑定で気づいたことは、ある願いが叶うことによって、悲しみや不幸がも

THE SUN. 太陽

たらされる人物が発生する場合などは、進展は停滞しがちです。逃げ腰になっている相手との愛情問題など、叶えたい人間と、叶えたくないと言う願いとの拮抗が起こるわけですから成就は難しい。

成就する願いとは、太陽の下両手を挙げて公にすることが出来るもの、カードの絵柄に等しく、現状や介在している人物に影をさすようなことがなければ、祝福すべき幸福へと変化して行くはずです。

周囲のカードによっては、自己満足、本人のみが希望的観測をしているお気楽な状態、と言うことになってしまいます。しかしこのカードが出たことに意味があるのです。望みがあるなら、まず周囲との調整を図ることでしょう。

実際の鑑定では、鑑定の影響を無にするほどの強い「個」がかいまみられる相談者によく出ている印象です。成就するか否かは問題ではなく、唯我独尊で前進していく人によく見られます。逆位置の場合は、成就の遅延と言う形で出ることもありますが、子どもじみた様子や恵まれた自分の資質や環境を生かせていない暗示でもあるようです。

また、成就するというところから、人生の最期を示して出るカードでもあります。これ以降の3枚は、現世における至福の時であると同時に、自己の完成・完結、即ち逝去を象徴しうるカードです。

カード NO. 19　太陽　THE SUN.
アテュの象徴：**幸福、物事の成就、物質的獲得、快楽・安楽な状態**
キーワード：

強

　　　　小宇宙の完成

　　　　活力、健康体、生きる喜び

　　　　祝い事、合格、入学・入社、結婚・出産

　　　　ツキ、強運

　　　　明るく元気、健康、天真爛漫

　　　　恵まれた子ども

　　　　自分らしさ、曇りなく正直な様

本質　　**吉事、満足、晴れやか、幸福感、物質的獲得**

　　　　自分らしさに陰り

　　　　恵みに気づかない

　　　　自分の資質や環境を生かせない

　　　　お気楽、お子様、駄々っ子

　　　　活力低下

　　　　親・実家の影響

　　　　自己満足

弱
あるいは
過不足から
裏目に出る　　（上記の事柄に対する）警戒・警告として出る場合がある

■第二十一のアテュ■
✦JUDGEMENT.✦
審判

照応）
ヘブライ文字：シン ש
　アルファベットの W に似た原カナン文字・フェニキア文字に相当しますが、歯、炎を表します。変形するもの、変形させる力、霊魂、神の霊をも象徴します。
宇宙観：冥王星
　対応十二宮：天蠍宮。

　「審判」のカードは、聖書の偽典「ノアの箱船」のエピソードが、モチーフになっていると言われています。
　グノーシス主義という、霊を至純なものとして神性化し、肉体＝人間との融合を否定するヘレニズム時代の神秘思想の一派がありますが、今日でもグノーシスの流れを支持する神秘家・オカルティストは数多く存在します。霊肉二元論、要するに私たちの居る地上・現世を、その不完全さのため否定し、神とは切り離した物質・モノとして貶めるのです。彼らは、地上で魂が復活する祝福を与えられる「最後の審判」（旧約聖書）をも否定しています。

JUDGEMENT．審判

　光は闇から完全に分離されるべきであり、それによって闇なる人類史が終わり、魂は宇宙への帰還を果たすというのがグノーシス主義の主張です。
　一連のタロットカードには、このグノーシズムの主題がそれぞれ表されているという説がありましたが、現行では一考の余地が出てきています。
　ウェイト版はこれまで解説してきたように、決して雑多な寄せ集めではなく、時代背景が考慮に入れられている様子が分かって頂けたことと思いますが、タロットカードの切り口にする材料は数知れません。ゾロアスター教でも、中世ヨーロッパの社会観でも、多岐に亙って解釈可能なのです。
　これは一体どういうことなのでしょうか？
　行き着く所は、人類の創始物語、ビッグ・バンに他なりません。
　普遍の「ワンネスONENESS＝一なる状態」を説く思想＝宇宙の解釈学に帰するということです。

　キリストもオシリスも、死後復活し、永遠の存在となります。
　私たちひとりひとりも、肉体は滅びてなお、天国であるにせよ、輪廻転生しようと、その魂は不滅の命を獲得することができるのです。人々の心に生き続けて——それぞれの宗教・神秘思想の教義に叶うだけの精神性を有していると、神が審判を下すなら——。
「審判」は、神の許し、報われること、成就することを象徴するカードです。

比較！
　蘇り、新たな生命を得ること、——再生再編を象徴する「死に神」のカードの場合、その時点で個人・個人の居る状況や内面が否定されます。そこをゼロにして再生を変成を試みようとするのが「死に神」であるのに対し、「審判」では、内的統合を果たした個人が肯定される段階。安らぎが与えられること、人の意識に光明が差し込むのが、このカードの示すことなのです。

　とは言っても、現実に私たちはまだまだ命ある存在。また、「神から許される」ような、仰々しい経験も、そう多くはないのでは……。
　なかなか、日常のスプレッドに出てくると、読みにくいものです。どう表現するのがいいか、この辺りが大きな課題でしょう。
**　えも言われぬ爽快感、生まれ変わったような心境になること、人生を再出発する、**

JUDGEMENT. 審判

困難のトンネルを抜けるような、光を感じる状況を示すことになります。

　カードの絵柄の、棺は肉体＝物質の象徴です。
　俗世離れしたものの考え方をすることで、道が開けてくるようなことにもなります。
　成就と言うより、むしろ不達成でも、そこに意味を見出したり、内的な悟りや理解がある状態です。 時には、諦めることにもなるのでしょう。しかし、そこには精神革命、神との調和・崇高な精神の獲得があるのです。
　これまで、何とか均衡を保ったり、統合しようと苦心してきた、自分自身そのものを置き去りにして、成すがままあるがままに身を任せる、**宇宙に身をゆだねてしまう行為を象徴します。**
　成り行き任せると言っても、傍観ではありません。万事は神の意によってまるく治まることを信じて、あえて波に逆らわず冷静に事態を見守るのです。
　ですから、例えば未来を読む位置に、このカードが出れば、もう苦しい・悲しい思いをする必要はないのです。
　目に見えるような変化はないかも知れません。ただし、質問者の意識は解放されます。
　神の最終決定であることから、結果が出る、踏ん切りがつくことなども示します。

　出方がよくない、逆位置の場合は、以上の変化がグズつくこと、なかなか精神革命が果たせずスッキリしない心境に陥ることもあるでしょう。
　また正反対に、願いが聞き届けられないこと、落胆・失望するに至る場合もある

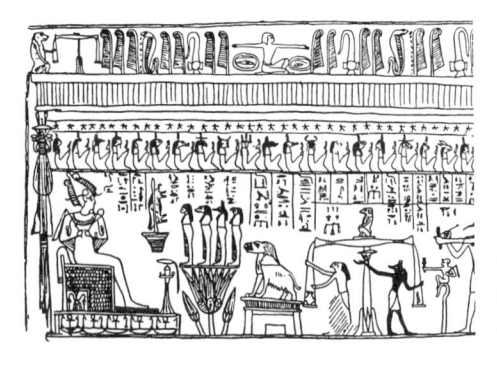

エジプト神の王座にいるオシリス、ホルスの四人の息子、死者の心臓を量るアヌビス神

JUDGEMENT． 審判

はずですが、内的に成長することのみが解決策です。

　経験上、スプレッドの中では、キーカードの位置に出ることが多いと言う気がします。
　キーカードとは、質問者が、どうすればいいか、どう考えるべきかを端的に示唆するポイント。どうすればよいかの総合的なアドバイスは、キーカード１枚で出すことではなく、その他のカードも合わせ、本人がその人の思考・洞察力を駆使して練り上げることなのです。勿論、直感によってひらめきが得られることもあります。
　いずれにしても、第三者・鑑定師に依頼するより、自分のことは自分で判断することを私はみなさんにお勧めします。より的確な導きが得られることを知っているので、結局私は人にタロットカードを教えることになるのです。

カード NO. 20　審判　JUDGEMENT.
アテュの象徴：**再生、刷新、目覚め、意識改革、俗世を超越した精神**
キーワード：

強

霊性、高い信仰心

宗教、哲学、思想

魂のよみがえり、覚醒

再び命を得る、生き直す

過去や人生の全てを肯定する

悔いのない生き方

自分を克服する、脱皮

本質　　**目覚め、意識改革、救済**

悔いが残る

克服できない

断ち切れない過去

病気などの再発

心的外傷

弱
あるいは
過不足から
裏目に出る　（上記の事柄に対する）警戒・警告として出る場合がある

▪第二十二のアテュ▪
✣THE WORLD.✣
世界

照応）
ヘブライ文字：タウ ת
　十字を象った原カナン文字に相当するところが興味深い。十字はキリスト教以前から用いられているシンボルだが、現在の形而上学では四角形と同様、物質を象徴する。実りから、財、男根をも表す。

宇宙観：土星
　天王星が発見させるより以前は、最も遠い外周を軌道とする星として、宇宙の枠組み「限界」を象徴していた。現在でも、時間、制限するものを表す、試練と忍耐を司る星。対応十二宮：磨羯宮。

　大アルカナ22枚の最終カードは、まさしく最終地点、到達地点を象徴するもの。言い方を換えれば、限界です。

「運命の輪」同様、四隅には黄道十二宮の地点に相当する四獣が描かれていますが、ここでは頭部のみ描かれています。

THE WORLD. 世界

エジプトの女神イシス以前に、太陽神の母神ハトルが勢力を持っておりましたが、ハトルの神殿の2対の円柱には、雌牛の頭が乗っていました。(図参照のこと) 神殿の柱には、時として神のシンボルである生き物の頭部が飾られていたり、「女教皇」に見られるようにヤシの木を象られていたりします。

カードの絵柄は、まさに高みなる天上界そのもの、宇宙という粋組みの最外円、外周りに当たる部分第十天です。

カードに描かれている踊り子が、両性具有者であることは周知のこと。

両手に持った杖、ワンドを動かし、宇宙そのものを操ることができる者の世界——これこそ、魔術師のみならず、地上に生きる人間が望んで止

ゴールデン・ドーンの、イシス・ウラニア聖堂の設立書(テトラモルフのイメージ)

まないことに他なりません。「太陽」が表す、地上における成功、幸福の次元ではありません。

　これまで解説してきた大アルカナのどの1枚をとっても、私たちが置かれている様々な状況や精神的な次元、要所要所でどのようなバランスの取り方をすべきか物語る以外の何ものでもありません。そこには必ず個人の変化や動きが要されています。
　ある時には己を捨て、人の求めに応じなければならないこともあり、またある時には内省し、決断し、飛び立たねばならないこともあるでしょう——。
　究極の目的は、内在する男性原理と女性原理の合一による自己の変成、小宇宙(ミクロコスモス)を完成すること、さらに大宇宙(マクロコスモス)との調和、一体化が目的なのです。
　「世界」は、大宇宙における、唯一の自己、高みなる存在への到達することの象徴。
　オカルティズムの周辺には、このカードに酷似した象徴画が溢れています。すな

THE WORLD. 世界

ハトルの柱

ソロモン王の印章

אזרנו

預言者エゼキエルが使用したと言われる魔法円。
後のユダヤの紋章＝ヘキサグラムのもとになった

179

THE WORLD. 世界

わちオカルティスト、結社メンバー、神秘哲学的思想者たちが志す究極の目的を描くと、結局このようなカードの絵柄になるのです。悲哀と自嘲の笑みを浮かべるウェイトの顔が思い浮かびます。

　紀元前6世紀、ヘブライ人エゼキエルが利用した魔法円、ソロモン王の印章は、いずれも四大を象徴する聖獣と、対立原理の象徴図によって構成されています。
　天地、明暗、精神と物質、上昇と下降、神と悪魔、絶対的な対立原理が均衡を保つ時、望むまま変化を起こすに相応しい知恵とエネルギーが生み出されます。この宇宙の法則を理解すべく導かれた「カバラ」の神秘思想とまさに一致する所です。
　隷属していたエジプトから脱出する際、古代エジプトの秘伝・秘法を持ち出したヘブライ人モーゼは、同じ民の中から70人の長老を選び彼らに、この世におけるあらゆるものの均衡という黄金律を伝授しましたが、既にそこには「生命の樹」と「ソロモン王の印章」があったとされています。
　以上のことから、このカードを最高の状態、至福へ到達するような表現を使うべきではないことがおわかりでしょうか。
　あくまでも「世界」は、高みなる調和、最高点の象徴ですが、それが必ずしも私たちの願いと一致すると、一体誰が保証できましょうか。
　このカードは、「個人の願いが叶う」と言ったカードではありません。

　では、「世界」が象徴するような均衡やバランスの取れた状態が、一体私たちの周囲にどのように顕現するのでしょう？　**周囲全体あるいは対相手と調和しており、しかもそこに合理性が見出せる状態であることがひとつです。**
　次に、ゴールであること、時にはそれ以上先に進むことができないことを表すこともあるでしょう。
　実際の鑑定では、このカードが質問者が希望していることの成就を表したという事は、記憶を辿っても皆無に近いと言えます。
　小宇宙と大宇宙の完全なる調和に等しい、極めて稀な状態であることは示しますが、状態としては究極の調和ですからどんな状態かと言えば、おとなしく穏やかに物事は運ぶはず。素晴らしいラッキーハプニングが期待できるようなものでもありません。経験上、物事の成就に関しては、むしろ他のカードが出ることで、きちんと保証されている場合が多いようです。
　しかし、私は統計を取ったわけでもありませんし、卜術とは、その時々に偶然出

THE WORLD. 世界

たもので判断する占いですから、このカードが出たからこうだと言う決めつけが発生するのは全く相応しくありません。他のカードに関しても、このカードが出たらどうだと言うパターン化した解釈に陥らないようにするべきです。

　ウェイトは、完全なる魔術師が唯一神にも等しく世界創造する様を、このカードに盛り込みました。果たして彼自身、実現できると考えていたでしょうか……あくまでも、この「世界」は、念頭に置くべき、常に意識すべき理想の曼陀羅であったはずです。

参考：
　生命の樹の中央の柱に配置されているカードが、解釈には役立つかと思われます。「世界」に対応している土星から、特に地の象徴である「ペンタクルのエース」「ペンタクルの6」「ペンタクルの10」などを筆頭に、受容性を象徴する「女帝」「力」「節制」、さらに美しき調和のとれた状態「カップの6」、喜びを表す「カップの9」などを参考に、始まりと到達地点、調和のとり方というものを確認してください。

　然るべきカードが然るべきところに出ているかどうかが最も重要なのです。「世界」が過去や現状に出れば、その時点で合理性のある調和が果たせていることになります。何を読もうとしてどういう設定で出したカードなのか、そこに立ち返ってください。
　成功なのか終焉なのか、或いは人の心理状態なのか、周囲のカードなくしては判断は付きません。出方が悪い場合は、そこまでが限界であること、理想に届かないこと、不達成や挫折感を表すことになります。
　注意深く、カードがどの場所にどう出たのか、前後左右のカードを含めて考察し、その到達の程を判断する必要があります。

「世界」に限らず、どのカードについても言えることですが、絵柄は、隣接するあらゆるカードの影響を受ける動画であって、日本語で吉凶が書いているものではないのです。完成でも未完成でも、言い表すことが出来るカードは他にもあるのです。この究極を象徴するカードが出たと言うことと、周囲のカードと相互に影響し合って、その象徴が如何なる状態・性質が醸し出されているのか。判断は、その時その場でカードを切ったあなたにかかっているのです。

THE WORLD. 世界

カード NO. 21　世界　THE WORLD.
アテュの象徴：**完全なるバランス、到達、最終段階、究極の調和**
キーワード：

強 ↑

大宇宙との調和

人生のゴール

成果、顕現、具現

満場一致の喜び

総合的なバランスと安定

合理的な解決

本質　最善、ベスト

完成、最終段階、究極の調和

限界

終わり

不足感のあるゴール

未完成、不完全

挫折

弱
あるいは
過不足から
裏目に出る ↓

（上記の事柄に対する）警戒・警告として出る場合がある

タロットカードとヘブライ文字
HEBREW LETTERS

アテュとヘブライ文字

	相当するタロット	照応宮・惑星
アテュ1 アレフ א 牡牛 資産、基盤、富、無限、不可欠なもの、原初	愚者	天王星
アテュ2 ベト ב 家 創世記の始まりの文字、血統、知識と豊かさ	魔術師	水星
アテュ3 ギーメル ג ラクダ 価値あるもの、生殖・繁殖能力、生の本能	女教皇	月
アテュ4 ダーレト ד 門扉 女性性器、多産性	女帝	金星

アテュ5　　　　　　　　　　　　皇帝　　　　白羊宮
ヘーח
窓
天啓、光明、光線、動くこと、移動、（視力）

アテュ6　　　　　　　　　　　　法王　　　　金牛宮
ヴァウו
釘・爪
門扉をあけるもの、自由、男性性器、（聴覚）

アテュ7　　　　　　　　　　　　恋人たち　　双児宮
ザインז
武器
棍棒と剣、戦い、英雄、守るべき物、（嗅覚）

アテュ8　　　　　　　　　　　　戦車　　　　巨蟹宮
ヘトח
囲いこみ
言語、精神力、魔術儀式

アテュ9　　　　　　　　　　　　力　　　　　獅子宮
テトט
蛇
治癒、性的エネルギー、（味覚）

アテュ10　　　　　　　　　　　 隠者　　　　処女宮
ヨッドי
手
神の手、運命、性的欲望

アテュ11　　　　　　　　　　　 運命の輪　　木星
カフכ

HEBREW LETTERS タロットカードとヘブライ文字

生命の樹とタロットとヘブライ文字の対応

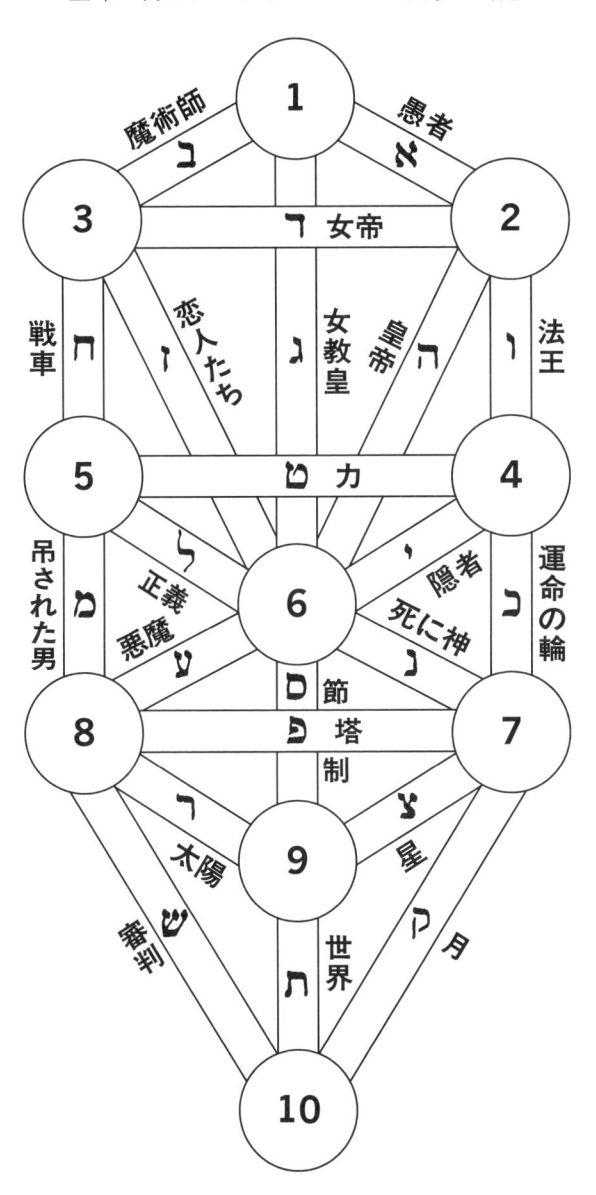

掌
癒し、生命と死

アテュ12	正義	天秤宮

ラーメド ל
家畜突き棒
前進、仕事、義務と権利

アテュ13	吊された男	海王星

メム מ
波、水
時の流れ、普遍、完成・永続

アテュ14	死に神	天蠍宮

ヌーン נ
魚
初期キリスト教徒にとっての秘密の象徴

アテュ15	節制	人馬宮

サーメク ס
支え棒、柱
支持、慈善行為、感情

アテュ16	悪魔	磨羯宮

アイン ע
目
太陽の光、歓喜すること、予言

アテュ17	塔	火星

ペー פ
口、言葉
神の顕現、最初の行為、不滅、力と隷属

ヘブライ文字と古代文字、タロットカードとの対応

原カナン文字	フェニキア文字	アラム文字	ヘブライ文字		ゴールデン・ドーンの教えによるタロットの対応	エリファス・レヴィによるタロットの対応
∀	⨝	ⲕ	א	アレフ	愚者	魔術師
□	⁹	﬈	ב	ベト	魔術師	女教皇
⌐	⋏	⋏	ג	ギーメル	女教皇	女帝
◇	△	ㄒ	ד	ダーレト	女帝	皇帝
⛿	⋺	⋀	ה	ヘー	皇帝	教皇
⌐	Y	)	ו	ヴァウ	教皇	恋人たち
	エ	)	ז	ザイン	恋人たち	戦車
Ⅱ	目	n	ח	ヘト	戦車	正義
	⊗	6	ט	テト	力	隠者
⌐	⋏	⋏	י	ヨッド	隠者	運命の輪
ⵒ	ꓘ	ﾌ	כ	カフ	運命の輪	力
?	ι	l	ל	ラーメド	正義	吊された男
⌇	⌇	ʃ	מ	メム	吊された男	死に神
⌐	ⵈ	)	נ	ヌーン	死に神	節制
	手	ケ	ס	サーメク	節制	悪魔
⊙	○	⋎	ע	アイン	悪魔	塔
⌐	⌐	ﾉ	פ	ペー	塔	星
⊥	⋎	⋏	צ	ツァダイ	星	月
∞	⋔	⋏	ק	クォフ	月	太陽
⌐	⋏	フ	ר	レーシュ	太陽	審判
⌇	W	⋎	ש	シン	審判	愚者
+	×	♪	ת	タウ	世界	世界

187

HEBREW LETTERS　タロットカードとヘブライ文字

アテュ 18 ツァダイ צ 釣り針 相反作用、反対すること、想像	星	宝瓶宮
アテュ 19 クォフ ק 頭の後部 直感、霊的啓示、眠り	月	双魚宮
アテュ 20 レーシュ ר 頭 啓示を受けた人、個人、平和と戦争	太陽	太陽
アテュ 21 シン ש 歯 炎、変形する力、神の精霊	審判	冥王星
アテュ 22 タウ ת 十字の印 財、富と貧、男根	世界	土星

実践編4：ケルト十字・スプレッド
THE CELTIC CROSS SPREAD

　最も使い勝手の良いスプレッドではないでしょうか。ただしこれは、10枚のカードのコンビネーションで、ある物事を細部に亙って考察するもの。タロットカードに関する深い知識は勿論、占者個人の洞察力と感性が最も要求されるスプレッドでもあります。

　多くの解説書によって、このスプレッドの紹介が成されていると同時に、多くの誤解もまた浸透しているようです。
　シャッフルしたカードを、上から10枚、或いはランダムに10枚選んで、下のように順番に並べていきます。

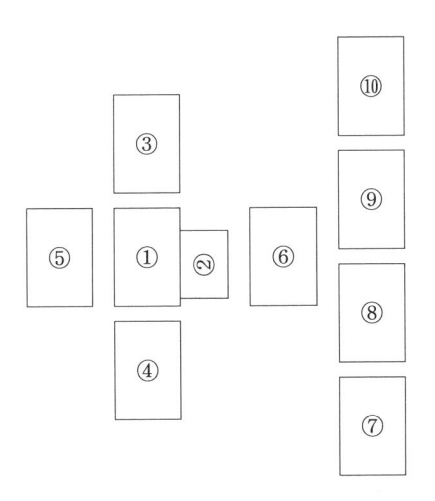

THE CELTIC CROSS SPREAD　ケルト十字・スプレッド

①〜⑥までのカードに関しては、並べる順番に様々な説がありますが（＊1）、私が支持するのは、下図のものです。

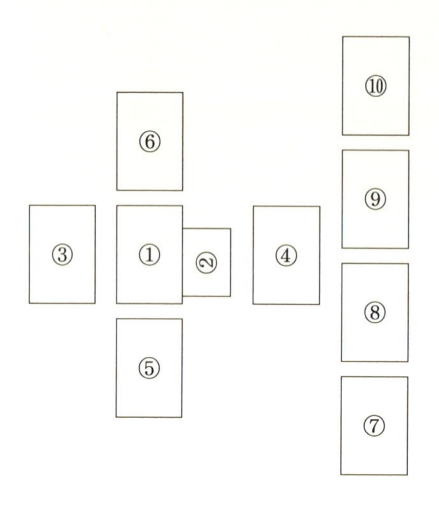

```
           ⑩
     ⑥     ⑨
  ③ ① ② ④ ⑧
     ⑤     ⑦
```

ケルト十字とは、本来円の中心点を通る、等しい長さの縦線と横線とで出来た十字です（⊕）。コズミック・サークルとも言われるようですが、普遍のワンネスONENESS、大宇宙そのものを表すもの。

こう名付けられたスプレッドの解釈方法を紐解くと、10枚のカード全体を、ケルト十字の形に見立ててリーディングをすると言うことになります。

スプレッドの核となっている部分、①〜⑥までの6枚、これは生命の樹のセフィラー、ケテルからティファレトまでに対応しています。

　　1 ケテル（王冠）：現状
　　2 コクマー（知恵）：方向性
　　3 ビナー（理解）：獲得しうるもの
　　4 ケセド（慈愛）：維持できるもの
　　5 ゲブラー（峻厳）：破壊的要素
　　6 ティファレト（美）：美しい調和のとれる形＝最高の可能性
　　7 ネツァク（勝利）：内向性、本質的要素
　　8 ホド（栄光）：対人、周囲との関わり、外向的要素

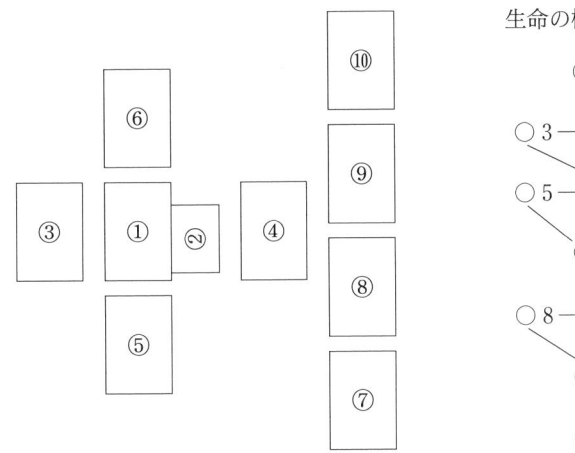

THE CELTIC CROSS SPREAD　ケルト十字・スプレッド

生命の樹との対応

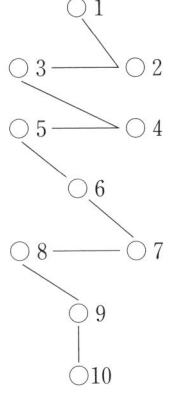

```
        ○ 1
   ○ 3 ─── ○ 2
   ○ 5 ─── ○ 4
       ○ 6
   ○ 8 ─── ○ 7
       ○ 9
       ○10
```

9 イェソド（基盤）：左右するもの
10 マルクト（地球）：地上における顕現

　ケルト十字スプレッドでは、⑩のカードが「最終結果」「最終カード」だと表現されるため、多くの人がこのカードに焦点を当ててしまいます。そして、最終結果が良いのに、そこに至るまでのカードが悪いのは矛盾ではないか？と言う疑問を抱きがちです。また、その矛盾をリーディングできずに悩むのです。
　まず、良いカード、悪いカードと言う表現自体に問題があります。
　どのカードも良いか・悪いかを判断するためのカードではないのですから、非常に不適切な表現をしていることに気づくことです。
　日常から、物事を短絡的に良い、悪いと言い表さないような訓練がまず必要なのです。タロットカードに馴染むに連れて、自ずとそれが身についてくるでしょう。
　ある物事や人、直面する出来事が、良いのか悪いのかよりも、それはどの様な意味のあることなのか、自分にとって何を意味する事柄なのか、という視点を持つようになるはずです。観察力、洞察力、直感力、それらのバランスを取る平衡感覚が成長してきます。
　故に日増しに、カードを切ることが少なくなっていくことでしょう。タロットカードが好きで好きで毎日のように色々なことを見ていた私ですが、今では行き詰まったり、途方に暮れたり、一体全体何が起こっているのか把握できないようなとき

THE CELTIC CROSS SPREAD　ケルト十字・スプレッド

のみ、カードに頼ります。日頃壁にぶつかったときには、冷静になり頭の中で、生命の樹とそれに対応する 78 枚のカードに描かれている象徴や、色、それにまつわる様々な謂れを思いめぐらせるだけです。そしてなお以前よりもっと、カードが愛おしく、生涯の相棒のような気持ちで接しているのです……話を戻しましょう。

　スプレッド中、①が現状、③がその過去と④が未来と言われますが、
　④は、①である現状が次にどの様な展開になるかという近未来 Future に当たります。

　⑦～⑩は、生命の樹の⑦～⑩のセフィラー、ネツァクからホド、イェソド、マルクトに当たるもの。
　⑩は、マルクト＝地上における顕現であり、現状が成り行き上このようになるであろうと言う、大未来 Manifestation を表します。

　⑥は、生命の樹の⑥のセフィラー、ティファレト。つまり、このようになり得る可能性、最高の可能性、ここまで到達できる可能性がある、と言うこと、「ゴール」「希望・栄誉」とも表現できます。

　⑦⑧⑨⑩は、質問者もしくは相談者に関する一連の事柄、
　⑧対質問者
　⑨質問者の可能性

　②のカードは、キーカード。対策・原因のカードと称されますが、多くの人が、このカード 1 枚から、対策を読みとろうとしてしまいます。しかしカードを切って、では対策としてどのようにしてゆくべきなのかと言うことは、どんなスプレッドの際にも、総合で判断するものです。

　「『力』のカードがキーカードに出たのですが、どういう対策をとればいいのですか？」と聞かれても、端的には答えられません。耐えること、継続・維持すること、我欲を抑えること、ポイントは摑めますが、これ以上のことをもっと具体的にどうしたらいいのかと、問われるなら、その他に出たカードと一緒に相談者自身の価値観や今の思いを伺うことになります。

②のカードは、質問者がどうしたらいいのか？
⑥の可能性を引き出し、到達するには？を導き出すカード
厳しいことを示すカードが出ていた場合、克服すべきポイントだとも解釈できます。

各カードを読む時には、全て②のカードを交差させてください。
そして、⑤⑥の２枚を、周囲に置き、中心の１枚に均等に絡めながら読むのが基本です。
例えば、④のカードを見るときは、以下のようにカードをサポートさせて考えます。

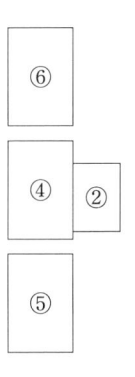

同様に、⑩のカードを見るときは以下のように考えるのが良いでしょう。

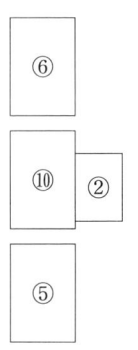

ケルト十字スプレッドの詳細

スプレッドしたカード①〜⑩は、以下のようになります。

①現状
カードを切った時点では、質問となっている件がどのような状態になっているのか。

②キーカード
①の現状を、如何にして変えうるかの象徴です。
質問者がどのような心構えでいるべきか、どのような言動を取るべきかのポイントです。
一般に、対策・原因・理由を示すキーカードとして知られていますが、アドバイス、メッセージカードとも言えましょう。常にこのカードを念頭に置くこと。
実際の対応策は、①〜⑩を総合的に判断して、導き出すことになります。

⑥顕現しうる状態：MANIFESTATION
英文の解説書では、CROWNING CARD／最上・最良の状態、GOAL／到達点などと書かれている物が多いようですが要するに、質問となっている件が、実際にはどのように顕現しうる事柄なのか、と言うこと。
もっと言えば、どこまで到達する可能性があるのか、起こる可能性のある事を読みとる所です。
ここで、現状が一時的なものなのか、深刻になっているのかなどが伺え、①のカードに強弱を付けることが出来るのです。
カードが否定的なことを表していたら、「最悪の場合、そのようになる」と言えますし、肯定的なカードであれば、「その段階にまで行く可能性がある」と言えます。またこれ以降、どのような状況が起こり得るのか、ある程度の未来も予測できます。

⑤潜在的な事柄：UNCONSCIOUSNESS
目には見えない事柄、気が付いていない事実を暗示する箇所です。

永続性があるか、破壊的な要素があるかなど、どんな種類の問題で、どんな移り変わりをする可能性を秘めているかを読みます。

①の現状、⑥の顕現、⑩の最終カードに強弱をつける、すなわち他のあらゆるカードを支配する、非常に重要なカードです。
⑤⑥は、特に多くの誤解がなされている箇所です。
⑥ Manifestation を「顕在意識」と、⑤ Unconsciousness を「潜在意識」と表記して、それぞれ質問者の顕在意識、潜在意識を出す、質問者の気持ちを読むような解説をしている解説書が多いようですが、誤訳のレベルではないと思われますし、解説者のアレンジなのでしょうか。

③過去
①の現状が、以前はどうだったのかを読みます。これまでのスプレッド同様、①に関する何らかの影響・原因・理由に相当します。

④未来
①の現状が、時間の流れで今後どのような様相を見せるか、を読みます。
③①④は、左から流してスリーカード・スプレッドのように読むことになります。

⑦質問者
質問者の状態や気持ち、置かれている立場、有利な点、不利な点などを出して読みます。やはり総合的に出すよりも、例えば上記のどれか一点に絞って出すのが効果的です。

⑧質問者の環境
⑦に対して周囲、或いは対象となっている相手・一個人を出すと設定してもよいでしょう。

⑨質問者の能力
質問者には、どのような可能性があるのか、どのようなことが出来るのかを読みます。カードが否定的な暗示であれば、質問者の欠点、不利な要素と見なせます。質問者の価値観、何を望んで或いは恐れているがために、どのようなスタンスで問

題に接していくのか、言動としてどのようなことをする可能性があるのか、未来における質問者の考えや行動が読み取れるというものです。
　ここも、最終段階のカードをかなり左右します。破壊的な要素を含む可能性がある問題に、質問者の言動が破壊的に出れば、ほぼ間違いなく破壊が訪れるでしょう。

⑩最終カード
　質問に対する答えを象徴するカード。
　この1枚のみに捕らわれないよう、特に注意したいところです。
　以下のように、主体となっている件の、本質や潜在性を加味して考えること。

　ヘキサグラム・スプレッドなどでは、結果に関して「このようにすれば、そうなる」と言った、条件をクリアした上での結果判断が出ることになります。ケルト十字はその条件を、質問者自分が果たせるのかどうかまでが判断できるスプレッドであるわけです。
　質問者に制約がなく、動きが自由に取れる場合は、ヘキサグラム・スプレッドで可能性を広げていく方法もよいでしょう。
　上記の点が難しい場合、質問者が対象となっている問題とどうか関わっていくかがハッキリしていない時には、ケルト十字が有効です。
　ここでは④⑥⑩を同時に見ることが出来るので、現状に関する将来性の判断や見極めが、より詳細になります。

　⑥は、「顕現」である Manifestation。どのような現象として現れてくるのか、起こりうる出来事の可能性。
　④は、「近い未来」としての Future。時間の流れで、現状がどう変化していくか。
　⑩は、Future のさらにその先大未来としての、Final Outcome。質問「〜？」に対する答え＝Answer、「到達点」でもありますが、あくまでも残り9枚のカードを踏まえた到達点です。いつ頃までのことを見るのかは、やはりスプレッド前に設定しておくべきです。

THE CELTIC CROSS SPREAD ケルト十字・スプレッド

次のような質問を見てみましょう。

Q 28歳の女性。友だち以上恋人未満のつき合いをしている同年代の彼がいます。電話をし合ったり休日なども一緒に過ごして、ほとんど恋人同士と変わらない状態です。考え方や意見が一致する点が多く、他人に言えないような話でもふたりの間では打ち明け合っているのですが、一向にそれ以上の関係には進展しません。以降どうなるでしょうか、年齢的にもそろそろ結婚を考えたいのですが、結婚相手としての可能性はありますか？

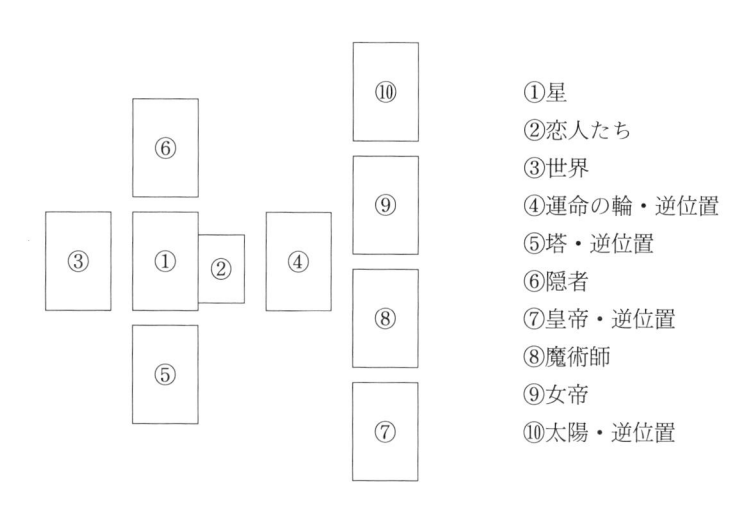

①星
②恋人たち
③世界
④運命の輪・逆位置
⑤塔・逆位置
⑥隠者
⑦皇帝・逆位置
⑧魔術師
⑨女帝
⑩太陽・逆位置

この件の筋を追って解釈をしていきましょう。

　まず、①⑤⑥が重要。ここでこの件の本質的なことを掴み、次いで⑦⑧で当事者の状態を絡めて判断します。

①「星」
現状は確かに、今後に希望を抱かせる友愛の雰囲気が漂っている様子。しかし、
⑤「塔」・逆位置
ふたりの関係がこのまま安泰ではないことを警告しています。

⑥「隠者」
　ふたりの関係には意味深いものがあることを暗示しています。異性として引かれ合うと言うより、お互いの人生観に影響を及ぼし合うような、精神性の強い結びつきが伺えます。
　⑦「皇帝」・逆位置
　質問者の焦りが伺えます。適齢期であることや、この人の性質面、物事を自分のペースで進めていきたい、白黒ハッキリつけたいのだ、と言った彼女の主張が空回りしているようです。
　⑧「魔術師」
　上記のことと相対して彼は、ふたりの関係に快適さを感じているようです。まだまだ会話をし続けていきたいような、未だ新鮮ささえ覚えているのではないでしょうか。
　ここで、ふたりのペースや物事に対する感覚的なズレがあることが分かります。
　彼自身は、結婚に対してどのような考えを持っているのか、結婚と来れば仕事面との兼ね合いなど大きいわけですし、ふたりの人生観・価値観、置かれている立場を考えなくてはいけないことになります。
　質問者と向かい合っているなら、ふたりで話している時の様子など状態を詳しく聞いてみることです。そうでない場合や自分のことを見ているなら、洞察が必要。
　そして、これまでのふたりの状態、過去③現状①が以前はどうだったのかをチェックします。

　③「世界」
　今まで知り合った中で、最高のパートナシップを抱ける相手だとお互い思ってきたことが伺えます。
「世界」は、それが到達できる最高点なので、過去に出るとそれ以上は前に進めないことを示すこともあります。
　①「星」から伺える異性を意識しない要素が強まって、「友愛どまり」であるふたりの関係が強調されます。
　⑥「隠者」
　なかなか得難い人間関係を結べるわけですから、異性愛に発展する可能性が薄いからと言って、限界がある関係と言うのは相応しくないでしょう。

では、今後①がどう変わっていくか未来④〜最終カード⑩をチェックします。
④「運命の輪」・逆位置
今の関係が、特に好転していくわけではない模様です。
不安の要素も伺えます。あるとすればどんなことが起こりうるのか、周囲のカードから考察していきます。
⑤「塔」・逆位置
致命的な破綻、人間関係ですから対立や争いがあることが予想されます。しかし、
⑥「隠者」
もし起こるとすれば、それは思慮を欠いた言動からもたらされるはずだと、注意を促すことが出来ます。
⑦「皇帝」・逆位置
⑧「魔術師」
ふたりのペースの違いを無視して、このまま質問者の気持ちを優先させていてはいけないこと、彼の好まない会話やことばに気を付ける必要があります。
また、④に出ている「運命の輪」は、①の現状が、時間の経過によってどう変化するか他動的なカードでもあり、ふたりの環境・立場的な変化への対応を考えておくことも必要です。

では、質問者にどのような可能性があるのか。
⑨「女帝」
この件に関して、質問者の女性が持っている可能性です。受け身の愛情、献身すること。
⑦「皇帝」・逆位置
これとは正反対のことを示すカードが、質問者自身に出ていることが象徴的です。男性原理が裏目に出ている状態をくつがえす必要がある。そしてそれが彼女には出来るのだと物語っています。
上記2枚からは、相手の男性にマザコンの要素がないかも、チェックしておくべきだと推察されます。いずれにしても、
⑥「隠者」
事態を正確に把握しながら慎重に動く必要が訴えられています。相手である彼のペースに合わせることが必須条件。今は愛情を示して異性間の話をする時ではありません。

THE CELTIC CROSS SPREAD　ケルト十字・スプレッド

　質問者への最終的な答えは、
　⑩「太陽」・逆位置
「結婚相手のとしての可能性は？」と言う問いに対しては、現時点では残念ながらNOになります。③の「世界」が、この⑩のカードを少々強調するところです。しかし、これまで読んできたことを総合すると、カードの示す事柄に従って現状を変えて、２、３か月先にカードを切り直してみるべきではないでしょうか。現状を変えれば、ここに出ている未来は既に有効ではないのですから。
　②「恋人たち」
　今は、楽しさとフィーリングの一致を重視した関係でいること。彼女自身がまず内的調和を図って、ふたりの今後のことや結婚といった重いテーマに触れないようにすべきでしょう。彼のペースに合わせ現状維持で、落ち着いてゆったりした気持ちでいるがポイント。焦りは禁物です。
　⑥「隠者」
　まだ、ふたりの関係の奥行きには期待が出来るのです。
　⑨「女帝」
　彼女は、今待つことが出来るはず。一方で、女性としての幸せ、結婚を大いに意識していることも伺えます。彼以外の人との結婚を考え、彼とは良き人間関係を保っていこうとするかは、質問者の選択です。

　以上、ケルト十字・スプレッドは、10枚すべてのカードを一緒に判断するようなものなのです。使いこなせるには非常に時間がかかりますし、時には、数日間洞察しながら生活してみることにもなります。
　最終カードが「何々」だったから、どうなると言えるものではないのです。
　そして、私たち一般の人間レベルでは、タロットカードで２年を越えた未来に関して、正確且つ厳密な詳細まで読むことは不可能です。その不可能を否定して、お金を稼ごうとする人間がいるところが、聖書で「占い」が裁かれるべき行為だと指摘されている所以でしょう。

THE CELTIC CROSS SPREAD　ケルト十字・スプレッド

＊ケルト十字・スプレッドのカードの並べ方には他に次のようなものがあります。①〜⑩の設定は各スプレッドにより異なります。

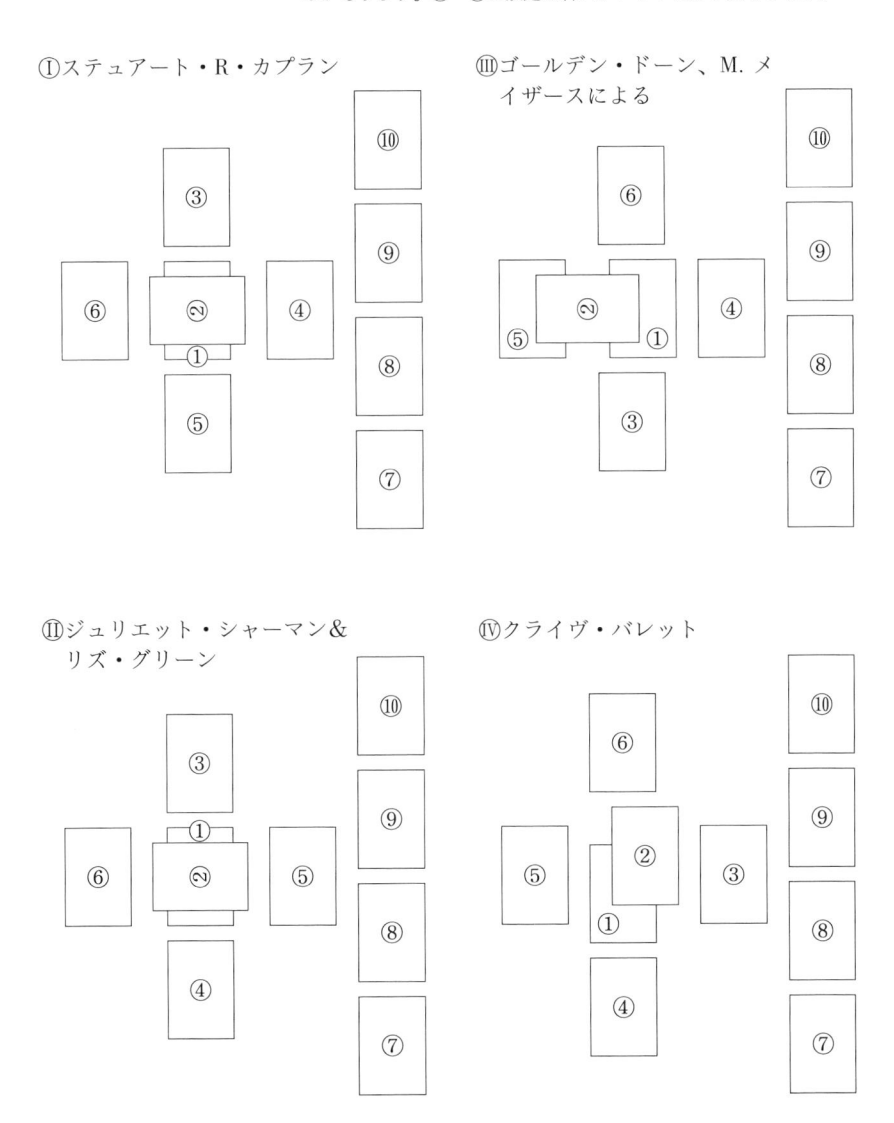

Ⅰ ステュアート・R・カプラン

Ⅲ ゴールデン・ドーン、M. メイザースによる

Ⅱ ジュリエット・シャーマン＆リズ・グリーン

Ⅳ クライヴ・バレット

★　本書でのタロット学習とその他のデッキの使用に関して。

　ウェイト版は、小アルカナを含めた78枚すべてに、色彩、象徴、形而上学が織り込まれています。扱う者や質問者の精神機能を躍動させる点において、右に出るカードはないでしょう。オカルト研究、占術においても抜きんでた効果を発揮するものです。まずこのウェイト版で、タロットカードの解釈方法をしっかり摑んで下さい。

　★正位置か逆位置かという観点からのみ、解釈しないこと。
　★1枚のカードが周囲のカードから受ける影響、総体的なバランスによって、カードが物語ることをどう表現できるか。
　★知識と洞察とひらめきとで、カードとの交信を果たせるように等、展開されるカードから、難なく知りたいことを読み取れるレベルにまで到達しましょう。

　次なる段階として、様々にあるウェイト版以外のデッキを手にすることをお薦めします。それぞれのデッキには固有の特徴があり、ウェイト版とはまた違った概念を学習することにもなるでしょう。カードに添付されているブックレットをよく読んで、制作者について、各カードの示す事柄を把握して下さい。デッキによっては象徴がさらに限定されていたり、正位置と逆位置の区別がないもの等があるでしょう。しかし、上記に述べた「タロットカードをどう解釈するか、その読み方としての方法」は変わりません。デッキを使い分けていくことになりますが、例えば恋愛問題に適しているデッキ、1枚引きに適しているデッキ、カードの枚数を多く出すと読みやすいタイプ等、好みや使用目的に応じて、その都度使用デッキを選んでいくことになるでしょう――もうタロットカードの虜になっている段階かもしれません。本書に対しても、あなたなりの疑問や異論が生じてくるかも知れません。誰しもが通過することです。その時は、あなたなりの体系を創り上げるとき。このウェイト版を足掛かりにして、Tarotmasterを目指して下さい。

II
小アルカナ

MINOR ARCANA

大アルカナと小アルカナ考察
A Study of MAJOR and MINOR ARCANA

　アルカナ ARCANA とは、ラテン語で「密儀」「秘密」を表す語 ARCANUM の複数形です。
　アルカナと呼ばれるタロットカード 78 枚の内、22 枚が大アルカナ、56 枚が小アルカナと呼び、種類を異にします。
　大アルカナが大宇宙に起こる事象が描かれた「象徴画」であるのに対し、小アルカナは小宇宙、すなわち人間の日々の営みを端的に絵柄にしたカードです。まさにタロットカードとはマクロコスモスとミクロコスモスの「隠秘のカード」なのです。
「ARCANUM」の語源には諸説ある模様ですが、主流は、錬金術 Alchemy から来ているというもの。これは、語頭二文字から否定せざるを得ない説ですが、一連の大アルカナ 22 枚を「錬金術」における賢者の石の精製過程になぞらえて解説する試みは、タロット史上多くの専門家によってなされてきました。Alchemy の語源はアラビア、ギリシアと遡り、「エジプトの技術」に相当する「ケメイア」にたどり着くと言われています。

　初めに解説してきました 22 枚のアルカナは、大アルカナ MAJOR ARCANA と表現されるだけあって、その象徴は、私たちにとって日常では不可知な次元の事柄まで、多く訴えかけてくるものです。
　たとえば、「太陽」のカードは幸福のしるしであると同時に昇天＝死の象徴でもあり、天と地程の差がある解釈が時に成されることがあります。ですから、「このカードが出たら、こう読む」と言った短絡的な解釈がパターン化されてしまうのは非常に危険です。だからこそ絵柄・シンボリズムを基本に、1 枚 1 枚奥深く丁寧に解釈し、どう判断するのが相応しいかを実践を踏みながら身につけていく必要があるのです。これはタロットカードを扱う者であれば、生涯に亙って取り組むべき課題であり、解釈において深読みし過ぎると言うことはあり得ません。

小アルカナとは

　大アルカナが、神話・ひとつの物語であるのに対して、小アルカナは、その物語に登場する人物たちに起こる出来事、場面・シーンを映し出しているカードだと言えます。
　大アルカナが質問・みている問題の状態や性質、その件の質がどう変わるのかを物語るのに対して、**小アルカナはその問題に関わっている人物たちが起こす事柄、**
　　誰が何をするか
　　誰が誰に対して何をするのか
　　何があってどう感じるかなどを、端的に表すもの。

　大アルカナは、暗示や教訓など、私たちに向けての何らかのメッセージを内在して成文化した「神話」の内容を1枚の象徴画にした表紙絵のようなものです。それに対して、小アルカナは端的に物事や状態のワンシーンが描かれたひとコマの絵であると言えます。

大アルカナの盲点

　先述したように、大アルカナが神話や物語にたとえられるなら、小アルカナはその一冊の本を構成する出来事・エピソードが描かれたそれぞれのシーンに相当します。大アルカナを「シンデレラ姫」とタイトルが表記された表紙絵にたとえてみましょう。「それはまさにシンデレラストーリーですね」と言われたときに、シンデレラの物語を知っていなければ、何のことを言われているか分からないでしょう。その物語に触れた経験があり、通説として、一般の人が大抵触れた経験のある物語であるという認識のもとに、そのような発言もまた可能になるわけです。
　不幸な身の上の少女が、最終的に王子様の愛情を射止めるサクセスストーリーであることから、「成功・幸福」「チャンス」の例や象徴的に比喩・隠喩に用いられるわけですが、個人の「成功」は人それぞれ違います。幸せの価値観にも個人差があります。人によっては、タナボタ式のラッキーチャンスを否定して、「シンデレラ

ストーリーなら望まない、興味がない」と言う人もいるわけです。

　大アルカナを短絡的に解釈するのは危険です。質問者の成功とは何か、何が幸福であり、どうなることを望んでいるのかを基点に解釈を行わなければなりません。
　同時に小アルカナを出すことによって、大アルカナをより正確に判断・解釈することができるのです。
　同じ大アルカナ1枚読むにしても、その判断はスプレッド毎に違うはずなのです。「愚者」のカードは、遊び感覚の軽い恋愛を求めている人にとっては、期待のもてるカードですが、結婚を望んでいる人にとっては、殆ど希望を感じられないカードと化すのです。
　いずれにしても、「象徴」されていることは、「不安定ながらも楽しい交際は出来るであろう」と言うことに変わりはありません。

　本にたとえれば、大アルカナが神話や小説であるのに対して、小アルカナはカタログや電話帳のような役割を果たすもの、本の種類が違うのだとも言い表せられます。
　しかし読書が趣味であると言っても、「電話帳を読むのが好き」という人はいないでしょう。だからと言って本の性質や扱い方が違うだけであって、私たちの日常に於いて電話帳など情報収集に欠かせない重要な種類の書物はごまんとあるのです。
　具体性のある答えを求める際には、小アルカナは大アルカナに優るのです。
　種類が違うアルカナは、解釈法・扱い方も違ってきます。

　大小ふたつのアルカナは、どちらがどうと比べる類のものではないのです。
　リンゴとイチゴが、同じ果物でありながらその一個あたりの値段で、どちらが優れているかなど判断することは出来ません。
　デザートに選ぶものとメインディッシュに選ぶ物が違うということにたとえると、往々にして人々は大アルカナがメインディッシュだと思いこみたがるようです。ですが人の生死に関わる大きな出来事を表すカードが、小アルカナの中には存在するのです。
　反対に、大アルカナであっても、「何事も起こらない・順当な進展」だけのことだと解釈する場合もあるのです。

大アルカナ解釈のポイント

　大アルカナだから、ラッキー・幸運なのでもないですし、必ずそうなると言う強いフォースが集まっているわけでもないのです。
　まず、物語っていることは、過去であれ未来であれ、**大アルカナが出た所は、短絡的な解釈をするべきではなく、深い洞察が必要であること。**

　常に意識していないと、ことばにしてしまうと、とかく大アルカナと小アルカナの違いはなかなか解釈の中に活かせなくなりがちです。
　質問者に対しては、大アルカナのカードについて以下のような表現を使うことになるでしょう。
　この質問・問題が〜になります。
　　　　　　　〜のようになるでしょう。
　あなたにとっては〜のようなことです。
　　　　　　　〜になるでしょう。
　主体となるのは、質問そのもの、その一件です。
　あくまでも象徴カードなのですから、当初は断定的な発言は控え、質問者と一緒にそのカードが示しうることを、或いは自己の中に何が沸き上がってくるかを**そのカードをよく見ながら、自己と或いは質問者との対話によって、シンボリックな洞察を得ようとするべきです。**

小アルカナ解釈のポイント１

　小アルカナは MINOR／LESSER ARCANA と称されますが、大アルカナほど重要な役割を果たさないとは言えません。
　確かに、小アルカナは、大アルカナほど、１枚１枚奥深く吟味するタイプのカードではないとは言えるでしょう。
　それは、象徴画を鑑賞し、感じるもの沸き上がるもの、鑑賞することによって生じる内的な変化を体験するようなことと、ディテールに拘りつつ、カタログやパン

フレットを眺めていくことの違いであって、意味が強いとか重要度の問題などそこにはないのです。繰り返しますが、使用方法、目的や用途に違いがあるだけです。

　ある問題が、一体全体自分にとって何を意味しているのか？　何が原因・理由になっているのか、自分はどうするべきなのか――と言った事柄を紡ぎだしたい場合は、大アルカナのみ使って枚数が少ないスプレッドで見るのも、ひとつの方法です。
　大アルカナを1枚引きして、そのカードについて瞑想する方法も考えられます。そして、無意識の深淵から、浮かび上がってくるものを考察するのです。時には数日間に互り、日常生活を平行させる中で、その象徴が意識の中で紐解かれることもある――シンクロニシティを多く経験するようなこともあります。

　対して、一定の期間の中で、物事の状態がどのような変化を辿って行くのか、起こり来る出来事を知りたい時には、沢山の小アルカナを切って並べていくのが良いでしょう。考察すると言うよりは、どの種類、どの数のカードが多く出るか、カードの配列のパターンなどから感じること・見出せることに、デジタルな対応をするべきでしょう。

　そして、大小のアルカナを混ぜて展開したスプレッドの中で大アルカナが出た箇所で、その問題に関して大きな変化が生じる。その理由であり経緯がそれ以前の小アルカナが示すと考えます。
　しかし、スプレッドの出方によっては、うまく小アルカナを、大アルカナの構成要素として解釈できない場合も出てきます。
　大小のアルカナを一緒に混ぜて使うということに、無理・矛盾を感じることにもなりますが、ダイアン・フォーチュンをはじめ多くの研究家たちは以下のような表現を用いています。

　　大アルカナは、大宇宙、マクロコスモスに対応し、主観的であるのに対し、小アルカナは、小宇宙・ミクロコスモスすなわち人間に対応し、客観的である。

　小アルカナが、第三者の目から見た時の状態として、その場面を伝えるものであるのに対して、大アルカナは、質問者・当事者がどのような思いをするのか、何を感じ、どうか関わっていくのかを、象徴的に表しているというものです。

しかしここには柔軟性も必要です。現実的には、78枚全てを使用する場合、大アルカナが出た所でも、解釈してことばにすれば、「出来事の一場面・ワンシーン」としての意味を持たせ、小アルカナにもある程度の主観的象徴を見出すことになるのです。

　ここも正位置・逆位置に拘って解釈が出来なかったような膠着した解釈に陥りやすいところです。
「小アルカナは、大アルカナよりも意味が強くないので、解釈の際に重要視しなくてもよい」という愚かしい見解にとらわれてはいけません。
　種類の異なることを理由に、最初から大アルカナと小アルカナを分けて使う占術家も少なくありませんが、それが正当な占い方であって、大・小あわせて78枚を同時に使うやり方が間違いであると主張するのは無意味です。そもそもタロットはその起源すら分からないものなのですから。
　大切なことは、扱う本人がどのようなカードの使い方をするのかを決めること。
　それは実践なくして不可能。しかし逆に言えば、実践を積むことで自ずと体得できることなのです。自転車に乗れるようになったり、泳げるようになったり、段々外国語が流暢になっていく過程と何ら変わらずに。

　私は、第三者の問題に関しては、カードを切る前にその都度小さい設定条件を択山作って、カードを切りながら解釈の幅を制限していくように心がけています。自分という、どこで何をして何を考えている者なのか世の中で最も熟知している人間に関しては、取り敢えずカードを切って、何がどこまで読みとれるかをみます。しかし無理をして、特にカンやイマジネーションのみ働かせて多くの事柄を見出さないようにしています。

小アルカナ解釈のポイント 2

　小アルカナは、創造の十段階である生命の樹の1から10までのセフィラーに相当するものです。
　1〜10のどの創造段階を示すカードが出ているか。また、ワンド WANDS、カッ

プ CUPS、ソード SWORDS、ペンタクル PENTACLES の 4 種類のどのカードが頻出しているかと言った、**視覚的・統計的な判断から、何が物語られているのかを推測すること。**
　シンボリックな洞察と言うよりも、数の象徴や火水風地のバランスに答えを求めることになります。
1) 四つのスートの中で、目立って多いカードと少ないカードがあるか。
2) 目立って頻出している数字はあるか。
3) その質問そのもの性質は何かをつかみ取る。
4) その性質と質問者の性質がどのように影響しあっているのか。
5) マイナス・プラスの最大要素になっているカードを見つけ出すこと。
6) 時間の流れに伴い、数字が小さい数から大きい数へと並んで出ている部分があるか。
7) パッと見た印象と、上記総体的に吟味してどのような見解に至るか。

質問者に対しては、カードについて以下のような表現を使うことになるでしょう。
　質問者・関係者たちが〜になるでしょう。
　（いついつ、どこで）〜が起こります、発生します。
　（誰かが誰かに対して）〜をするでしょう。
　（誰かが誰かによって）〜をされるでしょう。
主体となるのは、質問者及び関わってくる人物たちです。

56 枚ある小アルカナですが、本書では初めに「40 枚の数カード」に焦点を絞り、さらに残り「16 枚の人物カード」へと、2 ステップの括りにして、掌握してゆきたいと思います。
　40 枚の数カードはトランプのように 4 種類ずつ 10 枚のカードから構成されています。4 つの種類（スート）は万物を構成する四大＝四元素に相当するのです。

杖（WAND：ワンド）＝生きるために、他の生き物を収穫するための道具：生きるための本能、強い感情の象徴＝四元素の火

聖杯（CUP：カップ）＝祝杯を挙げるなど喜びや時には悲しみを分かち合うときの道具：人に対する愛情、感受性・情動の動きなどを象徴＝四元素の水

剣（SWORD：ソード）＝生きるための戦い、戦うための武器：思考すること、策略、時に人を傷つける、自分との戦いなどを象徴＝四元素の風

円盤・紋章（PENTACLE：ペンタクル。護符や紋章の元であろう。COIN、DENARI 等貨幣で表されているデッキが多い）＝物の価値を表す物、代償・代金の印＝成果を得る、報酬を得る、実利的なことがらが発生することの象徴＝四元素の地

　以上4つの道具を手にしたときから、人間の文明生活が始まったと推測されます。
　4つの道具は人間の基本原理、あらゆる物事の基盤的象徴であり、先に紹介しましたカバラという四構造の思想を照応させることができます。
　簡単に言えば、キャンプ先で飯盒でご飯を炊くとき、火・水・風・地と言う四大のバランスが取れている状態です。植物が育つには、水を初めとし、太陽の光と酸素と地の養分が必要です。宇宙エネルギーが円滑に循環するためには、4つの基本要素がバランスよく調和すること以外にありません。
　小宇宙の中でのバランス、小宇宙とそれを取り巻く大宇宙とのバランス――タロットカードとは、そう言った観点から四大の調和を取る方法を教えてくれる画期的な道具です。

小アルカナの各スートについて

　56枚のカードの意味なるものをひとつひとつを暗記する必要はありません。 各種類ごとに、1から10まで10枚のカードの概念をつかみ、それぞれの種類別に表現を変えることで、数カード40枚を制覇することができるのです。
　「小アルカナの構成」で、四要素は、出来事や状態として、以下のように言い表すことができます。

　ワンド WANDS：火の象徴
　　感情・行動の源、直感的な言動、意志
　　それらに根ざした状態・出来事

四要素の象徴

	火	水	風	地
道具	杖（ワンド）	聖杯（カップ）	剣（ソード）	円盤・紋章（ペンタクル）
人の精神構造	直観・創造力	感情、情動	思考、理知	感覚、知覚能力
季節	夏	秋	春	冬
方角	南	西	東	北
時間帯	昼	夕方	午前	夜中
十二宮	白羊宮、獅子宮、人馬宮	巨蟹宮、天蠍宮、双魚宮	双児宮、天秤宮、宝瓶宮	金牛宮、処女宮、磨羯宮
四獣	獅子	蠍＝鷲	翼を持った人間もしくは龍*1	牡牛
四福音史家	聖マタイ	聖ルカ	聖マルコ	聖ヨハネ
キリスト教的シンボル*2	人間のような顔と羽根を持つ生き物	若い牡牛	獅子	空を飛ぶ鷲
天使	ミカエル	ガブリエル	ラファエル	ウリエル
美徳	愛	慈悲	正義	知恵
エジプトの四方向を司る神の頭	人の頭（南）	ハヤブサの頭（西）	ジャッカルの頭（東）	サルの頭（北）
ミクロコスモスの身体部位	頭	体	腕	脚
色	赤	黄	青	緑

＊1　ブラヴァツキー夫人説
＊2　エゼキエルの幻視

ソードとカップの要素も含み、それらがさらに強まった状態・出来事でもあるが、瞬間的・一時的な要素が強い。

カップ CUPS：水の象徴
情、愛情、情愛
空想、想像・イマジネーションなど
甘える、頼る、流される
夢を見る、等。

ソード SWORDS：風の象徴
思考・理知、言語
客観的な言動を取ること、善悪による判断
また、それらに基づいた状態・出来事。

ペンタクル PENTACLES：地の象徴
感覚・知覚
五感による判断
人や物に対する価値を基準に動くこと
ソードとカップの要素のバランスを取る、人の平衡感覚
またそれに根ざした状態・出来事。

小アルカナの構成
Constructions of the MINOR ARCANA

小アルカナは、数カード40枚と人物カード16枚から成る全56枚のカードです。

56枚は、杖（ワンド WANDS）、聖杯（カップ CUPS）、剣（ソード SWORDS）、円盤・紋章（ペンタクル PENTACLES）の、4種類のシンボルにわかれます。シンボルごとに4種類のエースから10までの数カード、4類の王（キング KING）、女王（クイーン QUEEN）、騎士（ナイト KNIGHT）、小姓（ペイジ PAGE）の人物カードによって構成されています。

大アルカナ22枚をマスターした後に、小アルカナ56枚へと移行するのは順当な学習方法だと思います。しかし、この段階でストップしてしまう方が余りにも多いと言う現実があります。何しろ56枚ですから、かく言う私も自信がないばかりに、なかなか手を着けずにいたものです。数冊解説書を手に取ってみても、途方に暮れるだけでした。

56枚のカードを飲み込む効果的な方法は、いきなり1枚ずつ考察しないこと。56通りの意味なるものを暗記しようとしないことです。

最初に、4種の象徴が万物を構成する四要素を表していることを抑えて下さい。

4種類のスート	四大の象徴
杖（ワンド）のカード	火
聖杯（カップ）のカード	水
剣（ソード）のカード	風
円盤・紋章（ペンタクル）のカード	地

その後、数カードの示す「1～10」と、「キング、クイーン、ナイト、ペイジ」と

言った人物カードがそれぞれの概念を把握して、象徴別に表現を変化させる。これが私の56枚修得方法です。

大アルカナが、物事、人、問題や出来事の性質を象徴するカードであるのに対し、**小アルカナは、出来事そのもの、場面、シーンを示します。**
　人物カードは、その出来事の主人公、或いは主体が誰かをも同時に伝えるものです。
　人物カードは、チェス・ゲームに由来すると言う説もあります。
　また、中世ヨーロッパにおける王室・宮廷（court）社会の人物を描いたとされることから、**宮廷カード（COURT CARDS）とも呼ばれます。**

　解釈自体、小アルカナは大アルカナよりも難解ではありません。解釈の幅は狭いと言ってよいでしょう。しかし大アルカナ同様、前後左右・周囲のカードによって、その解釈に強弱をつけるということには変わりはありません。56枚に増えた時点で誰にでも戸惑いが生じることでしょう。しかしこれは訓練次第で、日々上達していくことなので、時間的な問題であることが、まずひとつです。

人間の精神を構成する四要素、4つのスートの解釈方法

　次に、先に述べた4つのスート＝四要素が象徴する「人間の精神構造における四要素」を抑えましょう。
　人間の精神を構成する四要素を端的に述べると以下のようになります。

ワンド	火	意志、直観、創造意欲
カップ	水	思考、判断
ソード	風	感受性、情動、愛情
ペンタクル	地	五感、知覚・平衡感覚

　要素別に、詳しく述べて行きましょう。

ワンド WANDS　火
創造・物事をクリエイトしようとする源となる意志、熱意、ひらめき、強烈な感情であり以下のように表現され得るものです。
　人や物事に強い意志を向ける
　怒り、喜び、好き嫌いなどの強烈な思いを抱く
　発作的な行動を導く衝動性
　無意識からの言動
　根拠のない感覚
　※暴力的な要素がある

カップ CUPS　水
感情の作用であり、人や物事に対する心の動き、情動を示し、好きか嫌いかなど主観的である。感受性や芸術性にも相当する。
　好きになる、愛情を抱く
　想像する、空想する、イメージを浮かべる
　人や物事を慈しむ
　豊かな気持ち、心穏やかになる

ソード SWORDS　風
頭脳の働きであり、物事を理論的に扱うこと、冷静に筋道立てて思考すること、善悪の判断を基準にした、客観性などにも相当する。
　考える、考えが決まる
　判断、意志決定する
　理知的・客観的な思考や動き
　※策略や悪意に通じることがある

ペンタクル PENTACLES　地
物事を知覚すること、五感の働き、またそれらの感覚のバランスをとること、物事をその質で判断すること、合理性などに当てはまる。
　地に足の着いた言動、堅実性、着実な進展
　価値を知る、評価に値する言動をする
　評価に値する事象が起こる、成果を得る

物事の安定
※物質・肉体そのものを指す場合もあり、実際の行動そのもの、そこから得られる成果そのものも示すことがある。

★四大の相性関係

西洋占星術の世界でも同様に扱われているものですが、自然界における四大を思い描いてみて下さい。

「火と水の関係・相性」とも称されるように、水は火を消してしまいます。
　ワンド⟷カップ　が、相殺関係であることが分かります。
　大地の中を水が流れ、水は土とそこに生息するものたちを潤します。
　大地の上で火をおこすことが出来ます。
　酸素すなわち、風はさらに火の燃焼を促進します。
「天と地」と称されるように、土と風は最も離れた、相容れない関係にあります。

　ワンド⟷カップ　の相性関係を基準に表すと、以下のような相乗・相殺関係が示せます。
　四角形の辺となる線（点線）上の相性は相乗関係です。
　　ワンドとソード
　　カップとペンタクル
　　ペンタクルとワンド
　　ソードとカップ

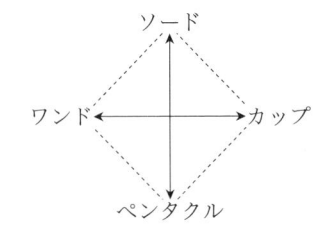

　矢印で示される対角線は相殺関係です。
　　ワンドとカップ
　　ソードとペンタクル

それぞれ、ひとつの要素を活かすも殺すも、周囲の相乗・相殺関係次第です。
たった1枚のカップの10が、周囲の多くのワンドのカードの中で、如何に効力が

なくどんな出来事に取って代わるのか、想像してみることです。
　ただし、あくまでもこれはルールであって、例えばワンドとカップのカードが2枚揃って出たからと言って、絶対的にその示すことが相殺されるわけではありません。そのカードが出るまでの過程で、やはり強弱をつけることになります。ワンドとカップは相殺し合うが、どちらにも相乗するペンタクルのカードがどれだけ出ているか、を加味することは非常に重要であり、そうすることによってさらに具体的なことまで言えるようになります。
　マルセイユ版が出た当初、カードの並び方によってパターン化した読み方をするいわゆる「コンビネーション・リーディング」も一時期広まったようです。アレンジされた解説書も、現在いくらか出回っているようですが、このウェイト版はそのような見方をするために作られたものではありません。
　一回一回、その時その時、的確に自分の置かれている状況や精神状態を伝えるべく並ぶカードの表情を読んでいると、並び方で読み方をパターン化する必要も、そのことによる合理性も感じられないと言うのが本音です。

　以下その他解釈における注意点です。
　★　ワンド（杖）のカードは、意志・直観・創造意欲を表しますが、人を愛する強い気持ち、すなわち聖杯のカードに通じるものもあります。
　ワンド（杖）のカードは、自分から好きになること、自分本位、衝動性が強調されます。

　★　カップ（聖杯）のカードが、感受性・情動・愛情を表し、人を好きになったり嫌いになったりという事柄を示しますが、水が象徴するように、涙、血液、体液の絡んだ関係であり、相手のために泣けるか、と言うことから血族的な愛情、性的な関わりを物語ります。
　ワンド（杖）のカードも、強い憎しみ、衝動的・性急な愛情を示しますが、上記のこととは無縁であり、やはり自分本位であることが強いです。

　★　ソード（剣）のカードは、思考・判断力を表しますが、良い・悪いと言った感覚は、ペンタクル（円盤・紋章）のカードと相通じるところがあります。
　ソード（剣）のカードでは、個人の思考レベルで判断がなされており、ペンタク

ル（円盤・紋章）のカードでは、一般的、社会通念的に、誰もが一致するような合理性における価値判断、あるいは一側面からではなく、トータルで物質的価値に焦点が置かれます。ソードと違って偏りのない判断・感覚になります。

★　ペンタクル（円盤・紋章）のカードは、合理性による判断、物事に対する感覚、思考と感情（ソードとカップ）の均衡を取るようなバランス感覚を示します。
　さらに「生命の樹」では、創造の10段階における最終段階「ケテル」（セフィラー1）に相当するものでもあり、実際の実り、実益、獲得するものがあることをも表します。

　以上4種類の象位を摑んだら、それぞれの種類のエースから10までと、4人の人物カードの16枚計56枚が、それぞれどのような出来事や場面を示すのかに入っていきます。ここで頭に入れておかなければいけないことは、**小アルカナは、特にエースカード、人物カードは、決してその1枚のみで、多くの事柄を読みとるべきものではありません。**
　1枚のカードからは、たったひとつの主語や形容動詞が把握できるようなものなのです。
　熟練するに連れて、このカードはこう読むべき、というようなパターンも生じてきますが、あくまでも、その解釈はその時のスプレッド或いは1枚引きにおいて、有効であっただけのはずです。
　解釈を限定して、パターン化してしまうのは、占術家としての惰性にも等しいことです。
　まず小アルカナに馴染むためには、日常、以下のような訓練を欠かさないこと。
　3枚のカードを並べて、ひとつの出来事、状態を読み取ってみましょう。
　そこに人物カードが出たなら、「誰が」どうなる・どうする、と主体をも判断します。

　その都度、本書を開き、1枚毎に何を表しているかを読みとりながら、その3枚がひとつになってどのような事柄を物語っているかを導き出せるようになることです。
　またカードの並び方にどのような特徴が見出せるかも重要な鍵になります。
　中央のカードを主説、その原因・理由を左右のカードに当てはめるのが、オーソ

ドックスな読み方です。
　さらに、スリーカード・スプレッドを応用して、過去・現在・未来という時間的な流れを当てはめて、今後の成り行きを読み取ってみましょう。

　それぞれのカードには、肯定・否定の要素が含まれており、短絡的に正位置か逆位置かで、読み方・判断を変えるべきでないのは、大アルカナと変わりません。

近代オカルティストの功績～歴史的考察～

小アルカナはトランプから？

　★13世紀には、現トランプの原型とされるものがイタリアに登場しており、当時は、Bastoni（バストーニ＝棍棒）、Coppe（カップ）、Spade（スペイド＝やり）、Denari（デナリ＝タイルか貨幣）の4種類のスート、Re 王、Dena 女王、Cavallo 騎士、Fanto 小姓、の4種の人物カードによって構成されていました。また、フランスにおいては15世紀初頭、シロツメクサ、心臓、やり、舗装用タイルの4種で構成される遊戯カードが出回っており、これらから現在私たちに馴染みのある、クローバー、ハート、スペード、ダイヤの各13枚と一枚のJOCKERで1セットとなっているトランプが出来上がった模様。
　これら数カードと人物カード（そして愚者を始め22枚の切り札）で行う「タロッコ」というゲームがありましたが、今のタロット・デッキに相当するのでは、という説がひとつあります。

　★タロットカードは、もともと56枚からなるものだったと言う説もあります。定住地を持たない民族として知られるジプシーたちの運勢を見るための道具でしたが、キリスト教派からの禁令により、遊戯化しながらゲームカードとしての大アルカナ22枚が加わり、13世紀にTrionfi（＝トリオンフ）「凱旋ゲーム」として流行し、現在の形のTrump（＝トランプ）となり、このタロット遊戯から4種、エースから10番、12の人物カードからなるトランプが発生したのではないだろうかと言う説ですが主流ではありません。

1300年代に、小アルカナのみで扱われていたセットに、大アルカナ22枚が加えられて使用されるようになったようですが、イタリアで盛んになった賭博としてのカードゲームがその由来たるところになります。一か八かの賭、当ててみよう——そんな使われ方が、当てものとしての占いにも用いられるようになったのでしょう。
　また、1400年代の作品だと言われるいくつかのデッキは、それぞれ枚数も50枚であったり、97枚であったり、各カードに象徴されている図柄も今日なじみのあるものとはかけ離れているカードもあります。
　いずれにしてもこのカードに目を着け、今日まで発展させたのが、アーサー・E・ウェイトやエリファス・レヴィら西洋史に名を残している近代オカルティストたちなのです。

歴史

　基本になっている4種類は、歴史を遡ると様々な時代、地域に重複して表れています。キリスト教文化に見られる4つの聖物、魔術儀式に必要な4つの魔術道具、中世ヨーロッパ社会における4階級等、他にも幾つかあるようです。
　最古の遊戯カードは11世紀に遡った中国・朝鮮に由来し、「硬貨」と呼ばれる組み札が存在したとされます。数札が、中国起源であることに対して、人物カードはチェス・ゲームからとられたようであり、チェスは第一次十字軍（1095〜99年）の時代にインド及びエルサレムを経てヨーロッパに伝わっています。
　しかし、タロットカードの起源は、それより大分以前に遡るはずであり、これは語学・世界史に秀でるその筋の研究者たちの功績に期待するところです。

　そもそも旧約聖書ですら、明確な起源と生成の仕方が伝えられているというのに、タロットカードをどこの誰が発案し作成するに至ったか微塵も記述されていないことは不可解この上ないことです。

　　1392年には、フランスのシャルル6世のために手書きで描かれたと言われる大アルカナの存在
　　1415年、イタリアのミラノ公フィリッポ・マリア・ヴィスコンティのために作成されたヴィスコンティ版

15世紀半ばマルセイユ版の出現
これ以降、14世紀後半には、ヨーロッパ各地で、78枚一揃いのパックが定着しています。

　起源と言うよりは、主題・モチーフだとされる、西洋の神秘・哲学的思想「カバラ」が世に姿を現したのが紀元3世紀頃です。以降、様々な教典が生み出されましたが、代表的な「生命の樹」の体系から『光輝の書』が完成されたのが13〜15世紀です。
　これだけの時代背景ですが、「カバラ研究家＝近代オカルティストの原案であったタロットカード」をテーマに考察を進めるのは無謀なことでしょうか。
　14世紀ヨーロッパにおける歴史上重要な動きと言えば「ルネッサンス」です。古代ギリシア・ローマの文化の復興として知られていますが、元々はモーゼがエジプトから持ち出した文明・文化にその源流が見出せるもの。地動説と天動説、貨幣経済、活版印刷などの発明・革命、交易貿易が拡大する中、ピコ・デラ・ミランドラを初め、多くの思想家によって、「万物を一ナルモノに帰する」始源思想が再認識されました。
　このルネッサンス芸術に具現したインスピレーションに与りながら、特定の個人が──その人物の、魔術的功績を知らしめすために──「生命の樹」のセフィロトやパスに相応しくイマジネーション豊かにタロットを描き直した可能性があるのではないでしょうか。
　そして実際にこれをした何者かが、権威付けのために起こした、「起源不明」説が伝承され続けているだけのような気がしてなりません。
　テンプル騎士団とは、聖地エルサレム（ユダヤ教・キリスト教・イスラム教の聖地）の保護と聖墓を保護する目的で、結成された騎士と修道士との役目を持った組織ですが、1312年、フィリップ4世により弾圧・解散に至っています。彼らが所有していたと言われる「ソロモン神殿の見取り図」に、22枚の大アルカナ全てを見る思いがします（私のHPのトップページをご参照下さい）。
　ここに、エリファス・レヴィ著『魔術の歴史』の中に見つけた興味深い記述を紹介させて頂きます（抜粋筆者）。

　ヴァヤン氏は、タロットに関してインド起源説に言及しています。同地から発祥したジプシーの姿、生活様式や、諸国へ登場して各地でどのように扱われたかの経

緯を記し、彼らが好んで使っていた占術のアナロジーとも言える運勢見の手引き書「タロットカード」の象意にまで触れ、そこにギリシア・中国・エジプトの古代文明・思想のミクスチャーであるかのような見解に至っています。

　タロットは、モーゼ以前、歴史の始まり、黄道十二宮が作成された時代にまで遡ること、ジプシーたちは、エジプトでキリスト教に帰依させられた経緯を持つ者たちであり、やがてはキリスト教徒から、モーゼと奇蹟合戦をして敗れたヤンブレの子孫だと言うような危惧を抱かれ追放されるに及んだこと。

　その際タロットカードは、キリスト教徒にとっては悪魔の伎、魔術の実践道具にも等しいもので処罰の対象にとまでされ、そこでタロットへの信仰が失われ、それは遊戯と化したことが記されています。

　さらに、トランプが発生したのはこのタロット「遊戯」からであり、シャルル5世の統治期には、凱旋ゲームという遊びに使われたカードが、聖堂視師によって焼き尽くされていると言うくだりがありますが、今日主流となっている「凱旋ゲームから、小アルカナが発生した」説と食い違うことになります。

　引用文の後、レヴィは、以上の見解をドイツで製造されたタロットには当てはまるだろうと部分的には肯定していますが、しかし、ジプシー起源説の名残を伴う、多くはイタリアで改造された現存するタロットは、ユダヤ経由でエジプトからやってきたものであること。そして、ジプシーという種族がグノーシス主義の一派であることを指摘して、彼らの真の姿をまとめています。

タロット解釈のための生命の樹
SEPHIROTHIC TREE

　西洋神秘思想の源流、「生命の樹」――それは宇宙、宇宙創世の全容であり、創世主たる唯一神、すなわち創造エネルギーの流出する様、神の創造作業の全過程を図式化したものです。

　樹は4つの世界に分かれます。

　①流出界　アツィルト界：四大の火が相当
　「神」の世界、神の意志。
　宇宙創造に例えるなら、「宇宙、と言うひとつの空間、ひとつの世界を創りたし」と思う神の意志。

　②創造界　ブリアー界：四大の水が相当
　「霊」の世界。
　宇宙創造に例えるなら、「どのような世界を創造しよう」と言う段階。
　七つの惑星をおき、その内のひとつの星に、生命あるもの・クリエイチャーを住まわせようという、イメージで構想を練る段階。

　③形成界　イェツラー界：四大の風が相当
　「魂」の世界。
　宇宙創造にたとえるなら、イメージによる形成段階。
　創造物を、どのような形で具現させるか実際的な作業の段階。
　　　　　　　※②③は厳密に隔離出来ず、重なる部分が出ます。

　④活動界　アッシャー界：四大の地が相当

「体」の世界、人間が住まう現実世界
宇宙創造にたとえるなら、創造された「世界」そのもの。
四大とその地に足を着けるクリエイチャーたちの顕現。

10のセフィロト

　神の創造作業の十段階を表す①〜⑩の各セフィラーには、それぞれ小アルカナのエースから10のカードが相当します。各セフィラーの作用（複数形セフィトロ）は以下のようになります。

①ケテル（王冠）
万物の根源、火地風水の諸力、各エネルギーそのもの
創造の原点、起源

②コクマー（知恵）
諸エネルギーが方向性を持つ

③ビナー（理解）
初めの形成作用、エネルギーが形になる最初の段階
実際の動きがある
異化作用

④ケセド（慈愛）
形成物を保持する段階
寛容なる精神と動きのない状態

⑤ゲブラー（峻厳）
④とは相反する作用
形成物を破壊する
峻厳なる精神と不安定な状態

SEPHIROTHIC TREE　タロット解釈のための生命の樹

⑥**ティファレト**（美）
④と⑤を調和する
あらゆる側面に於ける調和
理想的な美しい状態

⑦**ネツァク**（勝利）
本能的な作用
心的反応

⑧**ホド**（栄光）
理性的な作用
知的な反応

⑨**イェソド**（基盤）
⑦⑧の要素を含む
⑩マルクトの前段階
不完全な状態
あと一歩の状態

⑩**マルクト**（地球）
顕現、具現の段階
飽和状態

それぞれワンド的、カップ的、ソード的、ペンタクル的に、解釈していきます。

ワンドのカードのエースから10までを図を見ながら、樹に対応させて、それぞれのカードを解釈してみましょう。

①ワンドのエース
最高潮に達した創造のエネルギー
意志の高まり
闘争心、熱意、意欲

SEPHIROTHIC TREE　タロット解釈のための生命の樹

生命の樹のセフィラーと小アルカナの対応

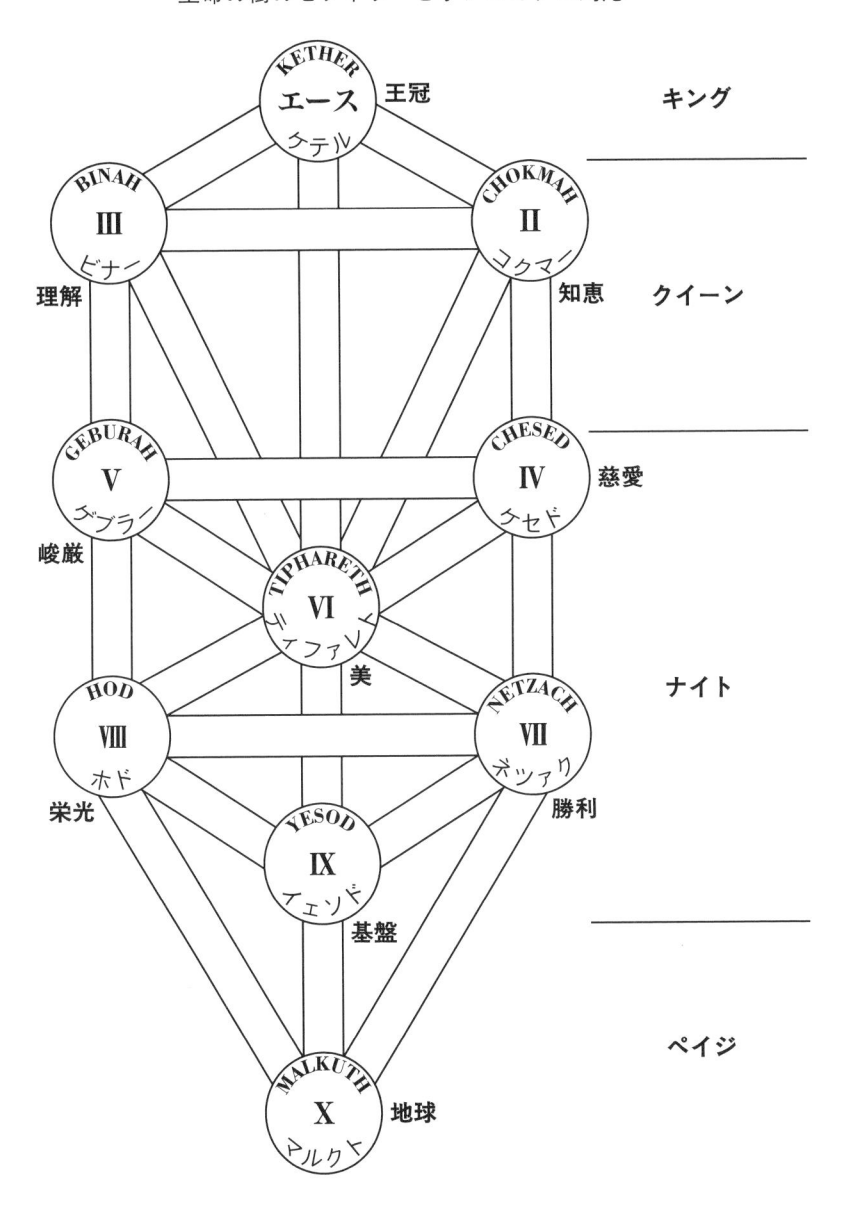

```
                    KETHER
                    エース         王冠              キング
                    ケテル
       BINAH                   CHOKMAH
        III                      II                 _____
       ビナー                    コクマー
理解                                       知恵     クイーン

       GEBURAH                   CHESED            _____
         V                        IV      慈愛
       ゲブラー                   ケセド
峻厳
                    TIPHARETH
                       VI
                    ティファレト
                        美
        HOD                     NETZACH             ナイト
       VIII                       VII
        ホド                     ネツァク
栄光                                       勝利
                    YESOD
                      IX
                    イェソド
                              基盤                  _____

                                                    ペイジ
                    MALKUTH
                       X         地球
                    マルクト
```

227

感情の強まり
怒り、情熱、
好き嫌い、良い悪いの強烈な感情

②ワンドの2
創造力に方向性が定まる
目的、願望を認識する
計画段階
(周囲のカードによっては)計画に着手する、スタートの第一歩
他方と主義主張が一致するというところから、商談・交渉の成立
新しい考え方を取り入れて、物事をスタートさせる
方向転換が図れる

③ワンドの3
最初のゴール、初めの成功段階
手応えはあるが、発展渦中であること
まだ先の未来を意識しつつ着実に進展している状態
発展、さらなる前進

④ワンドの4
一段落したい状態
楽な状態
現状が維持されること
楽観的、平和的な安定

⑤ワンドの5
さらなる欲望が原因で現状に満足しない
厳しい状態
奮闘する
主義主張と言う点での対立、論争、闘争
内的な葛藤

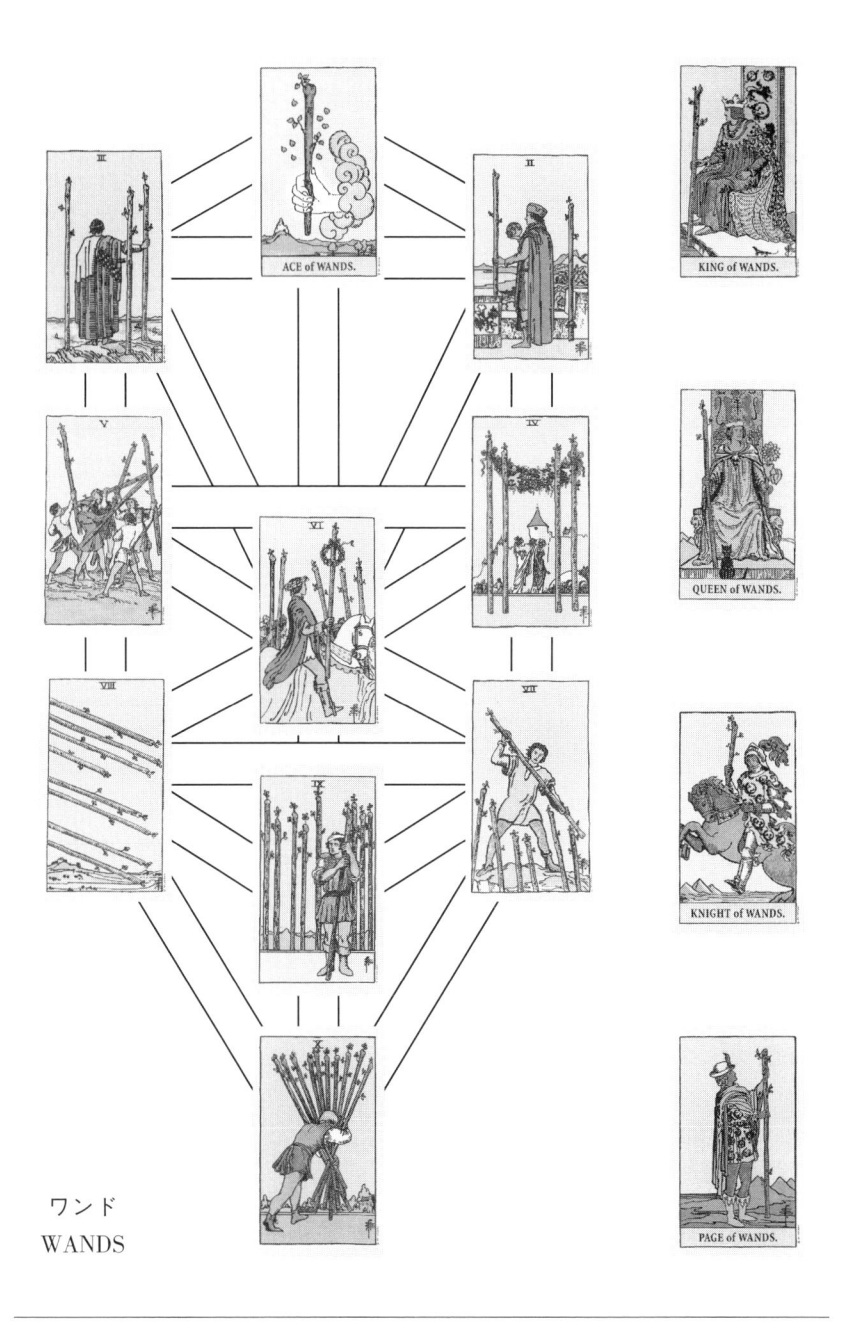

SEPHIROTHIC TREE　タロット解釈のための生命の樹

ワンド
WANDS

⑥ワンドの6
主導権を持つ
支配・コントロールする権利を得る
闘争せずに解決する
調和的解決
楽観できる状態

⑦ワンドの7
立場を守る
優位にあるが奮闘中
欲が出ている
不満足の感を抱く
無謀・勇気ある行為

⑧ワンドの8
素早い変化
スピーディに動く
事態の急変、急展開
早期解決

⑨ワンドの9
ハンディがあること
立場が悪い
追いつめられた状態
やるだけやって待つしかない
敵の敗退を待つ
頑迷、譲らない姿勢

⑩ワンドの10
耐え難い精神的重圧、抑圧感、重荷
行き詰まり
諦めるしかない

獲得・達成したものによりさらに不利な状態になる

　カップのカードのエースから10までを図を見ながら、樹に対応させてそれぞれのカードを解釈してみましょう。

①カップのエース
深い愛情を抱く
情が深まる
慈しむ心、思いやる
心の充足感
感受性による満足、喜び
精神的豊かさ、実り

②カップの2
他者と情を交わし合う
二者間での同等の愛情の交換
性愛、性交渉
友情、共感

③カップの3
複数の人間との間に醸し出される平和
仲間意識
友好関係
穏やかさ、安定
問題の解決

④カップの4
空虚さ、不満足の感を抱く
もっといいものがあるような思い
しかし、動いて求めようとはしない
惰性

飽きる

⑤カップの5
望み通りにならない
失望するが他の可能性があるレベル
暗い気持ち、落胆する
憂鬱になる
ふさぎ込む
客観的にはそれほど暗い状態ではない

⑥カップの6
過去の自分を振り返る
自分の本質を知る
育った環境
家族、親・兄弟に関する事柄
家族愛・親愛の情

⑦カップの7
非現実的な望み、願望
誇大妄想・幻想
過剰な期待
現実認識がない
自分に対する認識がない
不安定な状態

⑧カップの8
現実的になる
諦める
事実を認識する
目的の変更
流されながら興味の対象を変えていく

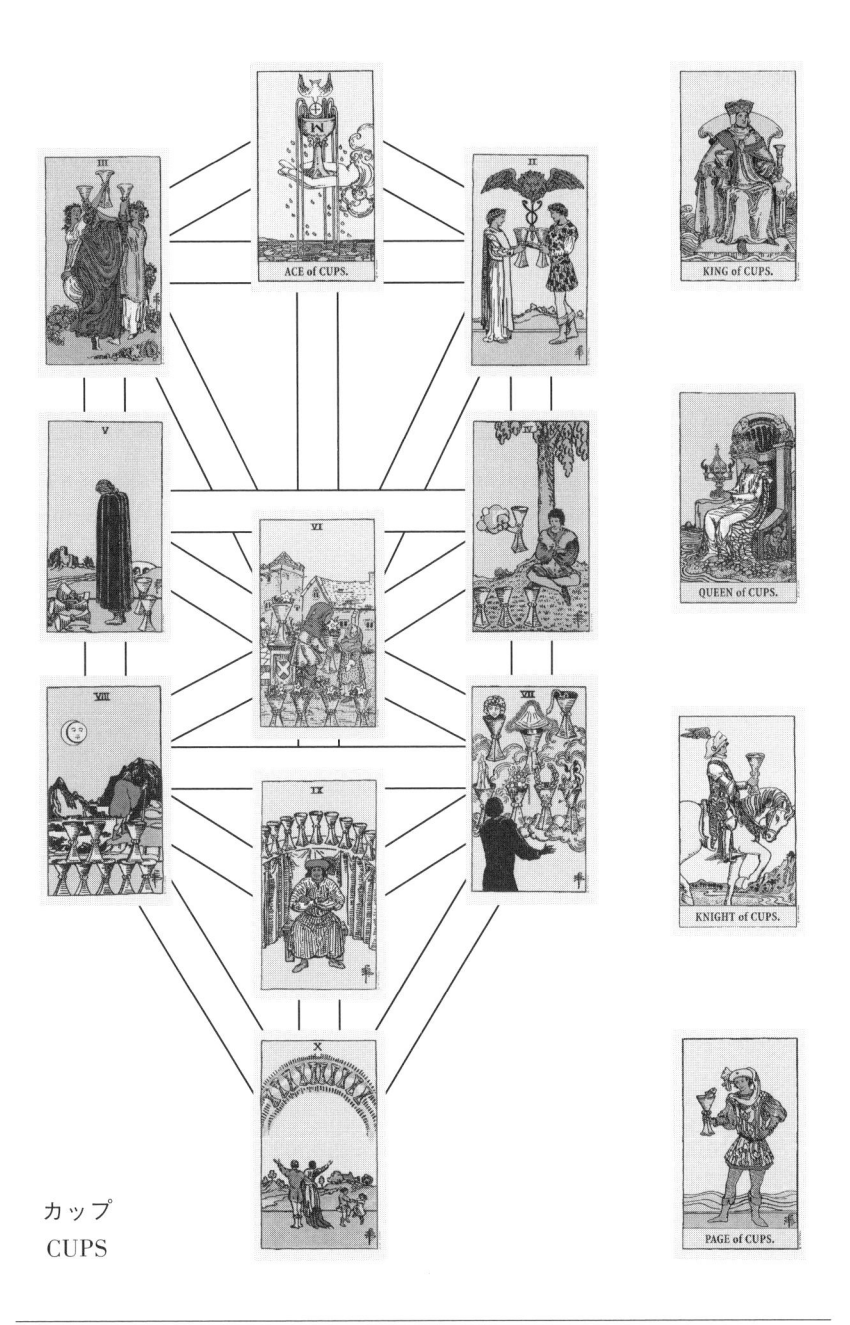

SEPHIROTHIC TREE　タロット解釈のための生命の樹

カップ
CUPS

⑨カップの9
実力とは関係のないチャンス
偶発的な幸福、成就
満足感を得る
絵空事のような幸せ
不安定

⑩カップの10
満たされた状態
安楽、安定、充実した状態
個人の幸福の条件が満たされる
愛の完成
人間関係の確立
個人を越えた、一族・所属団体・地域社会に関する喜び

　ソードのカードのエースから10までを図を見ながら、樹に対応させてそれぞれのカードを解釈してみましょう。

①ソードのエース
創造意欲を動かす方向性
強い意志、決定
鋭い感覚
決定・判断を下す
目的・計画の発生
批判精神、闘争的精神

②ソードの2
別の感覚・判断を意識する
相手の出方で、方向性を決める
物事や他人に思考を合わせる
自分の中で、考え方のバランスを取る

条件付きでの一致
均衡を保つ努力
緊張感のある状態
暗中模索

③ソードの3
ひとつの考え方を貫くことによって発生した精神的痛手
生きている限り誰もが避けられない心の痛み
別れ、破局、離散
終わり
失敗
破壊的な事柄、言動

④ソードの4
考えを行動に移すべきではない
時期を待つ
様子を見る
小休止、現状維持
方向性は正しい
ひとりになる
孤独

⑤ソードの5
対立的要素・思想を打ち破る
敵対している相手との闘争
厳しい状態
批判、対立、闘争
破壊的行為

⑥ソードの6
知恵を使って、武力は用いず平和的に解決する
自分の思考・手段を変える

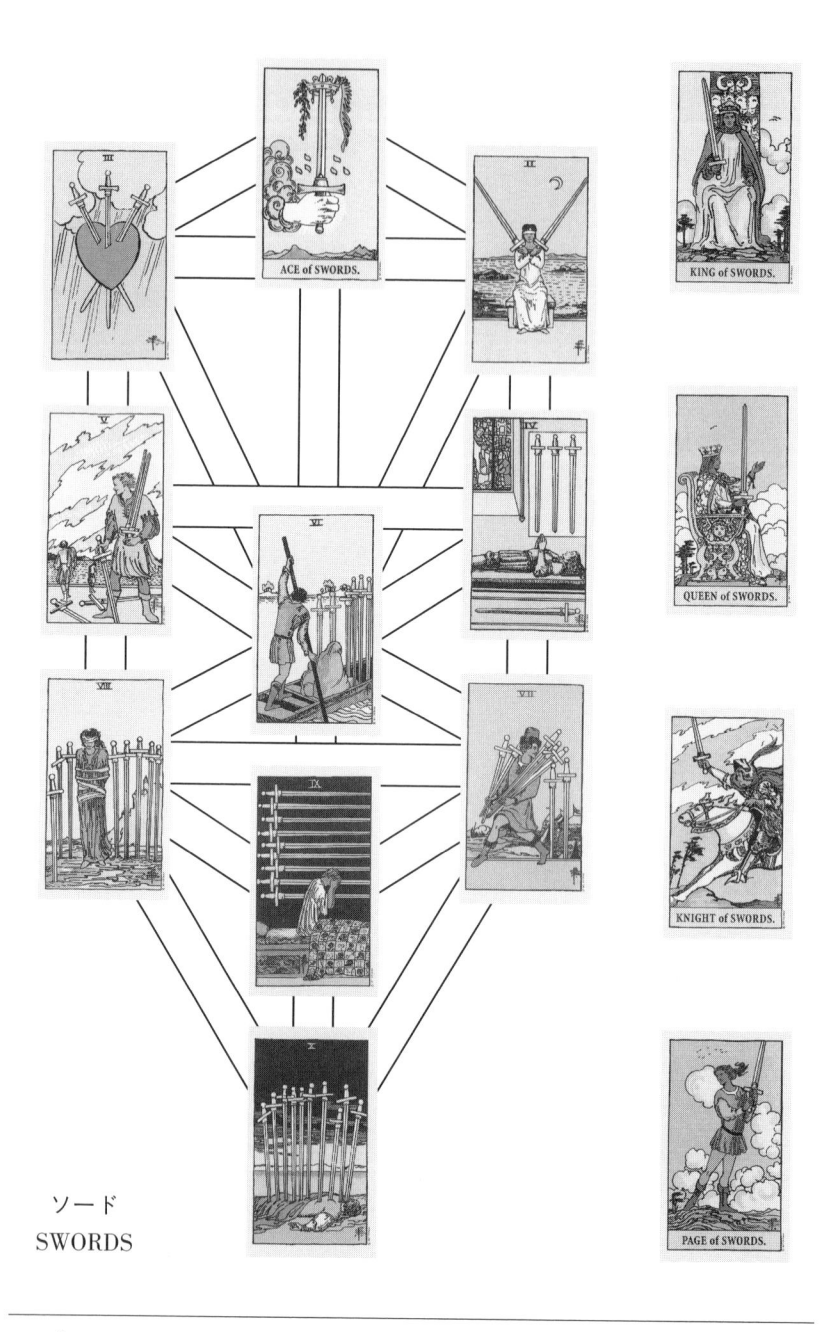

SEPHIROTHIC TREE　タロット解釈のための生命の樹

ソード
SWORDS

環境を変える、移動する
自分の考えを捨てる
新たな思考パターンを持つ
進展
仲介
移転、移動、旅行

⑦ソードの7
騙す・騙される
正攻法でないやり方を用いる
狡猾さ
策略・企画
成果はあるが批判する・される
矛盾した行為

⑧ソードの8
考えはあるが身動きが出来ない
動くべきではないことを考えている
動くなというメッセージ
行き詰まる
現状のまま

⑨ソードの9
幻滅する
内的な苦痛
個人的悲しみ・辛さ
他にやりようがないと感じる
根拠のない不安・恐れ、疑惑
悲嘆にくれる
孤独感を味わう
健康面の障害

⑩ソードの10
破滅的な事態、荒廃した状態
これ以上悪くなりようがない最悪の状態に陥る
徐々に浮上する
難儀にぶつかり苦しみ・悲しみを経験する

　ペンタクルのカードのエースから10までを図を見ながら、樹に対応させてそれぞれのカードを解釈してみましょう。

①ペンタクルのエース
物質
成果
感覚の強まり
土台・基盤があること
安定した状態
肉体、健康に関する事柄
金銭

②ペンタクルの2
感覚を使って対応する
臨機応変
その都度一致させる、対応を変える
価値観を合わせる
時と場合によって変化する状況
変化が多い、コロコロ変わる、不安定

③ペンタクルの3
部分的完成
ひとつの成果が出る
労働力、技術、向上心
またその表れ

努力により出せる結果
師弟関係

④ペンタクルの4
所有している物を維持する、守る
手堅い動き
執着
財産
遺産
相続

⑤ペンタクルの5
損害・損失を与える・受ける
失うことによる落胆、悲しみ
損失感
援助が必要になる

⑥ペンタクルの6
報酬を与える・受ける
受けるべき物を受ける
物質的獲得、繁栄・実り
同情
奉仕活動

⑦ペンタクルの7
現状・成果に満足しない
実力・能力に対する不満感
悩むだけで動かない
惰性

⑧ペンタクルの8
修業を積む、鍛える

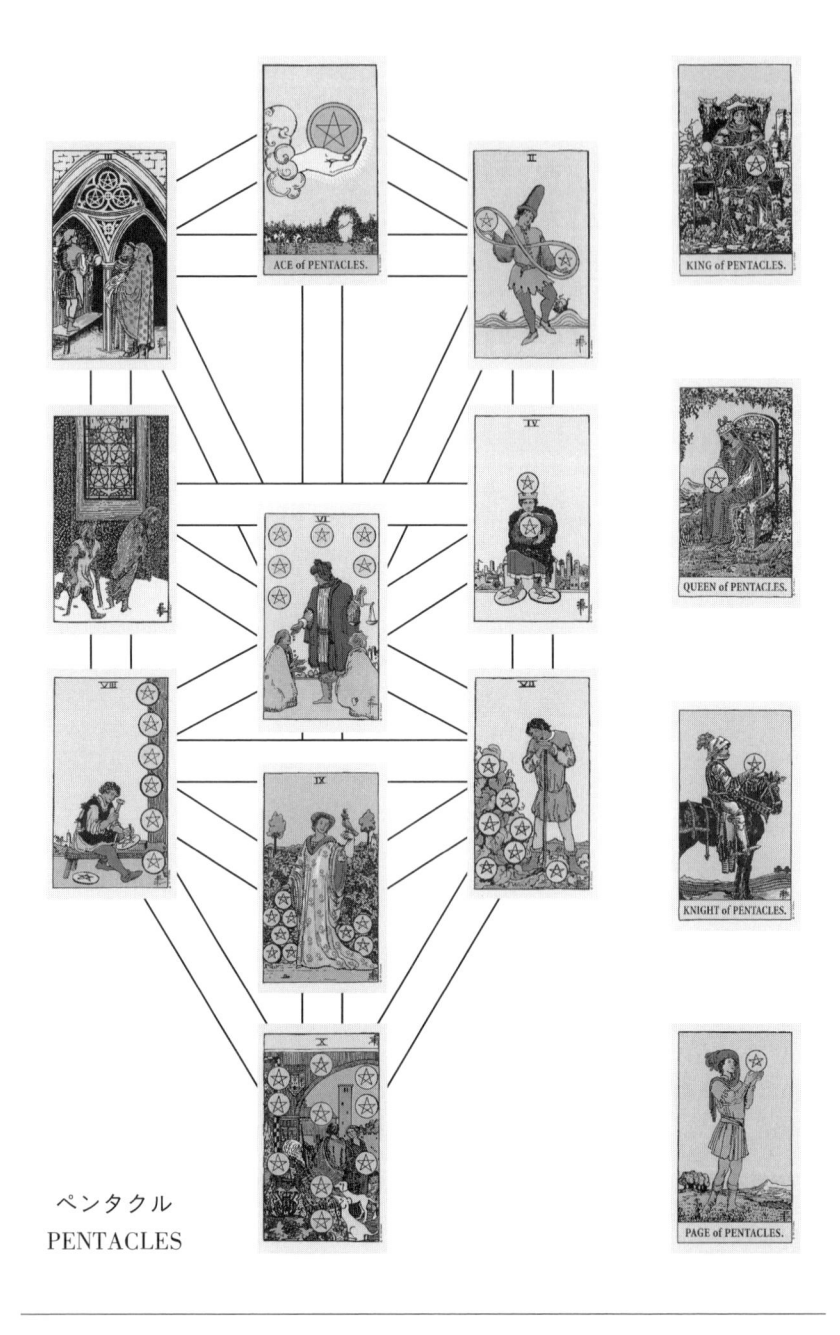

SEPHIROTHIC TREE　タロット解釈のための生命の樹

ペンタクル
PENTACLES

時間を掛けて実らせる
着実な努力
発展途上、準備段階

⑨ペンタクルの9
実力による引き立て・援助を受ける
またそれによる達成・成功
チャンスを摑む
確かな実力、成功の要素はある
準備が整い完成した状態
安全な状態

⑩ペンタクルの10
物事の達成、成就、獲得
利益
財産
親族に関する事柄
個人を越えた組織的な安泰・平和

　では次頁よりカードの絵柄をみながら小アルカナ各カードの象徴をくみとっていきましょう。
　樹の小径＝パスに配置した大アルカナの、樹を上昇するか下降するか、という秘教的で複雑な解釈に比べると、セフィロトに配置した小アルカナは、正位置はセフィロトのあるべき姿、逆位置はネガティブなありかただと比較的端的に解釈できます。よって「カードが示す事柄」のグラデーションに逆位置（リバース R）を示しておきます。

ACE of WANDS. ワンドのエース

■ Minor Arcana of Wands ■

✶ ACE of WANDS. ✶
ワンドのエース

対応セフィラー▶ケテル

対応惑星▶宇宙

絵柄の解説

エースのカードに描かれているのは全て右手です。右手に関する記述に以下のものがあります。

みぎ　右
座席では右は上位を示し、また側近の意味をもつ。「主がわたしの右にいます」（詩16：8）のも、イエスが「神の右に座す」（ロマ8：34）ことも、この意味より語られた表現である。右と右手は同じ原語であって、右手も聖書においては特別な使用法をみる。旧約新約ともに右手は強さを表す（ヨブ40：14、詩45：4、ルカ6：6、使3：7）、また祝福（創48：14）、受け入れ（マタ25：33）も暗示する。また強さのシンボルとしての使用より訴え（ゼカ3：1）、脅迫（ヨブ30：12）の形容もある。しかし神の右手は創造の大いなる業（イザヤ48：13）、民の救出（出15：6）に関連して語られる。

以上、聖書辞典からの抜粋ですが、描かれているのが、創世主のものであることが理解できます。
　創世主が、創造の源であるエネルギーの象徴を右手に持っている様が描かれています。状況としては、創造意欲、活力が沸き上がる状態と言うことになり、目に見えるような事柄は起こらない可能性があります。質問者や登場人物の意識、あるい見ている問題の性質が強まるようなことになります。それを前後左右のカードによって判断すると、ことが始まる、新たな出発などと表現することもできると言うだけで、何事も始まらない可能性もあります。

♣

カードが示す事柄

創造力、活力
直感の働き
強い意志、情熱

意思・動機・アイディアが沸く
発展する

未来への第一歩
はじまり
新たな野心・欲求・目的
芽生え

R

目的のないエネルギー
決意が揺らぐ

エゴ・プライド
自信過剰

精神性を無視する

生産力
精力、性衝動

成功、発見
芸術的なインスピレーション

困難が伴う目的や意志
遅延、衰退
敗北
不能、不毛、不妊

II of WANDS ワンドの2

■ Minor Arcana of Wands ■

✶ II of WANDS ✶

ワンドの2

対応セフィラー▶コクマー

対応惑星▶黄道十二宮

絵柄の解説

　白を基調としたこのカードは、「転換期、転機」を表します。ワンドのカードは、それを肯定的に取るか否定的に取るかは、他のスートとのバランス、周囲のカードに非常に影響されますが、この「ワンドの2」は最も注意が必要です。
　自らの意志に従って、人生に主導権を持つこと、志を認識すること、計画性のある目的の確立など、エースカードに方向性が加味された状態です。場合によっては、その計画に着手すること、第一歩を踏み出すことをも示すことになるでしょう。描かれている人物の様相、右手に抱くものは、彼がひとつの目的を既に完成させた過去があることを物語っています。横に佇むワンドがその表れでもあり、彼が他の人の意思には関与しないことの表れでもあります。白い百合と赤い薔薇は、自己の中で男性性と女性性を統合すること、すなわちあらゆることの可能性が暗示されているのですが、あくまで可能性であり、その方向性は祝福されていますが、その後の進展に関してまでは保証することはありません。

II of WANDS ワンドの2

起源の信憑性が謎に包まれた、薔薇十字の会を思わせるような、多少シニカルな印象があるのも特徴です。
出方が好ましくない場合は、無謀な計画性、遅延・停滞、強引さで失敗することになるカードです。

♣

カードが示す事柄

アイディアを実行する
責任感、実行力
指導性
支配・イニシアチブを取る
対外的な活動
（ウェイトに依れば「結婚」を意味するものではない）

達成、征服
成功に至る努力

計画性を持つ
初めの一歩
方向性の定まり

富と権威の獲得
意見の一致
合意を得る
前進

R

自信と動機の喪失
過剰な独立心・野心
空回りする

予想外の出来事
思い通りに行かない
障害、苦難
適切な手段を取らない

III of WANDS ワンドの3

Minor Arcana of Wands
✦ III of WANDS ✦
ワンドの3

対応セフィラー▶ビナー

対応惑星▶土星

絵柄の解説

　カードに描かれている、後ろ向きの人物は「内向していること」を表します。冒険、野心を抱くような人物が内向する——すなわち、描かれている彼の関心は、内になる野望に他なりません。セフィラーはビナーが対応しています。最初の形成、創世主の宇宙創造で言えば、陸地なり山河なり何かひとつ創り上げた段階、それによってさらに思惑が広がるような段階のことを指します。黄色の色調が際だっており、喜び感・達成感があることを保証しています。小アルカナも大アルカナ同様、カードの色味も解釈に含めるべきであることに変わりはありません。

　ある種の手応えは強いにしても、「ワンドの3」が示す事柄は、発展途上の段階です。先があることを象徴しています。質問者の目の前には越えるべきハードルがあるのです。第一関門を突破し、自信・実績を誇るのは瞬間のことで、次の瞬間からもうその先に見える到達地点を意識することになる質問者には、満足感よりも「もっともっと」と言うさらなる欲求を抱く方が強いかも知れません。非常に前衛

III of WANDS　ワンドの3

的な状態です。
　出方がよくない場合は、進展ではなく遅延、或いは、ひとりよがりになって暴走することなどを示します。目的意識と行動とのバランスを欠き、無計画に動いて成果を得られないことになります。

♣

カードが示す事柄：

目的を実行に移す
ひとつの結果が出る
実りと繁栄

第一段階に到達する
最初のゴール
計画の実行

成果がある
実りを手にする

R
前進できない
停滞、遅延

一貫性のない行動
ことばと行動が一致しない

思いこみの激しさで失敗する
自己中心的
無謀な行動に出る
波乱
困難
諦める、弱気になる

進展、発展する
展望が見える
さらなる前進を望む
さらなる野望を抱く

- Minor Arcana of Wands -
✦ IV of WANDS ✦
ワンドの4

対応セフィラー▶ケセド

対応惑星▶木星

絵柄の解説

　西洋占星術において、対応惑星の木星は、調和と拡大の星であり、自己の星と吉角を形成している時に、その人物は、障害のない安楽でスムーズな状態に置かれると言うのが定説です。

　絵柄も、遠景にフェスティバルでも催されているような風景です。田畑での実りを喜び祝うような、収穫祭と言ったところでしょう。太陽の光を象徴する黄色に彩られたこのカードは、まさに安楽な安定した状態を表します。4本のワンドと灰色の建物は、四大のバランスが取れた安定した状態、物質的にも満たされている状態を表しますが、ここにあるのはあくまでも日常的な落ち着き・安定感です。老若男女に共通の、誰もが良しとする一般的な幸せ感。まだその先に進むべき道があって不思議ではない段階なのです。

　対応するセフィラー、ケセドは平たく言えば、男性原理・能動的な柱に位置し、いったんセフィラー・ビナーの段階で形成されたもの・生じた事柄を、寛容さを持

って受け入れ維持する作用段階です。
　逆位置または周囲のカードによっては、寛容さが、甘い容認となり、受け身になり過ぎること、不活発、惰性に満ちた状態を表すことになります。
　また発熱など日常的な健康を害する時にも、よく出るカードでもあります。

♣

カードが示す事柄：

安定する
安楽、平和な状態

一段落する
順調である

計画、目的の達成
貫徹

繁栄、発展、増加していく

喜び、祝福

成功、完成、名声、
獲得したものの維持

おおらかさ、自己表現

美・文明・教養

R
上記の表現が弱まり、能動性に欠ける場合が多い

不安定
未完成
時期尚早

過剰・不要な装飾

儀礼的な名声・立場

Minor Arcana of Wands

V of WANDS

ワンドの5

対応セフィラー▶ゲブラー

対応惑星▶火星

絵柄の解説

　五人の人間たちが、それぞれワンドを振りかざして戦っている様が描かれています。誰もが「私が私が」と言った強い主張をぶつけ合い、折れようとしてない状態です。強烈な意志や野心に端を発した周囲との争い、人との不和、対立、個人の中の内的な葛藤や闘争を表すカードです。

　より向上したい、自分の主張を通したいと言うことから発する、有意義な奮闘である場合もあるでしょう。やり方を変え周囲と調和を取りながらやっていくことができれば問題がないはず、解決は可能なことが暗示されています。

　未来にこのカードが出ていれば、早急に対応策を施せば回避は可能です。何が解決になるのかを読み取ることが重要です。5人が同じワンドを持っていますが、役割分担を変えてソードやカップを持って見るのもひとつの解決にはなるでしょう。或いは統率者をひとり決めてその人がみなをまとめていくことも有意義な解決です──それが次の「ワンドの6」に現れている状態です。逆位置で出た場合、これに

続くカードによっては、闘争が治まって徐々に安定していくことにもなるでしょう。カードの出方が好ましくない場合は、私利私欲や欲望、自分さえよければいいような、我欲に根ざしている状態を指すこともあります。そこにあるのは無意味な戦いです。傷付く人が出たり、険悪なムードが漂うことになるでしょう。敗北を表すこともありますが、闘志を失ったり、もはや戦えない状態になるなど、自ら負けを認めざるを得ない、あきらめるということになります。

♣

カードが示す事柄：

人生における戦い
欲望に端を発する葛藤、闘争

喧嘩、騒ぎ　　　　　　　　　　状態を維持するための奮闘
不和、対立、闘争　　　　　　　試練

向上心による葛藤
現状への不満
責任の増加
R
混乱、混沌　　　　　　　　　　空しい戦い
過剰な闘志　　　　　　　　　　敗北する
　　　　　　　　　　　　　　　徐々に葛藤が消える
よこしまな考え　　　　　　　　状態が落ち着く
我欲性欲に振り回される

自己統制が取れない
自分を押し通す

VI of WANDS　ワンドの6

■ Minor Arcana of Wands ■

✲ VI of WANDS ✲

ワンドの6

対応セフィラー ▶ ティファレト

対応惑星 ▶ 太陽

絵柄の解説

　太陽神アポロンでお馴染みの月桂樹の冠をつけたワンドを片手に、馬を御しているひとりの人物が描かれています。先に出た「ワンドの5」の中で、主導権を得た者が、他の者たちを統率している情景です。状況をコントロールできるようになりますよ、とカードは物語っています。自信が得られることを示すカードであり、実際に力があることまでは保証しないことに注意して下さい。馬上の人物は、祭り上げられていますが、よく見ると馬が本物の馬ではないことに気がつきます。大アルカナに登場する馬、あるいは人物カードのナイトが御している馬とは明らかに違った描かれ方をしています。中には人がいることが伺えます。この人物は、一時的に支配権を得て、頭首として持ち上げられてはいますが、周囲のワンドを手にした配下にいる者たちが、いつまでそれぞれの野望を抑えているかは分からない状態です。それまでの楽観を示しているに過ぎません。よく勝利のカードとして、好ましく解釈されてはいますが、実際鑑定で勝利に至ったケースよりも、有利な状況になる程

度が多いと言うのが印象です。それが6のカードの対応セフィラー、ティファレトなのです。たとえティファレトの段階を示すものでも、それは一時的な状況であり、普遍性を示すカードと言うものはありません。セフィラーは、変容しつつ流出していく過程なのです。

　厳しい見方をすれば、このカードは、実力がない者の見た目の優位な状態、楽観しているだけの甘い状態を物語るようなもの。無理なことをひとりよがりになって、獲得しよう達成しようといるだけの場合にも頻出するカードです。

♣

カードが示す事柄：

主導権を持つ
ものごとの解決
自信を獲得する

勝利する
支配権の獲得
到達、達成する
コントロールする
満足感を得る
統制する

R
立場が悪くなる
実力がない
自惚れ、虚栄心

悲観、憂慮
心配事、不安
自己抑制
敵側の勝利、敗北
服従する

自由になる、自己の解放
楽観する
良い知らせ
交渉の成立

停滞する

VII of WANDS ワンドの7

■ Minor Arcana of Wands ■

✱ VII of WANDS ✱
ワンドの7

対応セフィラー▶ネツァク
対応惑星▶金星

絵柄の解説

　権力を手にした人物が、突き上げにあっているような光景です。自分よりも下位の者たちから攻撃を受けていること、奮戦中だが辛うじて優位であることを物語るカードです。「ワンドの6」で、祭り上げられた「勝利者／勇者」は、そのマントや王冠を剥いでしまえば、周囲の従者・平民たちと何ら変わらない、と言った様にもなります。カードの人物の実力に関しては、何ら優勢たる要素がないのです。そのため、見ての通りの状態、置かれている自分の立場や地位を守ろうと四苦八苦している状況を招くことになってしまいます。敵対するものを積極的に攻撃するのではなく、自分が痛手を負わないように、または攻撃を躱すことで精一杯の模様が伺えます。奮戦中ではありますが、守りの攻撃であって、好戦的・戦闘的なカードではありません。自分の立場さえ守れれば、現状が維持できればそれでいいということです。

　セフィラー、ネツァクには金星が対応しており、カードに示される行為が、地

位・名声に執着する欲望・我欲に根ざしていることが伺えます。
　カードの出方が好ましくない場合、周囲のカードによっては、無駄な動きやエネルギーを浪費していることが暗示されます。味方の存在に乏しいこと、孤独な戦いを強いられていることに焦点が当たる場合もあります。果ては、現状・立場を守り切ることができないこと、戦いそのものを放棄すること、消極性を表すカードとしても解釈できます。

♣

カードが示す事柄：

自分自身の立場や、
勝ち取った物を守るために奮闘する
立場は優位だが危険な状態

勇気・信念を持つ
妥協しない
抵抗する
守りの戦いをする

辛うじて事を運べる

R
守りきれない　　　　　　　　　優柔不断になる
　　　　　　　　　　　　　　　躊躇して機会を逃す
信念を捨てる
　　　　　　　　　　　　　　　戦いを避ける
臆病、弱気になる
思い切った行動を取れない　　　立場から退く

VIII of WANDS ワンドの8

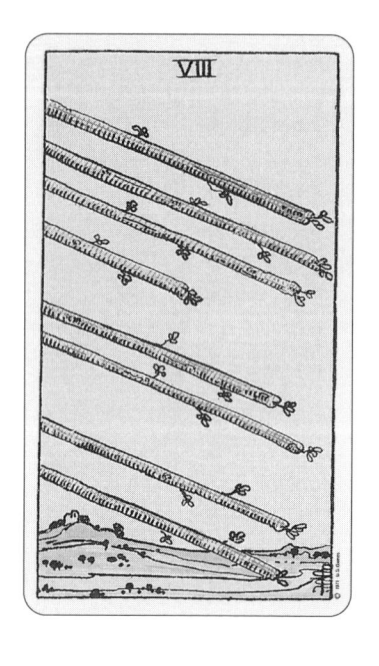

- Minor Arcana of Wands -

✲ VIII of WANDS ✲
ワンドの8

対応セフィラー▶ホド

対応惑星▶水星

絵柄の解説

「早期に事が進展する」カードです。前出した「ワンドの7」の状態、突き上げを喰っている状態を解決するには、崖の下にいる者たちに対して、その行為を辞めさせるべく上から圧力を加える――武力行使というひとつの策を、象徴的に描いたカードです。必ずしも力で解決をすることを示すわけではなく、当面の騒ぎや混乱・今ある問題が、早急な運びでしかも他動的に変化することを示すカードなのです。場合によっては、スムーズに順当にことが運ばれていくこと、「好転」を表すことにもなります。人物が描かれていないため、質問者や介在する人の意思による能動的な運びではないことが多いカードです。たまたま、偶然の流れで、玉突きのように事態が急展開していくこともあります。しかし一時的な展開であり、根本的な問題は解決していません。スピーディに現状が変わっていくことだけを物語っているのです。

　カードの出方が好ましくない場合は、文字通り好ましくない急展開、或いは質問

者の動きにスピード感が欠けること、事態に対して機敏な動きができないことを表します。

物事の展開に対する放棄、開き直って立場も地位も捨てることで、問題を解決するという解釈もあります。無秩序な混沌とした状態が続いていくことになるでしょう。

♣

カードが示す事柄：

迅速な変化、解決
結果がまもなく出る

成功につながりうるチャンス
好機、物事に適した時

障害がないこと
速やかな進展

直感的な動き　　　　　　　　　　電撃的な展開
動きがある、加速する　　　　　　海外・飛行機を利用した移動や旅行

R
開き直る
立場を捨てる

動きがない　　　　　　　　　　　活力が使い果たされる
迅速に動くことができない　　　　無益な衝動的行動

方向性の欠如　　　　　　　　　　いざこざが生じる
直感の欠如　　　　　　　　　　　邪魔が入る

IX of WANDS　ワンドの9

Minor Arcana of Wands

✢ IX of WANDS ✢

ワンドの9

対応セフィラー▶イェソド

対応惑星▶月

絵柄の解説

　カードに描かれている人物は、包帯を巻いています。ケガをしていること、すなわちハンディを背負っていること、立場が不利であること、劣勢下にいることが物語られています。それでも、敵に対して強く出る、抵抗する、妥協しないと言う点では、「ワンドの7」に類似するところですが、既に傷を負っているという点が違っています。もう打つべき手段はない模様です。周囲を敵陣に取り囲まれ、逃げようがない状況にあり、この人物も周囲も互いに相手が降服するのを待っているだけの動きのない状態。降服しようとしない人物の内面は非常に頑なになっていることが伺えます。行き止まりまで追いつめられも屈しない精神力、障害を理由に勝負を降りないことを表すカードになります。

　好意的に解釈すれば、不屈の精神、まだ完全に負けたわけではないこと、敵に勝つには敵の方が先に降参するのを待てばよいのだと言う発想にも焦点が当たります。

IX of WANDS　ワンドの9

逆位置で出た場合、正位置よりも、さらにハンディの度合いが強い、尋常でないことをも表します。そして頑迷な気持ちのまま、無理強いをして物事を進展させようとする、ごり押し状態であること、がむしゃらに自分を貫き奮闘することによって、さらに自分の立場が弱くなり、力を消耗し、どんな相手とであっても敗北に通じるような、無理・無駄をしていることに通じていきます。

♣

カードが示す事柄：

傷を負う
追いつめられた状態
最後の力を振り絞っての抵抗
やれることをやり尽くした状態

やるだけやって結果を待つ
もう手がない
頑迷になる
動きのない奮戦
待つしかない
妥協しない

R
負けゆく過程
柔軟性が皆無

敗北
傷つけられる
災難に遭う
ハンディを負わされる

行き過ぎ、やり過ぎた行為

危険な状態

敵が敗北する可能性

X of WANDS　ワンドの10

- Minor Arcana of Wands -
✢ X of WANDS ✢
ワンドの10

対応セフィラー▶マルクト

対応惑星▶地球

絵柄の解説

「自分が自分が」と言う我欲の強さが、無理な事柄を自ら背負い込んでしまった状態です。キャパシティを越えていること、放棄するしかないくらいの精神的負担と苦痛に悩んでいる状態です。大人数の人間たちを統率すること、誰もがひとりひとり自我を有した生命体であるわけですが、その集合体をひとりで統率・管理し、動かしていくには限界があることを物語っています。

「ワンドの9」に示された事態を、たったひとりの人間が対応を任されたようなところですが、ここには必ずしも、他人からの悪意も、敵対している人間関係などがあるわけではありません。

このカードが出た場合、今抱えている問題が質問者にとっては荷が重すぎること、精神的に相当こたえていること、やり方を変える必要があること、時と場合によっては問題を放棄しなければならないことが強調されます。

先述したように、人物が後ろ向きで描かれているカードはその人物が自身の内面

X of WANDS　ワンドの10

に焦点を当てていることを意味します。すなわち質問者はもう既に無理を背負い込んでいることは承知しているはずです。そこには、物事を放棄できない、背負い込んだワンドを放り出したくないと言う葛藤があるのです。本人が「ワンドのエース」に根ざした、強力な熱意を持ってスタートした事柄であるからでしょう。まず質問者の心情に同調して、その気持ちの矛先を変えていく必要があります。

　逆位置の場合は、自ら背負い込んだと言うよりも、単純に「課せられた」「強いられた」要素が強い場合と、苦痛のピークは過ぎ、段々楽になっていく場合があります。

♣

カードが示す事柄：

ひとりで背負い込む
その個人には重過ぎる責任、
　プレッシャー
立場上、逃れられない重荷

前途多難、
抑圧される、窮屈な状況
乗り越えられるが、
　ギブアップする可能性の方が強い

R
（重荷という意味は変わらないが、自
　ら背負い込むと言うより、立場上或
　いは誰かの犠牲になっている場合が
　ある）

押しつけられた困難
他人のせいで苦しむ
トラブル、裏切り・反逆に遭う
被害を受ける

腰が重い
鈍い、動きが取れない

これ以上進めない
倒れる一足手前
当てにならない・信用できない状態
当てがはずれる
これ以上の苦痛・困難はない
あとは浮上するだけ

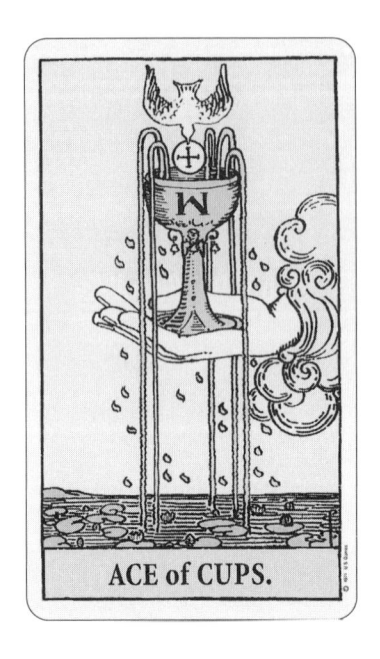

■ Minor Arcana of Cups ■

✻ Ace of CUPS. ✻
カップのエース

対応セフィラー▶ケテル
対応惑星▶宇宙

絵柄の解説

　カップに書かれている文字は、「水」を象徴するアルファベットM、ヘブライ文字メムに相当します。また、「処女マリア Maria Virgo」ということばに由来して、MとVとの合成文字であるとも、VirgoのVが2つ重なることの象徴、或いはMariaとNike（勝利）のMとNとの結合だとも考えられます。水は「受動性・柔軟性・愛情」の象徴。人間の精神機能としてはその情動を司る部分になります。鳩は宇宙創造の源のシンボル、コズミックサークル（⊕）を口にしていますが、その鳩を待ち受けるかのように、「M」の文字が上を向いて書かれている様にも見られらます。いったん昇天した生命が、受胎する光景なのではないでしょうか。
　カップすなわち水のカードが表すことは、人間の好きか嫌いかによる感覚的な判断に根ざした行為です。ワンドもソードもペンタクルも、ある物事・人に対しての、好き嫌いを示しうるものですが、カップの性質からは、何であれ対するもののために涙を流せるか、というような愛・慈しみの心を指します。涙、体液、水の部分で

Ace of CUPS. カップのエース

関わり合えるか、です。
　母なる海のような諸力が沸き上がる様が描かれているカードであり、従って出来事としてどのような表現ができるかと言えば、相談内容によって千差万別です。
　逆位置で出れば、カードが表す元々のことを否定するか、弱まることになるかです。

♥

カードが示す事柄：

人や物事に対して愛情を抱く、情が深まる
満足、喜びを感じる
心温まるできごと
愛情の強まり
好ましい愛情の形
心と体の一致した愛情
人類愛
平和、自由な状態

人を思いやる行為
温かい心で接する
受け入れる
情動、感受性の作用
自由、希望のある状態
芸術、美

R
不安定
感情が揺れる
偽りの心、愛情
閉鎖的、心を開けない
鈍感
当座は進展しない
落胆、失望する

II of CUPS カップの2

■ Minor Arcana of Cups ■
✢ II of CUPS ✢
カップの2

対応セフィラー▶コクマー
対応惑星▶黄道十二宮

絵柄の解説

　杖は、古代エジプト時代より知恵の象徴でありましたが、カドゥケウス・ヘルメスの杖とも言われる杖と、翼のついた聖獣の象徴図は、「運命の輪」でふれたように精神の「昇華」を表しています。蛇は、錬金術においては、即物的な本能にたとえられ、進化することによって蠍となり、さらに鷲と変成して天に上昇していくもの。二者間にある愛欲が昇華する過程が示されています。
　男性原理と女性原理が好ましい結合をすることによって、自己の中の生命力を輝かせることを表しているカードですから、結婚や性的な結びつきを越えて、精神の融合を表し得るカードなのです。
　このカードの基本は、ふたりの人間が同等の愛情を注ぎ合うことですから、男女間の事柄以外の件を見ている場合、相手が同性の場合は、友情や共感を抱き合うこと、意見が一致することなどを表します。
　仕事面などでは、周囲や相手と好感を持ち合うことを示し、特に何も仕事上の成

果があることなどは保証されません。
　カードの出方が好ましくない・逆位置で出た場合には、二者間での愛情の不一致、愛を受けられないこと、伝えられないこと、または不純な形で結ばれることなどが現されることになります。

♥

カードが示す事柄：

二者の間での愛情の交換
誰かに対して愛を抱く
双方等しい愛情を交わし合う
友愛の情を抱き合う
交友関係を結ぶ
交流する
共感する
希望を持てる間柄
情熱と精神性との均衡
養育する

R
不適切な愛情
アンバランスな人間関係
愛を受けるだけ、与えるだけ
過度に依存する
極度に感情的になる
愛情が冷める
不満
怒り
対立・亀裂
絶交

■ Minor Arcana of Cups ■
✢ III of CUPS ✢
カップの3

対応セフィラー▶ビナー

対応惑星▶土星

絵柄の解説

　セフィラー、ビナーにおける作用は、最初の形成段階です。到達し得る最高点、完全なる段階ではありませんので、当事者の意識としては穏やかで平和的な心地いい状態と言うことになります。
　対応している惑星は、試練を表す土星。どこかに妥協や忍耐も必要であること、その基盤があって始めて物事が成立する。そのような感のある満足だということです。
　また、ある事柄に関して、ひとつの結果が出る段階であり、問題への解決策が見つかること、事態が安定することをも示します。
　基本的には、複数の人間との友好的な状態を示すカードですから、簡単に言えば、「カップの2」が二者の間でのことだったのに対して、さらに多くの人との広い人間関係を指すと言ってよいでしょう。広さの分だけ、内容は希薄になります。親密さと言うよりは、楽しさ・快楽の度合いが強調されます。周囲の仲間たちとの楽し

い雰囲気、協調性や調和の取れたのどかな状態を物語ります。友愛、仲間・グループ意識を持ち合うごく日常的なありふれた状況でもあるのです。

　カードの出方が好ましくない場合や逆位置の解釈としては、不調和・不安定な関係や、解決策が見つからず落ち着かない状況、楽しさ志向が裏目に出たルーズ、堕落した状態などを表すことになります。

♥

カードが示す事柄：

周囲との調和
平和、友好的な関係・状態
安らぎ、喜び、豊かな感情
対人関係の広がり
交流する
友だち関係・グループ・家族
賑やかな楽しさ
深いコミュニケーション
連帯・援助・社会活動
慰め、治癒、回復

成長
平和になる、落ち着く
調和的・平和的解決
調和がもたらされる
創造性

R
不和、不仲、アンバランスな関係
他者に依存する
人間関係における不調和
中途半端な状態
惰性
結論が出ない
滞る、遅延
無関心・閉鎖的になる

IV of CUPS　カップの 4

■ Minor Arcana of Cups ■
✲ IV of CUPS ✲
カップの 4

対応セフィラー▶ケセド

対応惑星▶木星

絵柄の解説

　腕組みをして、何か思案中の様子ですが、どうやら目の前にある3つのカップには、今ひとつ手を出す気にはなれないこの人物。そうかと言って、この人にとっては、「カップの3」でさえも喜びとはならない。喜べない、つまり感覚が鈍くなっているとも言い換えることができます。そうかと言ってカードの人物は、創世主の差し出す第4番目のカップにさえも見向きもしないのです。何を求めているのか、何を喜びとするのかが分からなければ、動きようもありません。「隣の芝生はよく見える」と言うような、要するに無いものねだりをしている状態でもあるでしょう。別段支障や困難があるわけでもないのですが、当人が現状をよしとしないと言うのがこのカードの状態です。手にしている物事に飽きる、何かもっとよいもの、刺激のある喜びを求めるような心情を表しますが、解決する方法は、この人物自身の「気持ちの持ち方」次第。手にしているカップの中身をよく確かめること。また、本当に喜びとするものが何なのかを、考え出すことも大切でしょう。

IV of CUPS　カップの 4

　逆位置で出た場合、じっと座っていることをやめて動き出すことに焦点が当てられます。しかし、この人物が動き出す時は、現状にしびれを切らせてやむなく腰を上げる場合が多いようです。
　このカードによって、前出の「カップの 3」の喜び・快楽の程度を理解することができることでしょう。

♥

カードが示す事柄：

喜べない、不満足の感を抱く
何が喜びなのか何を求めているのかが
　分からない
現状よりよい状態を望む
満たされているが幸福感がない
穏やかな状態、親しい間柄に飽きてくる
新鮮味がない
感受性の鈍化、麻痺
倦怠・飽き・惰性
マンネリ傾向

自分の世界に籠もる
動きがない
心を閉ざしている

R
不節制になる、不健康
動かざるを得なくなる
閉鎖的な状態から抜け出て社会・周囲
　と接触を持つ
変化
いやいや着手せざるを得ない状況に追
　い込まれる
新しいものを求めて動き出す

V of CUPS カップの5

■ Minor Arcana of Cups ■
✢ V of CUPS ✢
カップの5

対応セフィラー▶ゲブラー

対応惑星▶火星

絵柄の解説

「本人が願っていることが叶わない」のがこのカードです。何に関して出たのかが重要。それ以下の判断をしがちなので注意しましょう。黒いマントに包まれた人物は、まるで喪に服しているかのようです。確かにこの人物の胸中は、愛する人を失った暗さに相当することでしょう。足元にある、3つの倒れたカップがこの人物の落胆と損失を表しています。しかし背後には、まだ2つのカップが立っており、残された希望や可能性があることをも示しています。川の流れが、時間の経過によってその気持ちも癒えること、新たな希望を持てることを示しています。客観的にはそんなに憂鬱になるほどの出来事ではないのです。とは言っても、何であれ失望した時の人間とは、死を考えたり暗闇の地の底に突き落とされたようになるのが常です。そんな思いを味わいますよ、と言うようなカードです。ガッカリすることや、今の願望そのものは叶わないかも知れない。もう少し別の形で成就させようとするか、何かやり方を変えるなりすればいいだけの状況でしょう。

失うものと同時に、別の得るものがあることも伺えます。
現状のままいては、望みは叶わないことだけが強調されているのです。
絵柄の人物のように、自分の内面の悲しみや辛さにばかり焦点が当たっていることも表します。もう少し心にゆとりを持ちましょう。あなたと同じように、誰もが希望を叶えたいし、悲しい思いをしたくないと考えているのです。独りよがりが、この失望感の原因なのですから。

♥

カードが示す事柄：

願いが叶わない
失望、落胆する
期待が破れる
期待はずれ
残念な結果
厳しい現実
少ない成果
一部損失
僅かだが可能性は残される
夢を別な物に置き換える
遺産・遺言、伝達
辛苦と苦痛を伴う結婚
　（ウェイトによる）

R
重い喪失感
失望するが、別の喜びに気づく
諦められない
未練が残る
新しい関係
希望が湧いてくる
去って行った人・物が戻る

VI of CUPS　カップの6

■ Minor Arcana of Cups ■

✧ VI of CUPS ✧

カップの6

対応セフィラー▶ティファレト

対応惑星▶太陽

絵柄の解説

　他のカードとは一風変わって、幼い子供達の姿が描かれています。年上の子供が小さな妹にカップを手渡している模様です。「カップの2」のカードと見比べてみましょう。異性と異性が、愛を交わし合っているカードでしたが、この「カップの6」では近親者同士、或いは幼友だちに対して、慈しみの情を抱くことを示します。親密ながら性愛の要素はなく、家族を思うような人の状態を表すカードなのです。背景の古びた建物が太陽の光の色味に染まっているところから、古き良き昔を暗に示していることも伺えます。現状には、過去における何某かの出来事や影響力が働いていること、すなわち昔の自分や、以前どのように考え行動していたかを振り返ってみること、もっと純真な気持ちに帰ってみることを促すような場合もあります。状況としては、心温まる穏やかな状態に落ち着くはずです。周囲のカードの出方次第で場合によっては、人との関係が家族のような親密さに進展すること、すなわち結婚したくなるような思いを抱くとも解釈することが出来るカードです。

VI of CUPS　カップの6

出方が好ましくない・逆位置の場合は、情と言っても、体裁からの同情、親密さは浅いものになります。過去と言うものに無駄な執着をしていたり、子供っぽく人に依存するようなことをも表します。もう過去を振り返っても役には立ちません。もっと未来へ目を向けるようにとの警告にも相当します。

♥

カードが示す事柄：

郷愁：故郷に帰りたくなる気持ち
家族愛、親愛の情を抱く
過去を振り返る
現状に影響を与えている過去
昔の思い出
親兄弟を思う気持ち
深い情、慈しむ心
家族のような関係
幼なじみ
昔なじみ
帰省する
継承、受け継ぐ
血縁者
古き良きもの

R
過去の考え・やり方が役に立たない
過去に無意味に執着する
憧憬するだけ
当てが外れる
依存しすぎる
無慈悲な仕打ち
情け、同情

Minor Arcana of Cups

✱ VII of CUPS ✱

カップの7

対応セフィラー ▶ ネツァク

対応惑星 ▶ 金星

絵柄の解説

　名声、富、栄誉、誘惑、永遠、恋人……様々に、人間なら誰しもが夢見て求めるであろうものがカップに入って描かれています。それぞれのカップは、濛々たる煙に巻かれています。影になって描かれている人物の、まさに闇の側面が生み出している夢想の世界です。人物は地上に居ながらにして、非存在も同然に描かれているのです。騙し騙されるような事態をも招きかねません。中央に描かれている中味の分からないカップに、この人の関心は注がれています。周囲のカップに優る何か素晴らしい途轍もない宝物を、想像しているのですが……非常に漠然としていながら、質問者には絶対的な確信があって、その空想を止めることをしません。

　精神性の弱さ、現実逃避という意味合いから、しばしば、依存症、アルコールやドラッグに溺れるような事態を表しうるカードです。

　このカードを逆さまにしたときに、中央のカップの中味は明白になります。人はそこで意識が目覚めた自分自身と対面するでしょう。全てが決して叶うことのない

夢想だったと知らされることになり、次第に現状認識のピントが合ってきます。自分自身が、何を求め何を考えて行くべきかに気がつくことでしょう。この段階に到達することが、質問者にとっての解決であり、第三者からの様々なアドバイスは往々にして無駄にされてしまいます。絵の如く何か素晴らしいものを手にしたいと言っているだけで、実際それに相当するものなど有りはしないのですが……。

♥

カードが示す事柄：

幻想、妄想状態
夢を見ている
現実が見えていない
優柔不断
迷っている
決められない
非現実的な願望、望みを抱く
自己欺瞞
夢に終わる
妄想
依存症
アルコール・ドラッグなどへの依存
精神的な病

R

幻想・妄想に気づく
目が覚める
現実を知る
夢を追っている自覚
目的がはっきりする
決意、意志
計画が具体化する

■ Minor Arcana of Cups ■

✦ VIII of CUPS ✦

カップの8

対応セフィラー ▶ ホド

対応惑星 ▶ 水星

絵柄の解説

「カップの5」と「カップの3」のカードを並べて「カップの8」を見てみましょう。現状に対する失望と落胆。しかしまだ救いはあるし、客観的にはそれ程落ち込むべきことではない状態です。失うものはあれど、質問者には未だ希望もあるのです。8個のカップは整然と重ねられています。ある種のバランス、安定を読みとることが出来ますが、カードに描かれている人物は、自らその場を離れていきます。求めるもの、幸せの条件が変わってしまえば、問題のない調和の取れた状態でも、その場にいても意味がなくなってしまいます。持っているもの、環境に意味・目的・興味を失うことを物語るカードです。「カップの7」で逆さまになって空になったカップ——つまり破れて当然の期待や幻想——を、いつまでも未練がましく保有していても無駄である、と当事者が踏み切りをつけるしかないことをこのカードは暗示しているのです。しかし、質問者にも環境にも問題があるわけではないのです。時の流れの成せる技であることが月の絵柄によって推察されますが、この月の

素顔はこの事態に同情の余地がないことを、諦めて当然の状態だと言っているようです。描かれた人物の衣服は赤。流されていくのではなく、その人なりに動こうとすることには確かな動機があることを物語っています。
　逆位置で出ると、その動きを強いて出来ないこと、人物の閉鎖的な心理が、徐々に殻を破るだろうと判断します。

♥

カードが示す事柄：

考え方・視点が変わる
現状へ背を向ける、関心が薄れる
今ある物が古い物になる
他の物へ関心が移る
確立された関係や対象に背を向ける
不可能な夢を追っていることが分かる
諦める、放棄

未来に対する大きな期待から、
　現状に対する幻滅が生まれる

R
手にしているものを手離す・放棄する
可能な理想を追求している

諦めに至るまでの不安と不満
または、それが解決し光が見えてくる

新たな関心が出てくる
それが達成した幸福・大きな喜び
目的の達成、実現

物質以外のものへの関心

真に大切な物、魂の本当の目的が満たされていない

社会的な付き合いに興味を失う

社会的な人との関わり
楽しい時間を過ごす、気を紛らわす遊び

IX of CUPS　カップの9

■ Minor Arcana of Cups ■

✣ IX of CUPS ✣

カップの9

対応セフィラー▶イェソド

対応惑星▶月

絵柄の解説

　成功し、満足そうに微笑む人物が描かれています。彼は、チャンスによって成功しました。充実感に満ちています。「カップの8」のカードを思い出して下さい。そこでは、聖水が入っているカップを求めて、ある人物は葡萄酒のカップを捨てることにした、しかしその捨てられた葡萄酒のカップで一発当てた人がいた、商売に成功した人物がいた、というような状況です。人が放棄したものに限りませんが何であれ、上手に流用・活用して富を手に入れることができたのです。78枚の中で唯一、タナボタ式の幸運、願いが叶うことを表しているカードです。「カップの8」のカードに、もうひとつのカップを加えるという知恵、「カップの4」ではある人物がやはり興味を示さなかった、拒絶した神の手によって差し伸べられるものを素直に受け入れること。あるがままの状態・環境を受け入れてしまうことが、幸運の鍵だとのメッセージでもあります。セフィラー、イェソドは、マルクトに至る前段階であり、対応惑星は月。いずれにしても変化しやすく、一定しない状態を指して

います。ただ、精神的に満たされることを保証しますが、言って見れば主観的な満足・幸福感に焦点が当たり、そのとき望み通りの状態になるかは保証していません。

逆位置になると、チャンスは到来しないでしょう。期待はずれの結果に終わることが予想されます。人間関係には依存や期待が蔓延した、不平不満が多い状態になってしまうでしょう。

♥

カードが示す事柄：

満足・快楽
幸福感を味わう
チャンスによる願望成就
努力・実力とは関係なく願いが叶う
チャンス、ツキがある
形はどうあれ充実する、満ち足りる
慈悲深さ、親切心、精神の寛大さ
愛情に満ちた性質・状態
これらの気質を育む環境
健康になる
成功への環境が整っている

R
自己満足・虚栄
願いが叶わずがっかりする
失敗、不完全
不満が溜まる
独り占めしようとする
快楽に溺れる
甘え、浪費・依存する

■ Minor Arcana of Cups ■
✲ X of CUPS ✲
カップの10

対応セフィラー▶マルクト

対応惑星▶地球

絵柄の解説

　充足している、足りている、満たされていることを表すカードです。例えば、あなたにとっての「幸福とは？」いくつか箇条書きにできると思いますが、その条件全てが満たされているような状態を示します。現実的な解釈の仕方は、あることにおいて「こうなったら……」と望まれている事柄は成就すると言ってよいでしょう。そしてその時には、他にも「喜び」「成果」を示すカードが周囲に見られることでしょう。精神・感情的な満足感、幸福感を得られる出来事・状態へと到達し、主観のみならず客観的にも「幸せそうだ」と感じられます。場合によっては、物質面・世俗的な反映を伴うことにもなります（ex.ペンタクルのカード）。
　手持ちのカップがひとつ残らず満ちている、個人の幸せの条件が整っている状態ですから、「もともとの望みと形は違っても、自分が満足するならそれでよい」という条件の人には、案外頻繁に出ることになります。個人差はあるが、個人の最高の満足感というものに焦点が当たっており、その質・内容は時にまちまちでもあり

ますが、それに見合う現象は起こるのです。到達すべき最終段階をも示し、過去や現状にこのカードが出てしまうと、限界や行き止まりを表すことにもなるのは、大アルカナ「世界」に類似しています。個人を越えた幸福を表すことから、親族・一族・コミュニティの充足をも表します。

　カードの出方がよくない、逆位置で出た場合には、満足感が得られず落胆することになります。家族間のトラブルや、人間関係の摩擦を表すこともあります。

♥

カードが示す事柄：

幸福な状態
充実・満足する出来事、状態
全てが満たされる
個人を越えた幸福
幸福の基本条件が満たされている
家族や友人たちの親愛関係
結婚など、永続性のある協調関係
家族的・一族の喜び

R
変化の兆し
秩序が保たれない
不満が出てくる
失望する出来事
見せかけの幸福
親しい人たちとのいざこざ
家族的・親族的な争い
争いの絶えない環境

カード解釈のポイント3 ──READING-TIP 3
〜実践鑑定者からの質問〜

78枚フルセット使用する実践例

Q「78枚全てを使うスプレッドで、大アルカナばかりが出た場合、変えられない未来を暗示するのですか？」

ここまで読み進めてきた方なら問うはずのない質問ですが、答えはNOです。
しかし、ケルト十字で10枚全部が大アルカナとは言わなくても、8枚程度でしたら結構出るものですが……。
数字的に見ると、小アルカナ4枚に対して大アルカナが1、2枚あるのが自然なバランスです。10枚中、4枚程度の大アルカナが出ることになりますが、それ以上極端に多くでた場合は見方を変える必要があり、**バランスを欠いたスプレッドであることに着目すべきです。**
カードからは「洞察しろ」と言う強いメッセージが受け取られます。
大アルカナを主観的なカードだとすれば、質問者当人のバランスの欠如を強く訴えているわけです。
現在非常に動揺しているのか、今後葛藤が生じてくるようになるのか、思い込みが激しくなっている可能性もあります。質問者の状態と、その件に関してどう思っているのか、カードを切るより質問者の気持ちを解放することが要されていると、私は判断します。実際の鑑定とは癒しにも似た要素があり、カードを切って欲しいというのは二の次で、「悩みや考えていることを聞いて欲しい、わだかまりを打ち明けたい」だけの来訪者が数多くいらっしゃるのが実状です。

Q 「78枚全てを使うスプレッドで、小アルカナばかりが出た場合の解釈は？」

　色々な出来事が起こりそうですね。しかし日常生活は出来事の連続なのです。
　ハッキリ時間を設定して切ってあるはずですから、期間内に、どんなことが起こってくるのか質問に沿って具体的に紡ぎ出すことが大切です。そのような出来事の連続の中で、**質問そのものの中味・内容、例えば「不倫問題」なら「不倫」という内容は変わらない、解決・一段落がつかないままなのです。質問者が翻弄されないよう、主体性を持つ必要があることの表れです。**その件に関して、どうしていきたいのか方向性を意識するようにとのアドバイスを欠かさないで下さい。
　もうひとつは、質問が、不確定要素の強い事柄であることの表れでもあります。質問者自身も漠然とどうなるかを見たいだけ、実際にはあまり関心がない事柄を見たような場合、或いはまだ、何も始まっていない事柄などを見ると、小アルカナばかりが出る傾向はあります。

Q 「スプレッドしたカードが全て逆位置だったら？」

　天頂と天底とが入れ替わっていること、すなわち何かがおかしい、そこに不合理であることや、曲解されている要素があることを感じて下さい。それはその質問そのもの、或いは質問者の問題に対する接し方・捉え方なのかも知れませんし、質問者と関わっている人との間にある誤解や見えていない真実が象徴されている場合もあると私は判断します。
　また、この場合は往々にして、スプレッドした本人の精神状態にその原因があることがあります。疲れていないでしょうか？　私は鑑定が10人続いたり、或いは質問の内容などに緊張感があって動揺している時などに、よく起こる現象としても体験しています。少しリラックスして、もう一度切り直してみるのもよいと思います。

78枚の効果的な使用法

　タロットの鑑定では、ひとつの相談につき、何回かカードを切ることになります。

READING-TIP 3　カード解釈のポイント3

　大アルカナと小アルカナを分け、問題の性質や状態、その流れなどを端的に出し、出た事柄、もしくは出た中の特定の1枚のカードについて、さらに詳細・具体性のある事柄を、小アルカナで見ると言うやり方が妥当でしょう。

実践例

Q1「現在交際中の男性との今後を知りたい」
　私にとっては数年来のおつき合いがある、友だち感覚で接している女性からの相談。同じ男性とのことで、何度もカードは切っています。ふたりの未来に「塔」が出たこともありましたが、彼女曰くその時には本当にもうダメだ、と思ったそうです。しかし、時間の経過により状態も変わり、なんとか再び交際を再開するようになったのです。彼女は30歳で、相手の男性は32歳で、今度は結婚の可能性をみたいとのこと。しかしこれまでの経緯と男性側の性質から、かなり結婚に関しては難しいだろうと、その方は思っている状態です。
　まず、「ふたりの交際について」をケルト十字・スプレッドで出してみることにしました。設定条件は、「ふたりの交際」の一点のみです。

カード状況

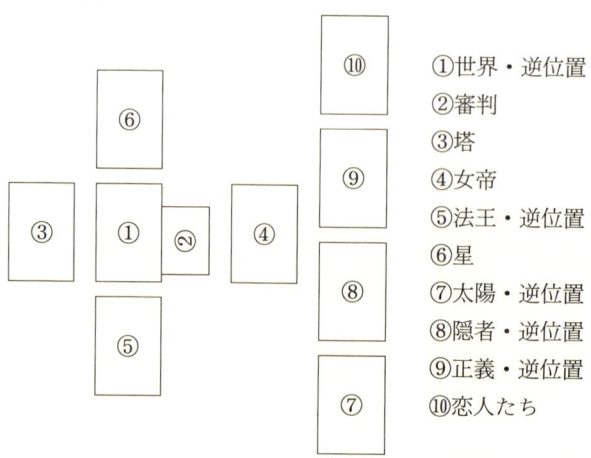

①世界・逆位置
②審判
③塔
④女帝
⑤法王・逆位置
⑥星
⑦太陽・逆位置
⑧隠者・逆位置
⑨正義・逆位置
⑩恋人たち

これまで比較的「くされ縁」に近い仲であったふたりの再出発ですが、

①は残念ながらこの先がないふたり、どこかに限界のあることを象徴しているよう。
⑥ふたりはつき合っていて決して、暗い悲しい状態には陥らない模様。引かれ合うも、魅力をそれぞれ感じ合っていることが伺えます。しかし、
⑤は、やはり法的な結びつきが困難であることの象徴だと取るのが妥当でしょう。
③前回来訪された時、未来カードに出ていたこの「塔」が、今回のふたりの過去にでているのは、興味深い気がしますが、実際よくある現象です。
過去において、交際が緊迫して大きな衝突があったふたりです。
④単純におつき合い自体は、続くことになるでしょう。「受動性」を象徴するカードですから、お互い相手任せの印象が強く、会っている時は充実するものの疎遠になりがちだと判断できます。
⑦では、質問者自身「結婚」には決して前向きではない。
⑨からは、相手が誰であっても今は未だ結婚の準備が出来ていないと伺えます。
⑧このカードをことばにするのが難しいところですが、相手の男性の立場から言うと、この質問者の女性が重い存在であること、⑥ふたりの今後と⑦質問者のカードが相手に愛情を押しつけるという感じではないので、性格的な問題だと推測できます。男性が理解しがたい言動を彼女が取っているとも判断できます。このカードが出るからには男性の方もいい加減に考えているわけではないことは確かでしょう。
⑩ここに至るまでの縦一列のカードが全て逆位置であり、ここへ来てパッとこのカードが正位置で出たときに「やはり恋愛止まりだろう」と直感しました。それを、④と⑤のカードが強調するでしょう。
②は「割り切ること」と解釈できます。

Q2「それでも取り合えず交際は続けていきたいが、続けていった場合の今後どうなるか、また問題が起こって揉めたりしないか」
　を見て欲しいとのこと。

　そこで、上記スプレッドの⑥を象徴カードとして、このカードに関して、分けてあった小アルカナ56枚をシャッフル・カットしてフォーカード・スプレッドを展開しました。

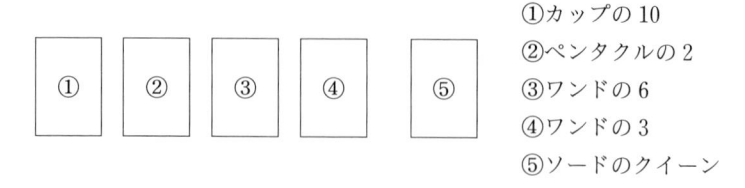

READING-TIP 3　カード解釈のポイント3

　　①　　②　　③　　④　　⑤

①カップの10
②ペンタクルの2
③ワンドの6
④ワンドの3
⑤ソードのクイーン

①やはり、現状の先がないかも知れないが好きな相手との交際は充実している模様です。
②見た目の調和と一緒にいるからには楽しみたいという姿勢で、臨機応変に相手に合わせてつき合っていく、相手次第というふたり。
③調和のカードですが、自分が主導権を持つことによる調和であり、
④それを実行し行動している状態ですから、ふたりがそれぞれ主体性を持って会いたいときに会うような、少し距離を置いた交際になって行くことが伺えます。
　前に出した大アルカナのみのスプレッドを踏まえた解釈からはずれないように。

　前回のスプレッドがなければ、
④は、ふたりがそれぞれ別の交際相手へと向かって行くことも伺えます。ここまでで特に対立や摩擦を伺わせるカードが出ないので、いい異性の友人関係へと変化して行くとも解釈できます。
⑤質問者の女性が、きっぱり縁を切ろうとするところまで続けられるのでしょう。先のない、ともすれば曖昧になりがちな男女関係に、どこまで性格的に潔癖な質問者が妥協していられるか、です。

最初のケルト十字・スプレッドに戻ります。
⑥「審判」が示唆することは、「現状に関しては限界があることを覚悟しなさい、主導権を持つのはあなた（質問者の女性）です」と言う、強い訴えに感じられます。
では、もうこのふたりに可能性はないのでしょうか？　希望は、
⑦に「太陽」と、⑧に「隠者」が出ていること。
お互いにとってそれなりに、存在感のある者同士、これが正位置の状態になれば、⑩のカードを変えられるはずです。
軽視できないのが④「法王」逆位置です。恋愛観、結婚観、人生観、価値観、こういったものを変えるのは恐らく不可能でしょう。現実にはそこを妥協してうまくや

っているカップル・夫婦というのも存在します。しかし、こう言うときに有効、出て欲しい「吊された男」が見当たりません。このふたりはお互い変わることができないのだろうと推察します。

★パピュのタロットの解説書では、小アルカナのみさらにスート別に分け、仕事・やりたい事柄に関してならワンド、恋愛問題はカップ、訴訟・勝負事・争いごとに関してはソード、金銭問題ならペンタクル、と分けて、フォーカード・スプレッドに似たカードを出します。
　大アルカナを数枚引きして、その問題の過去、現在、未来の流れを出し、計７枚のカードから問題を推察すると言うやり方が紹介されています。このアレンジで、既存の解説書には多く「ペンタクル（円盤・絞章（または貨幣））のカードは、お金・物質を表す」という説明がなされており、恋愛問題や人の感情を示すカードとして出た場合に、解釈できなくなってしまう人が少なくないようです。
　★78枚ワンセットで使う場合、大アルカナは切り札だったという歴史から、スプレッドの中に、つまり自分または質問者の手の内に、いくつどんな切り札があるのかを象徴させることがあります。

シャッフル・カット等一連のカードの取り扱い方について

★カードはシャッフルする前に第一のアテュから第二十二、さらに小アルカナのワンドの１～10、ペイジ、ナイト、クイーン、キング、追ってカップ、ソード、ペンタクルの順で揃えます。
　★横長に置き、左手を使って崩します。そして両手を使い、混ぜます。大きなテーブルを使い、何度も寄せ集めては崩すことを繰り返す感じです。時計回りであるかどうかよりよく混ぜることが大切です。
　★きちんとクロスの上でシャッフルすること。左手でカードの束を好きなだけ小さな束にまとめて、さらにそれを好きな順序で重ねます。
　★最後にカードの左端を手前に引きます。

ACE of SWORDS. ソードのエース

対応セフィラー▶ケテル

対応惑星▶宇宙

絵柄の解説

　王冠と称される、生命の樹の最初のセフィラー、ケテルは創世主の創造エネルギーを表しますが、その王冠に剣が突き立てられている様子が描かれています。つまり、その創造力に伴う方向性や計画性を示すものです。創世主は、初めに天と地を分けその後7日間に亙って、人間や家畜など生けるものを創り上げました。そのような、いついつどうしよう、と言う数字的・具体的な思考を表すカードになりますが、このエースカードには動かし難い確固たるエネルギーが満ちています。その強さの余りに生じる、破壊的な作用とは常に表裏一体です。

　全てのエースカードは、それぞれの道具が象徴するエネルギーのみを表しているので、ことばにして表現するのが難しくなります。しかし、どんなことばを使うかはあなたの自由ですから、周囲のカードを見渡して類推できる状態を相談内容に相応しいと思われる表現にしてどんどんことばを増やしていくことです。これによってある程度周囲を見渡して、このカードが出たらこう、というその人独特の表現が

ACE of SWORDS. ソードのエース

　作られることは全く構わないことだと思います。
　また、タロットカード78枚、ことばにすると時には同じ表現にもなりますが、その性質の違いをかみ砕いて、質問者に説明することが出来ればよいのです。
　聖書においては、「神の手」という表現は神を擬人化して、その能力、行為、助け、恩恵また懲戒などを表します（以上『聖書辞典』より）。そのことから、懲罰的な行為を受ける・与えることなども伺えます。

♠

カードが示す事柄：

行動のもとになる思考　　　　　　　鋭い動き
精神力　　　　　　　　　　　　　　変化
知性・理知による勝利　　　　　　　緊張感のある状態

決定する、判断を下す　　　　　　　攻撃性
識別する
創意
発案、企画

R
健康面の変化を知らせるカード
（ウェイトは、カップのエースではなくこのソードのエースに「妊娠・誕生」と言う解説をしている）
冷淡・極端・過激な行動　　　　　　悪い結果
挫折、目的を失う
考え不足　　　　　　　　　　　　　望まない方へ進む
コミュニケーションの行き違い
誤解、誤認
破壊的な行為
危険に直面する

289

II of SWORDS　ソードの2

対応セフィラー▶コクマー

対応惑星▶黄道十二宮

絵柄の解説

　相手の出方によって、自分の方向性を決めることを示すカードです。剣を持っている人物は、力を緩めれば自分を傷つけてしまうかも知れません。ここには強い精神力が示されています。背後の月が緊張感と時の流れによる移り変わりを象徴しています。

　目隠しをされている人物には、真相が分からない。どのように出るべきか分からないが、しかし有効な手段が分かったときには動きに出る、この均衡を崩すということが暗示されています。辛うじてバランスのみ保たれている状態です。

　本人はある種無感情、情を捨てて、規定通りに物事を淡々と行っていることになります。

　周囲や関係者の出方に合わせた言動を取っているはずです。他者との方向性は一致しているわけですが、あくまでも表面上、都合上、一時的な足並みの揃え方です。愛情面の問題を見ているのか仕事面の問題なのか等、「何を読もうとして出したカ

―ドなのか」で、解釈も好ましくも否定的にもなるでしょう。

　周囲のカードと合わせて判断して下さい。

　1枚引きの際には、考え方のどういう点で一致しているのか、何についてのソードの2なのかをもう1枚引かないことには、この思考の内容までは、判断できないはずです。

　逆位置でも、不調和を訴えているのか、破壊的な行動に出るのか、どこまで読むかは周囲のカードに左右されます。

♠

カードが示す事柄：

他者との思考のバランス
考え方・方向性の均衡を保つ
人との相互作用
それぞれが主体性を持っている状態

取りあえずの対処
相手次第で、自分の考え方・やり方を
決める表面上の平和・調和・一致
見た目の安定
情のない友人・恋愛関係、親交

R
均衡が破れる
事態が動き出す
不満を抱く
不協和な人間関係

相手から離れていく、ついて行けない

方向性の一致

相似関係

冷戦状態

相手に構わない
利己主義
自己主張を貫く

自制心の欠如

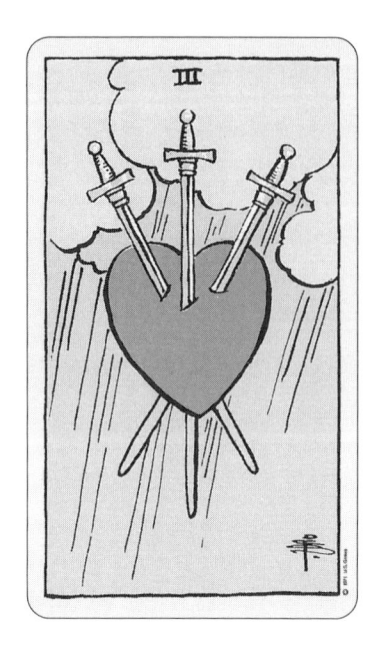

■ Minor Arcana of Swords ■
✤ III of SWORDS ✤
ソードの3

対応セフィラー▶ビナー

対応惑星▶土星

絵柄の解説

　キリストの死を悲しむ聖母マリアの象徴図に、十字架の足元で嘆き悲しむマリアに、七本の剣が突き刺さった図柄があります。
　生と死に象徴される、生きている限りは避けられない「悲しみを体験する」ことを表すカードであり、生と死を示しているわけではありません。ただ未来の位置に、心に傷を得るであろう、と出る場合は、人との別れや死に直面することがあっても不思議ではありません。多くの場合は、避けることができないが、決して悪意が介在してはいない悲しみを指します。どう出るべきか分からなかった「ソードの2」に対して、自分のやり方・思想を貫き、その結果傷つくこと、気持ちが理解されない、伝わらない、しかし質問者にも、どの登場人物にもその責任があるわけではない状態です。思想の不一致は誰にでも誰とでも起こりうるのです。
　土星の諸力が働くセフィラー、ビナーに位置するこのカードは、単純に物事の停滞・遅延をも示す場合もあります。女性の受動的な力が要求されること、「カバラ」

III of SWORDS　ソードの3

においては忍耐は美徳であり、このカードが出たからと言って「不幸」「願いが叶わない」など、短絡的な解釈に走るのは言語道断。周囲のカードを形容動詞的に補助的に補って、何がどうなるのかきちんと判断することです。全ての小アルカナの性質に通じるところですが、カード1枚では「悲しいことが起こるであろう」との一場面が把握できるのみです。

　カードの出方がよくない場合は、さらに混乱すること、修復するのに時間がかかるほど気持ちが乱れることに焦点が当たります。

♠

カードが示す事柄：

生きている限り避けることの出来ない悲しみ	撤退
	移転
別れ、解散、離散、生と死	分裂
引き込もる	人との不和、不調和
（ウェイトによると絵から連想できる事柄すべて）	
	身を引く行為
	断ち切る
耐え難い悲しみ	攻撃を受ける
意志を貫いて失敗する	
意志を貫けずに引きこもる	
R	
精神的に不安定になる	敵意を抱く、抱かれる
心を掻き乱される	争い
疎外感を味わう	失敗
	損失

IV of SWORDS　ソードの4

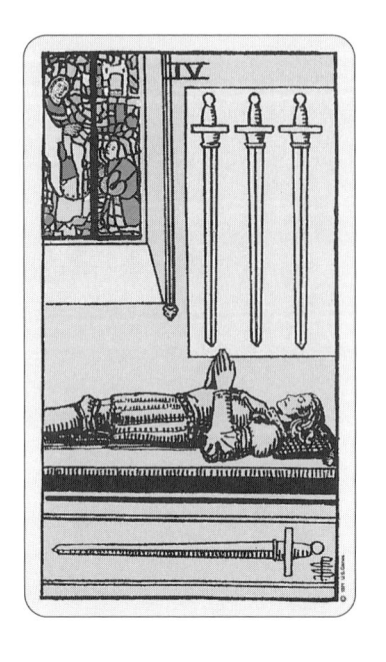

■ Minor Arcana of Swords ■

✷ IV of SWORDS ✷

ソードの4

対応セフィラー▶ケセド

対応惑星▶木星

絵柄の解説

　緊張感の漂うものが多いソードのカードの中では、最も明るさのある状態です。「ソードの3」を受けて、秩序の回復、よきタイミングを待つことを表すカードです。動かない方がよいこと、ソードは思考のカードですが、それを動きに出すなと言う状態です。拡大の象徴である木星が相当するこのセフィラーでは、その思考がより生産的に有意義に活かせるように動ける時を待つよう促しているのです。現状にある考え方・方向性には問題はない、それを保持・保有していることに問題はないのです。描かれている人物の手の形からは、賢明さと霊的に高尚であろうと言う精神性が伺えます——そして人物もろとも休養している部分が黄色に染められています。

　やみくもに行動すればいいと言うものではない、然るべき時に然るべき方法を用いることが重要である、せっかくの思考・判断を無駄にすることのないようにと、カードからは読み取ることができます。

IV of SWORDS　ソードの4

　このカードが逆位置で出ると、正反対に「動き出す」場合があります。考えていることを実行に移すことになるでしょう。
　出方によっては、傷付くことを恐れて、行動に出て構わない状態であるのにも拘わらず、立ち止まっている状態にもなります。また、周囲のカードやその先に続くカードが不調和であれば、エネルギーを浪費していることになるので自重すべきでしょう。本当の意味での生産性のあるものの考え方をする必要があります。

♠

カードが示す事柄：

よりよい時を待つ、待機する
立ち直りのための小休止

荒廃から復興する機会
充電の時
自宅待機、謹慎
休養の必要

困難の中で秩序の回復が必要になる
R
臆病になって動かない
敵を作ることに躊躇する

解決のめどが立たない
動くタイミングではない
賢明・慎重になるべき

刷新、新しい行動に出る

警戒すべき、退却
孤独・隠遁・流浪

ストライキ・ボイコット

■ Minor Arcana of Swords ■
✤ V of SWORDS ✤
ソードの5

対応セフィラー▶ゲブラー

対応惑星▶火星

絵柄の解説

　勝負の後、撤退する敗者と勝利者の構図に見受けられます。背景の波は「ソード2」と同様、事態の静けさを表します。思想と思想の戦いには、武力や腕力での戦いに生じる動乱はありません。勝利者と思われる人物は剣を獲得しています。損得、利害を追求しての戦い、相手を打ち負かしたい、私利私欲に根ざした行為であることが伺えます。空模様は人の心情を物語ります。敗者の悲しみや傷の深さ、事態はどう見えるにしても荒れ模様であることが分かります。解釈で難しいのは、傷を受けるのか与えるのか、の判断です。複数の登場人物がいるのなら、それらの人が何のカードで出ているかが判断のポイントになりますが、小アルカナを切る時に、主体を決めておくことが確実にするコツです。主体となる人物が、「～が～をする」と能動態で設定すれば、「質問者が、誰かに傷をつける」ことになりますし、質問者が何をされるのか、受動態で設定すれば「質問者が誰かにより傷つけられる」ことになります。

逆位置だと、時に荒れ模様がひどくなるようですが、基本的な上記に示した状態は変わりません。「ソードの3」でも、心に傷を負うことが示されますが、そこに他者による恣意はありません。対相手によるものだとしても、意図的な悪意は介在しません。日常直面する悲しみを示しているだけですが、この「ソードの5」、ゲブラーの段階では、対相手と意識的な言動が伺えます。明らかに傷つけようとしていること、悪意・嫌悪感を読み取るべき事態なのです。しかし空模様とは一日で変化しうるもの。いつまでも延々と続くわけではありません。

♠

カードが示す事柄：

人を傷つける、傷つけられる
卑怯な行為

手に入れるが信用を失う
堕落・不名誉
投げやりな行為

騙したり、騙されたりする
損失、敗北
破壊する
廃止する

強欲・執念

私利私欲に根ざした行動
不名誉な勝利

R
意味は変わらない
もっと裏目に出るか失うものが大きい

失敗
浪費
損失
不正

VI of SWORDS　ソードの6

■ Minor Arcana of Swords ■

✳ VI of SWORDS ✳

ソードの6

対応セフィラー▶ティファレト

対応惑星▶太陽

絵柄の解説

　船に乗り込み、かがみ込んでいる親子が見られます。船を漕いでいる人物には、知恵があります。剣の突き刺さった船は、彼が剣を立てて穴をふさいだものでしょう。そうやってまでその船を敢えて使おうと言う意表を衝いた行為、発想を転換することを表すカードです。

　前出した「ソードの5」に描かれていた敗者が、勝利者に差し出す剣がなくなる前に、仕方なく撤退していく様子であるとも伺えます。いずれにしても船で移動して行くところから、現状より有利な場所へ、自分の身を移そうとすることを示すカードです。

　引っ越し、移動、転職などを表して出ることも多いカードです。

　カードの出方が好ましくない場合、周囲のカードによっては、環境を変えること以外に道はないような追いつめられた状態であること、実りのない精神性を指摘して出ることもあります。

実際、スプレッドの中の現状のポジションに、このカードが逆位置で出る相談者は、鑑定をしていてもああ言えばこう言うで、人のアドバイスを聞き入れようとしないことが多いのが現状です。なかなか話が終わらないことを覚悟してこちらが機転を効かせながら接することです。

♠

カードが示す事柄：

考え方・方向性を変える
発想の転換
環境を変えることで解決する

革新的、進歩的な思想を持つ
斬新なアイディア
発想を変える
創意工夫をなす

自ら動いて環境を変える
移動、移転、変化
問題の解決
新たな展開

R
冷静さ・客観性の欠如
変化への抵抗
不実、分裂

革新的過ぎる発想
また、それを受け入れられないこと
非独創性

理知・知性
慎重な行動
コミュニケーション能力

伝える・伝達手段
打ち明ける・告白

旅行
使者のような行動

VII of SWORDS ソードの7

■ Minor Arcana of Swords ■

✢ VII of SWORDS ✢

ソードの7

対応セフィラー ▶ ネツァク

対応惑星 ▶ 金星

絵柄の解釈

　遠景には人が集まり火を焚いている様子が伺えますが、その陣地からひとりの男が、忍び足で盗難を働いているような絵です。得たいものだけを確実に、奪い去ることを示すカードです。5本の剣は、「ソードの5」に相当する事柄。勝利・優位に立つために、必要な知恵や行為を、この人物はこっそりと持ち出している、あるいは彼がそのような私利私欲に根ざした人物であることの現れです。2本の剣は置き去りにするところから、5本の剣があれば十分であること、とにかく損得や利害を追求したい、満足したいだけであり、自分の悪事を拡散してごまかそうと頭を使っていることを表しているので、卑劣な要素は目に見えない状況です。表だって荒れている様子はないはずです。
　対応惑星は金星。また、カード一面が、太陽の光を象徴する黄色に染められているところを見ると、不道徳な行為によるものですが、このカードが出たところで、正攻法でないにしろ、何某かの獲得、成果が得られることは伺えます。また、逆位

置で出て、正攻法でいくな、ということを知らせるカードとしても出ることも多いもの。成果が欲しければ、駆け引きや、本心・本音を隠して動いていく必要があることになります。恋愛相談の時には頻出するカードです。頭部の帽子と足先が赤く色づけられて、不道徳なことでもついやってしまうような、衝動性・性急さが物語られており、この人物が根っから性悪であることまでは言っていません。

♠

カードが示す事柄：

策略、試す、企てる
目には見えない裏切り行為、狡猾さ
逃避・偽善
思慮と洞察力が必要である
反道徳的行為

非難・中傷されるような行為

複雑な心理状態
不安定な状態

R

他人の策略が介在していること
冷静に慎重に対処すべき状態

手腕・饒舌さが必要である
中傷を受ける
(真の勝利は得られないという点から)
　無駄・無意味な行為

企画、試み

狡猾に行動すれば勝利する可能性

狡猾さとは、敵の弱点を見抜き、自分
　の手の内・攻撃性を見せないこと
　（アルフレッド・ダグラスによる）

心の中での（見えない）争い

対応セフィラー▶ホド

対応惑星▶水星

絵柄の解釈

「ソードの4」が、考えを行動に移すべきではないこと、よいタイミングを待つことに対して、このカードは動きたくても動けない、障害が多すぎるわけですが、物理的な要因からではなく、硬直した精神によって動けなくなっていること、問題が深く一筋縄でいかない状態であることを示します。質問者は途方に暮れている状況でしょうが、障害はあくまでも盲目的になっている質問者自身に内在しているのです。

ここには理知と本能の葛藤があります。知性が働いていること、操らなければならない本能が反映されていることがポイントです。第8のセフィラー、ホドの作用を思い出しましょう。本能を理性でどう昇華するか、と考えると分かりやすいところです。「本能的な願望を放棄する」、或いは「動的エネルギーを制限し抑制する」と表現しうる段階。無抵抗、静寂、受け身になることにもなるでしょう。

平たく言えば、もっと楽な気の持ち方をしなさいというメッセージカードのよう

VIII of SWORDS　ソードの8

なものです。「ソードの2」に描かれていた人物同様、何が問題なのか、この先どうなるのか、自分は今どうなっているのか見えていない、はっきり分かっていない状態でもあり、まず現状を正しく認織すべき時なのです。動くのはそれからです。

　カードの出方が良くない場合は、本能に負けてしまうこと、理性的な動きが出来ないことを表す場合と、逆位置で出て拘束から解き放たれて事態が好転していくことを表す場合があり、識別は周囲にどのようなカードが出ているかによります。

♠

カードが示す事柄：

身動きできない状態
制限・抑制すべきである

考えを行動に移せない
動きたくても動けない
動きようがなくて苦しむ

複雑で難解な事態

危機に陥る
動くと非難・中傷される

R
抵抗しない
なすがまま

にっちもさっちもいかない状態

拘束が解ける
出口が見えてくる
克服する

災害に遭って動けなくなる

分析するばかりで動きがない
頭の中での拘り
自分の考えに捕らわれる

動き出す兆し

IX of SWORDS　ソードの9

対応セフィラー▶イェソド

対応惑星▶月

絵柄の解釈

　人が悲嘆にくれるカードです。描かれている人物は、恐ろしい夢を見て恐怖に震えているのか、心理的な苦痛にさいなまれて眠ることもままならない、全く希望が持てず悲しみにくれている模様です。生き抜くために不本意ながら正当性のない手段を取らなければならない「ソードの7」の本能とそれを実行に移せない「ソードの8」の理性との間で苦しむような状況でもあります。しかし、カードの人物の毛布には、薔薇の花と黄道十二宮の占星学記号が縫い取られています。宇宙の法に則って、崇高な理念を掲げて生きていこうとする者にとっては、この地上という俗世に付きものの悲しみがあります。卑劣な人間によって罪のない人間が窮地に陥れられること、不正な行為を働くことによって善人よりも悪人の方が得をすること——そんな時のやるせなさ、歯がゆさ、無力さを痛感するカードでもあります。人物の恐怖・苦痛は、まるで地獄に落とされたかのよう。実際この地上こそが地獄と言う名に相応しい、魂が懲罰的な苦しみを味わうべき所なのではないかと言う絶望感が

あります。人物が見た夢は、ベッドの側板に彫られているような光景で、そのドラマの結末は「ソードの10」に描かれている場面なのでしょう。深夜床の中で、恐怖は沸々と際限なく心の中に広がっていきます。何が生じるかより、質問者がこのような心理状態に陥ることを示すカードです。思い込みによって人の心が生み出している場合、間違った情報や誤解から生じる場合もあるのです。

　逆位置で出たときには、前後左右のカードによっては、正しい情報が入り不安から解き放たれていくことや、きちんと現実・現状を認識することをも表します。

♠

カードが示す事柄：

人の中から生まれ出る恐怖感、失望
心理的苦痛、心が生み出す止めどない
不安に陥る
情緒不安定になる

孤独感
停滞・失敗

理由のない恐怖、不安

R

苦痛、中傷を受ける、孤立するなど、正位置と変わらないが、それらの事柄が徐々に解放されることに焦点が当たる。
妄想がしぼむ
正しい情報を得る
不安が現実にならない

思いこみに振り回される
自分を見失う
地に足をつけ現実的な対処を考えるべき

病気、怪我

X of SWORDS ソードの10

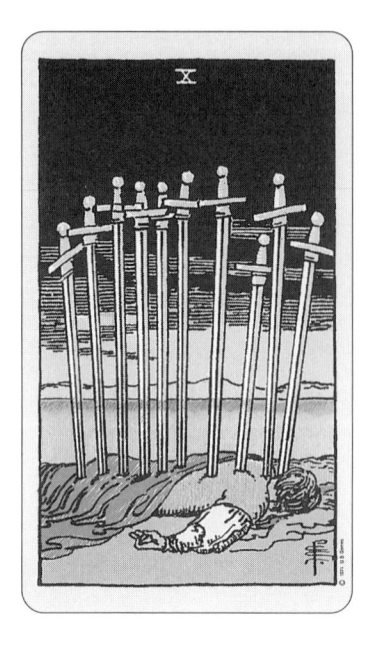

- Minor Arcana of Swords -
✴ X of SWORDS ✴
ソードの10

対応セフィラー ▶ マルクト

対応惑星 ▶ 地球

絵柄の解説

　10本のソードが突き刺さっている死体が描かれています。「死」が象徴する、「最終段階」「破滅に至るような事態が起こるであろう」ことを示すカードです。痛ましい事件・出来事、みるも無惨に打ちのめされることを物語っています。実際に、「人間・生けるものの死」を示して出るカードです。「死に神」が象徴する「変成、仕切直し」という抽象概念ではなく、また「塔」が象徴する「意識改革」「ガラッと状況が変わる」ことに比べて、客観的に見ても、実際にどん底まで落ちるような出来事があることになります。血の流れる様子がないところから、身体が痛めつけられるわけではありませんが、やられっぱなし、ズタズタにされてしまいます。「ソードの9」の人物の夢の一幕だとも解釈できます。その場合、関わっている人間の誰かしかが悲惨な思いをすることになり、必ずしも質問者自身が悲しむ対象であるわけではありません。個人を越えた集団、その人の所属している地域・環境・団体のことを示すことがあり、戦争や災害などの惨事を表すこともあります。周囲

のカードのバランスを確認して、同じソードのカード、ペンタクルのカードが多出している場合は要注意で、かなり事態は緊迫しています。また、黒い背景は極めて強い警告を暗示しますが、もう夜明けの光景が見えています。最悪ではあるが、あとは浮上するしかない、好転の兆しが示されているのです。

逆位置で出たときには特に、質問者が置かれている状況そのものよりも、その先にある未来への展望へ焦点を当てるべきです。

♠

カードが示す事柄：

破滅、崩壊、分裂
苦痛・難儀、不幸
痛みが走るような悲しみ、辛さ
荒廃、廃墟

最悪の状態・どん底
計画の失敗

自ら招いた不幸

R
一時的な意味を暗示
徐々に解放されていく
事態は好転するのみ
不和の解消
見た目には終結する。良くなる

苦労の末の勝利

力と権力の失墜

幻想、さらに続く苦難

没落、破産

死
（個人よりもコミュニティに通用する場合も）

ACE of PENTACLES.　ペンタクルのエース

■ Minor Arcana of Pentacle ■
✴ ACE of PENTACLES. ✴
ペンタクルのエース

対応セフィラー▶ケテル

対応惑星▶大宇宙

絵柄の解説

　ペンタクルすなわち地のカードは、往々にして金銭に関することがらであるとの記述が多く、恋愛問題ではどのように解釈したらよいのかと言う問いが非常にたくさんあります。
　地、すなわち五感を通して物事を知覚する働き、外部の情報により物事を判断する精神機能を表すペンタクルのカードの解釈の基本は、私たちが知覚できる何かが起こること、現実化、客観性、実利的な解釈・表現をすることになります。出来事の発生、質問者やその周辺の人間の動きがあること、人と人との関わり合いが暗示されます。サーシャ・フェントンの解説書では、コミュニケーション、情報・伝達に関する事柄に解釈を結びつけていましたが非常に有効だと思います。人が何らかの行動を起こすこと、連絡が来ること、出会いや、環境に変化があることなどが、起こりうる状況としてはあげられます。
　エースカードは、基本的にその感覚というエネルギーそのものが表されているだ

けなので、どのような状況を言うのか、出来事としてどのようなことが起こるのか、ことばにするのがさらに難しくなるようです。

　現実的であること、地に足がしっかり着いていることのメッセージ、確かな方向性、安定した日々、健全な肉体、地上におけるひとりの人間、ひとつの事象の均衡が保たれていること、精神と肉体との調和が取れて安定した状態、着実に進むことでひとつの物事を成し遂げるであろうことを物語っています。後は周囲のカードを手掛かりに、その安定した状態の中身を吟味すること。このカード1枚で、詳細を物語るのには無理があります。

◆

カードが示す事柄：

知覚、平衡感覚
五感覚、合理的価値感
物質、身体に関することがら
安定
結論が出る、解決する
健康状態の安定
繁栄や成功することの基盤があること
金銭、富
満足感

R
上記のことに関するマイナス面
バランスを欠いた状態であること、不
　安定なことを表す
損失・損害
放棄
落胆
健康を害する

II of PENTACLES　ペンタクルの2

■ Minor Arcana of Pentacle ■

✢ II of PENTACLES ✢

ペンタクルの2

対応セフィラー▶コクマー

対応惑星▶黄道十二宮

絵柄の解説

　どのペンタクルのカードにも言えることですが、先述したように必ずしも金銭に関する事柄を表すとは限りません。何かを「知覚」すること、「感覚」的な変化や反応がなされることを示すことも多々あります。
　「ペンタクルの2」は、人が器用にバランスをとろうとするカード、平衡感覚をコントロールすることが物語られているのです。時と場合に応じて、言動を変える、要領よく環境に対応しているのです。よく言えば適応力・柔軟性を示しますが、道化のような風貌の人物が、お手玉をしている絵柄の通り、コロコロ変わるいい加減さの方が強調されているカードです。ある事柄・状態の、瞬間的な側面であり、例えば今日はこのカードが出た場合、明日は確実と言っていいほど違うカードが出る、すなわち明日にはもう違った状態になっている、というのがこのカードの面白い特徴です。絵柄の背景に描かれている波は、どのカードにも増して大きく波打っています。キャッチボールのような、相手が投げれば受けて応えるような交流、反応す

ること、返事を返すことなどをも表します。

　カードの出方がよろしくない場合、逆位置の場合は、いい加減さが起因しての失敗や負の側面、柔軟性が裏目に出ることなどをも表します。自分を偽っていることや、無理矢理人に合わせることでの苦痛、失うものが出てくることになります。一時的な要素が強いという面はどんな出方でもほぼ変わりません。対人関係が途絶えること、人からいい加減に扱われること、またそれをする人、遊び人、道楽者などをも示します。

◆

カードが示す事柄：

変化、反応する
臨機応変な対応
相手や周囲に行動を一致させる
環境に適した言動
状況を安定させるような対応
求めに応じる
価値観を合わせてやっていく
柔軟性を持つ
要領よく動く
臨機応変さ
時と場合によって対応を変える
気楽さ
てきとう、安楽な状態

R

いい加減な対応　　　　　　　　期待を裏切られる
フラフラしている　　　　　　　一方通行のコミュニケーション
不安定　　　　　　　　　　　　価値観の不一致
悪知恵を働かせる
狡さ

絵柄の解説

　僧侶と芸術家と建築家とが話し合って、教会の再建活動に勤しんでいるような光景です。寺院を部分的に修復作業をしているようにも見えます。
　信仰と知恵と修練との三位一体が、ひとつの物事を生み出すことを示すカードです。土星が対応するセフィラー、ビナーの色でもある黒を背景に、土星の色調に色濃く染められているこのカードは、ひとつの成果を得るにも拘わらず、停滞を暗示しています。成果はあるが、特別なものではなく発展途上の一段階である僅かながらの成果であり、喜びや満足感は乏しいことが伺えます。周囲のカードをよく考察して、どちらかと言えば停滞を強調する場合もあります。たとえ正位置で出ていても、否定的な表現が相応しくなるのがこのカードの特徴です。努力・忍耐が続くこと、遅い進展と言った事柄が連想されますが、しかしビナーは「暗く不毛なる母」とも称されるもの。そこには「産みの苦しみ」、実りの潜在性、不屈の精神と言う賜物があるのです。

また先述したように、仕事・ビジネスに関連する事柄のみならず、対人面の変化、コミュニケーションの有無などを表すもので、小さい出来事ですが確実に実りへ向かっていることも表します。その詳細を導き出す必要があります。

◆

カードが示す事柄：

技術、向上心、労働力、
上記によって創造されたもの、成果
努力により出せる結果

順当な成果
得るものがある
ゆっくりとした進歩、進化、発見
一歩前進できる
学ぶこと
妥当な動き
（芸術）作品

R
成果がない
不完全
未完成、未熟

力不足
停滞
失敗
動きがない
惰性
頑迷さ
抵抗

IV of PENTACLES　ペンタクルの4

■ Minor Arcana of Pentacle ■
✢ IV of PENTACLES ✢
ペンタクルの4

対応セフィラー▶ケセド

対応惑星▶木星

絵柄の解説

「守銭奴のカード」と言う、タイトルを付ける人が多いようです。絵の通り、持っている物を守る、頑迷なまでに保持するカードです。決して損をすることのないよう、手にしているものを確実に保持すると言うカードです。

　背景に建物が建ち並び、物質社会、物質主義、世俗的な事柄が強調されるカードです。自分の所有物を守ろうとすることは、決して悪しきことではありませんが、その気持ちが周囲と調和していて裏目に出ていないことが大切です。

　1枚引きなどでは、その所有欲が何に端を発するものなのか、そしてその姿勢でいることにより何が発生してくるのかを知るために、さらにカードを引く必要があるでしょう。

　他の小アルカナにも言えることですが、1枚のカードから導き出せることがらは限られています。

　「付き合っている恋人が、自分のことをどう思っているか？」と言う質問に対して、

IV of PENTACLES　ペンタクルの4

　1枚引きによりこのカードが出た場合、「単なる所有欲しかない」と判断するか、「愛しているなら所有したい気持ちが出て当然」と判断するか占術家としてのセンスが問われるところ（これに関してはまた別の機会に詳しく）。

　逆位置で出た場合、守りきれない・維持できないこと、守ること・維持することに執着するあまりの損失、利己的・低レベルな精神性からの金銭・物質欲などを表します。

◆

カードが示す事柄：

所有している物を維持する
守る、所有欲
安定する、基盤が固まる

保持する、維持する
溜め込む
支配する
確実な動き
堅実、安全であること

R
物欲
物質主義
支配欲

低迷する
中止
交渉の失敗、縁を切る
チャンスを逃す・活かせない

頑固な抵抗

守りの姿勢
組織力

利益・財産
家族
地位
秩序
安定

V of PENTACLES　ペンタクルの5

■ Minor Arcana of Pentacle ■

✢ V of PENTACLES ✢

ペンタクルの5

対応セフィラー▶ケブラー

対応惑星▶火星

絵柄の解説

　ハンディを背負った人物が、教会の明るい窓の下を歩いています。このカードは、マッチ売りの少女を彷彿とさせる貧困と寒々しさが伺えますが、まさに心が寒くなることを表すカードです。人からの手助けが必要になること、痛手を受けることを示しています。ペンタクルは五感による感覚、物質の象徴ですから、何か目に見える損失があるのでしょう。必ずしもそれが、物・金銭、ビジネスにおける損失だとは限りません。手にしていた友情や愛情を失う、つまり頼りにしていた人が、頼りにならないような状態に陥ることが予想されます。もともと援助・協力を当てに出来るような人からそれが得られない、期待を裏切られるようなことにもなるでしょう。1枚引きの際には、何を失うのかをもう1枚引いて確かめる必要も時にはあるでしょう。
　窓にこうこうと輝く5つのペンタクルは、未だ希望があることを示しています。この場合の希望は、人からの助け・協力を受けることによって、味わっている喪失

感は和らぐこと、それほどの損失にはならないこと、状況は緩和され得ることが伺えます。日常、そのような状況はままあるもので、そんなに忌み嫌うべきカードではないのです。ただし周囲のカードから強い不調和が感じられる場合には、相当のダメージを受けることになり、もはや援助無しにはやっていけないような、一時混沌とした状況になるでしょう。

「カップの5」との違いは、所有しているものの中から有形・無形の「失うもの」が出てくること。人の助けや援助が要される状態になることです。

◆

カードが示す事柄：

失うものが出る
損失・損害による落胆
他者からの援助が必要になる

持っている物、人間関係を失う
絶望する
被害を受ける
ハンディを背負う

R
上記と変わらないが、「失うもの」よりも、そのことによるハンディ、手助けが必要になることが強調される。

周囲との不調和
内的不安定
混乱・混沌

手助けが必要になる
心が寒い状態

金銭面でのトラブル

秩序の崩壊

病気
身体の不調

（まれに）
展望が見える

■ Minor Arcana of Pentacle ■

✣VI of PENTACLES✣
ペンタクルの6

対応セフィラー▶ティファレト

対応惑星▶太陽

絵柄の解説

　慈善活動をしている人と、乞い求める人たちの絵柄です。慈善家の彼は、求めに応じて、要求されている分量をきちんと計って、奉仕をしています。妥当な要求・願いであれば聞き入れられる状態なのです。必要とされている分だけを与えることになりますが、裏を返せば、求めが伝わっていなければ、必要とされていることが分からなければ、与えようがなくなってしまう点に注意して下さい。援助を求めてもOK、ただしきちんと伝えないとそれ相応のものは得られませんよ、と言うニュアンスがあります。一方的、自発的に世話を焼く行為とは違うのです。むしろ逆位置で出た場合の解釈では、お節介や無駄な奉仕などと表現されます。「ペンタクルの4」のままでは、流通は停滞してしまいます。そうはならないような、適切なお金、持っているものの活かし方を示しています。人間関係では、フィフティ・フィフティ。一方的でなく援助し合う、セフィラー、ケセド「慈愛」とゲブラー「峻厳」のあがないの天球であるティファレトは、必要な物だけを与えるというバラン

スに於いて最も優れた状態を示しています。無駄なく必要が満たされて、状態は好転するのです。

　カードの出方が好ましくない・逆位置の場合は、まさに受け取って当然のものを受け取り損ねることになります。最悪の場合は、損失・損害を被ることや、不当な扱いを受けることにもなるでしょう。過剰に期待し過ぎていることを指摘して出る場合もあります。

◆

カードが示す事柄：

報われる、
物質的成果
受け取るべきものを受け取る

物質的均衡がとれる
援助をされる・する
同情
要望が通る
平等に扱う

R
報われない
受け取るべきものを受け取れない

非道徳・利己的な行為
欲深い
浪費・金銭感覚の欠如

不均衡、不公正
盗難・詐欺による損失

与える、奉仕
ギヴ&テイク
親切な行為

等しい収支
経済的な解決がつく
仕事上の成果
地位の獲得
権威の施行
休息

VII of PENTACLES ペンタクルの7

■ Minor Arcana of Pentacle ■
✣ VII of PENTACLES ✣
ペンタクルの7

対応セフィラー▶ネツァク

対応惑星▶金星

絵柄の解説

　カードに描かれている田園風景や作物・自然が描かれている中には、必ずブドウの実が描かれているのですが、このカードは例外になっています。農夫が、ペンタクルの実がなっているところを不満げに見つめているような雰囲気ですが、ブドウの実がない、つまり人物にとっては目の前の作物など実りの内に入らないことになるのです。自らの仕事・成果を目の当たりにして、彼は、自分のものを築き上げる力を認識し、不満を覚えているのです。単なる失望以上の、実力に対するもどかしさ。一応の実りは手にすることができたわけですが、パッとしない気持ちがする、悶々とした状況でもあるでしょう。ブドウじゃなければダメなんだ、と言った、現状・実力に関する個人的な拘りやポリシーが強調されます。さらに、ここで彼の「楽をしたい」、「苦労を避けたい」という本能が、努力を躊躇させているのです。
　カードの出方が好ましくない場合、逆位置の場合には、成果が期待できる実力すらないこと、惰性に負けて努力を怠ることが基本的な解釈になります。カードに描

かれている人物は、何とでもなれとばかりに、ここで道具を投げ出してしまうかもしれません。

◆

カードが示す事柄：

成果＝現実・実力に対する不満
本能的な反応、欲が出る

不満足の感のある実り
不満の残る現実・結果

現状・実力に満足しない
パッとしない状況
面白くない現実
物質的成功、その段階での惰性
本能的欲求＝怠惰との葛藤がある
さらに上を目指すことになる

R
実を結ばない
完成しない

喪失、放棄

築いてきた物・仕事・家族を失う

実力不足

さらに向上心を抱く到達地点
生産性における限界
節目、ゴール・人生・大志を見直す

限界・障害・壁を認識する

惰性に抵抗できない
なかなか努力の成果が現れない
諦める

VIII of PENTACLES ペンタクルの8

■ Minor Arcana of Pentacle ■

✶ VIII of PENTACLES ✶

ペンタクルの8

対応セフィラー ▶ ホド

対応惑星 ▶ 水星

絵柄の解説

　時間を費やして、確かな技術を身につけようとすることを表すカードです。努力を重ねること、じっくり時間をかけること、本物の実力を付け向上しようとする「修行者」のカードとも言われるものです。一方で、研究家・修行者のように、コツコツ地道な蓄積を重ねるので、相当な時間を要することをも示します。現状に出れば、長期的にゆっくり進展していくことになり、すぐにはハッキリとした結果が出るわけではないことになります。その後の可能性はあるものの、どれだけ質問者に時間的な猶予があるのかが問題になってきます。年単位の時間が要される場合が多いので、未来の位置に出てさらに時間がかかるようであれば、質問者が後々自ら問題から降りてしまう可能性が大です。ただし、当事者の資質、努力の方向性には間違いないことは、保証しているのです。ケルト十字・スプレッドなどで、質問者に時間的な問題をクリアできる要素があるかどうか、潜在的な可能性を活かせるかどうかを確かめるのが良いでしょう。

VIII of PENTACLES　ペンタクルの8

出方がよろしくない場合・逆位置で出る場合は、当事者が長期間に耐えられないこと、途中で諦めて投げ出すか、努力を怠るようになること、もしくはどんなに時間を掛けても不可能な事柄を表します。緻密さが欠如して何某か手落ちがあることの警告のカードでもあります。

◆

カードが示す事柄：

求める利益を生み出せるように腕を磨く、確かな技術を身につける

職人のような修業期を表すカード

報酬をもたらす労働

いずれ実るであろう努力

将来的な成功、完成、達成の兆し

秘められた可能性
見習い段階

R
長期的な努力を放棄する
努力しない

ごまかし
ずるさ、惰性

単調さ
マンネリ

着実な努力

細部に渡って注意をする

時間がかかって実る
時間がかかるが良くなる

大ざっぱ、細かいことを避ける

才能・技術を無駄に使う、悪用する

IX of PENTACLES　ペンタクルの9

■ Minor Arcana of Pentacle ■
✢ IX of PENTACLES ✢
ペンタクルの9

対応セフィラー▶イェソド

対応惑星▶月

絵柄の解説

　豊饒に実をなす果樹園の中に、女性が佇んでいます。彼女は彼女自身の実力と才能によって、それらを手にすることが出来たのです——努力と才能によって、物事を成就することができることを表すカードです。「カップの9」がタナボタで願いが叶うカードなら、「ペンタクルの9」は実力にチャンスが与えられるカードだと、私は説明しています。手には鳥を従えていますが、彼女の足元にはっているカタツムリが、やがてその鳥のエサとなることでしょう。カードに描かれた女性の背後に、庇護やバックアップが伺えるように、この鳥は彼女の庇護の元に生存することができるのです。カードが物語っていることの縮図です。支援に恵まれて成長する人はいるものです。引き立てられることによって、さらに力を培い向上することを繰り返し、いつしか巨匠と言う存在が誕生します。若い人間は彼を目指し、彼を師として仰ぎ庇護や支援を受けようとする一方で、彼に追いつき追い越そうと努力を続けます。確かな実力・技術があれば、チャンスを摑むことが出来ようというのがこの

IX of PENTACLES　ペンタクルの9

カードが示すことです。
　チャンスに関しては、このカードに勝るものはないでしょう。
　カードの出方が好ましくない場合、逆位置で出た場合は、実力・才能不足、機会が与えられないこと、努力を怠り不正な手段で物事を叶えようとすることになります。チャンスを得たいときに得られないことにもなります。

◆

カードが示す事柄：

願いが聞き入れられての達成	安泰、安全で
実力によりチャンスを摑む	余裕綽々とした状態
支援・バックアップを受ける	
	玉の輿
努力が報われる	立身出世
実力や才能による成功	
幸福が約束されている	
実力によって獲得する	
引き立て・援助に恵まれる	

R
支援を受けられない	悪事を働いて成功する
望むものを得られない	略奪
損失	欺き・偽り
実力を発揮できない・しない	
力を失う	
信用を失う	
信用できない	

X of PENTACLES　ペンタクルの10

■ Minor Arcana of Pentacle ■
✴ X of PENTACLES ✴
ペンタクルの10

対応セフィラー▶マルクト
対応惑星▶地球

絵柄の解説

　カードには、生命の樹の10のセフィロトを象るように、ペンタクルが配置されて描かれています。アッシャー界にしてマルクトにおける創造の過程の最終段階、成功、達成を表すカードは他にもありますが、このカードが78枚の中で最も完成度が高い成就を表します。現実的な到達、獲得であると言えるでしょう。
　当然、心情的にも満たされた状態、満足感・幸福感が伴うはずであり、感情的な表現になると「カップの9」、「カップの10」、「ペンタクルの9」などと同じことばを使うことになってしまうこともあるでしょう。しかし、このカードの基本はどんな気持ちになるかはさておいて、「物事が完成する」こと。実際感情的な満足は二の次なのです。時と場合によっては、空しさや虚無感を抱くことになるかも知れません。
　特に逆位置で出た場合や、このカードが妙に際立って、他に周囲に「実り」や「感情的満足・喜び」を示するカードが出ていない場合や、カップのカードの逆位

置が多い場合などは、端的な成功・獲得のみを示しているだけのことになります。周囲のカードとのバランスに注意をして下さい。そして「完成する」ものは、その主体たるものは何なのか？　質問者の何についてカードを切ったのか、何が完成されるのかを読み取ること。「ペンタクルの9」も、物質的獲得を示しますが完成度は保証されていません。「ペンタクルの10」は、受け皿を満たすというもので、飽和であり完成であるのですが、それ以上の実りはないことが暗示されていることにも注意して下さい。行き着くところまで行くだけでもあり得るのです。

◆

カードが示す事柄：

完成、富の確立
安泰・安定した生活
家庭を築く

物質的獲得
ポジションの確立
仕事、経営に関する成功
贈与、金品の贈り物

財力

家族・親族に関する幸福
住居、血統、遺産に関する事柄

R

経済面に関する警告
損害・損失の危機
不活発

家族・一族の間の不幸

盗難

ギャンブルで儲けようとする
失敗
平凡・マンネリ・退屈
浪費
放蕩

重税に苦しむ

THE COURT CARDS　人物カード

人物カード
THE COURT CARDS

　カードには、11世紀以降の西欧社会における封建制度が反映されています。
ローマの恩貸地制とゲルマン地方の従士制とが結びついて出来た主従関係ですが、君主たる王の配下に、侯爵などの諸爵や領主、騎士、さらにその下に小姓がいました。中でも騎士は、君主に軍事力を奉仕する一方で、キリスト教の影響を受けて下層平民に対しても温厚であり、封建社会の花形とされていました。
　56枚の小アルカナ中、16枚に、王キングKING、女王クイーンQUEEN、騎士ナイトKNIGHT、小姓ペイジPAGEが、ワンドWANDS、カップCUPS、ソードSWORDS、ペンタクルPENTACLESの組札にそれぞれ描かれています。

　16人の人物は、「父と母と息子と娘」と言う、家族構成一単位の観念の含みもあるようですが、そうなると何故今日出回っているパックのように、KING、QUEEN、PRINCE、PRINCESSとされていないのかは不可解なところです。家族構成と言うよりは、キング、クイーン、ナイト、ペイジをそれぞれ男性原理、女性原理、活動性、中性と言った元型と見なすのが妥当です。
　便宜上、ペイジを34歳以下の女性として解釈するのが主流で、ナイトは34歳以下の男性、クイーンは35歳以上の女性、キングは35歳以上の男性と言うのが、一般の対応です。

　人物カードとは、**主体を特定し、その人物が何をするのか、どうなるのかを物語るカードです。**
　行動面以外でもその人物が、何をどう思うのかと言う精神面、さらには、別の人物が他の登場人物に何をするかなど、解釈は多岐に互ります。

　いずれの場合でも、スプレッドの中に人物カードが出れば、そのカードが示す人

物が最も重要であること、その件に関するキーパーソンであることが語られているのです。その人物とどう関わっていくか、**その人物が現状や過去や未来に置いてどのような影響を与えているのかが分かれば、それに対して、こちらがどうあるべきなのか、どう動くべきなのか等、人との関係にバランスの取り方を求めることができます。**より具体的な指針が得られるわけです。

象徴別解釈

　ワンド WANDS、カップ CUPS、ソード SWORDS、ペンタクル PENTACLES がそれぞれ象徴する事柄から、人物像を描き出してみます。
　列挙していきますが、徐々に否定的・裏目に出た場合の表現になります。

ワンド WANDS
強い意志を抱く
ハッキリとした言動を取る
怒り、喜び、好き・嫌いなどの強烈な感情を抱く
衝動的・発作的に行動する
頑強な感情をぶつける
攻撃的になる
暴力的になる
上記のように、**感情・行動の源、直感的な言動、意志。**
以下、ソードとカップの要素も含み、それがさらに強まった状態でもある。

カップ CUPS
情、想像・イマジネーション。
思いやり深くなる、接する
幸福感、充実感を得る
愛情を抱く
好きになる、好意を示す
温厚になる

甘い考えを抱く
甘える、頼る
夢を見る
受け身になる
流されがちになる
以上、**感情的に好きか嫌いかで、動くこと示します。**

ソード SWORDS
思考・判断、言語による表現。
冷静になる、接する
筋道を立てて考え、行動する
倫理的な対応をする
物事の判断を下す
決断する
批判をする
冷淡になる
厳しく接する
傷つける
対立する
上記のように、**客観的・理知的な言動を取ることを示します。**

ペンタクル PENTACLES
感覚・知覚機能、五感による判断。
合理的な行動をする
現実的、実際な言動を取る
着実・安定した動きをする
頑固になる
利害を基準に動く
損得勘定で動く
目先のことに捕らわれる
不謹慎な行動をする
上記のように、**人や物に対する価値を基準に動く、情報処理能力のある人物**

THE COURT CARDS 人物カード

ソードとカップの要素のバランスを取る、人の平衡感覚を示します。

★14枚の人物カードの生命の樹への対応は、小アルカナの図に示しました。生命の樹の説明で述べた①流出界②創造界③形成界④活動界が各々キング、クイーン、ナイト、ペイジに相当します。

※本書での対応は、クロウリーでよく知られている対応とは異なります。4種類の人物に相当させるのに、そのまま「樹」の四分割を用いた段階で、さらにそれを峻厳の柱と慈悲の柱にも対応させて割り当てたものが、クロウリーの対応です。

種類別人物カード

16人はそれぞれ「どのような」人物なのか？
タイプ別形容詞を列挙してみました。
4種類のカードに描かれた人物が、どんな場所で、どのように象徴物を扱っているかが、最も重要な鍵です。あなたなりの類似表現を考えてみましょう。その反対・否定的な表現を、カードの出方が好ましくないとき、逆位置で出た場合などに応用して下さい。

キング KING：権力者

キングは、「創造する」。万物の起源たるこの行為は、あらゆる物事の根元になくてはならない本能的欲求であり、自我の原型であり、「支配する」という行動に現れる。

生命の樹の最上部、セフィラー、ケテルに相当します。神のエネルギーが流出される部分、「流出界」と呼ばれ、その象徴は「火」です。登場人物がそれぞれのエースカードを持っているような強力なカード。実現性の可能性、ひとつの質問を左右するような可能性を抱いていることの表れ。

象徴的分類：

THE COURT CARDS 人物カード

ワンドのキング／火の中の火
誇り高き。
カップのキング／火の中の水
寛大な。
ソードのキング／火の中の風
厳格な。
ペンタクルのキング／火の中の地
安全な、信頼できる。

クイーン QUEEN：母親

　生命の樹の第二階層、ふたつのセフィロト、コクマー、ビナーが位置するところで、創造エネルギーが創作過程に入った状態、種を植え育み実りを思い描くような段階。CREATION＝創造と呼ばれ、その象徴は「水」です。

象徴的分類：
ワンドのクイーン／水の中の水
自信のある、信頼の置ける。
カップのクイーン／水の中の水
慈悲深い。
ソードのクイーン／水の中の風
生真面目な。
ペンタクルのクイーン／水の中の地
実利的な。

ナイト KNIGHT：雄々しい若者

　生命の樹の第三階層、ケセド、ゲブラー、ティファレト、ネツァク、ホド、イェソドの六つのセフィロトが位置するところで最も動きがあります。創造物を、さらにその構造を組織化、編成します。樹の枝葉に刈り込みを入れるような形成作業の

段階、FORMATION＝形成と呼ばれ、その象徴は「風」です。

象徴的分類：
ワンドのナイト／風の中の火
鋭敏な、野心的な。
カップのナイト／風の中の水
理想主義的な。
ソードのナイト／風の中の風
攻撃的な。
ペンタクルのナイト／風の中の地
合理的な。

ペイジ PAGE：若者

　生命の樹の第四階層、セフィラー、マルクトが位置するところです。形成作業が顕現する段階です。物体化、成果、ACTION＝活動の段階で、その象徴は「地」です。

象徴的分類：
ワンドのペイジ／地の中の火
行動的な、前進する。
カップのペイジ／地の中の水
純粋な、夢のある。
ソードのペイジ／地の中の風
冷淡な、身勝手な。
ペンタクルのペイジ／地の中の地
親切な、勤勉な。

THE COURT CARDS　人物カード

16人それぞれの人物の特徴

　16枚の人物カードは、生命の樹への対応は、小アルカナのソートごとに表した生命の樹の図のようになります。
　そればかりに捕らわれず、カードに描かれた人物が、どんな場所で、どのように象徴物を扱っているかが、最も重要な鍵です。ここではさらに、既存のタイトル以外に、日常的な解釈に相応しい呼称を設定し、イメージする方法を取り入れます。
　以下、16人それぞれの特徴です。

KING of WANDS. ワンドのキング

■ The Court Cards ■
✴ KING of WANDS. ✴
ワンドのキング

火の中の火

誇り高き権力者

絵柄の解説

　まず、人物が火の象徴たるワンドをどのように扱っているか、どこでどのような行為をしているか、これまで大アルカナ・小アルカナで獲得してきたシンボリズムの見方・捉え方をフルに使う必要があります。

　ワンドのキングは、自発的に物事を創造しようとする意欲的な男性です。王の周囲には、火の精霊・サラマンダー、アリ（獅子）と呼ばれるカバリストの師家を表す獅子の文様が施されています。この人物に、権威や地位があることを物語っています。

　相当するセフィロトを考察すれば、実際的な行動よりも、ある行動を起こすまでの契機なる段階、始源的な事柄、その際の精神状態に焦点が当たることが分かります。目に見える動きはさほどないかもしれません。しかし、内的意識・我の強さはどの王よりも、どの火の人物よりも強力です。勇気と野心に溢れていますが、裏目に出れば、独善的、横暴な人物になります。衝動的で、熱しやすく冷めやすい人柄が浮かびます。あきらめが早く気弱な場合もあるでしょう。

KING of CUPS. カップのキング

■ The Court Cards ■
✲ KING of CUPS. ✲
カップのキング

火の中の水
寛大な権力者

絵柄の解説

　自ら望んでこの座に着き笑みを浮かべているこのキングは、確実にこの水のある堀に囲まれたこの地にいれば安住できるでしょう。意欲的に自由にのびのびとした発想をし、また、既成概念にとらわれない大らかさのある、度量の深い人物です。「キリストの神秘」を象徴する魚の首飾りをしているところは、彼の、仏心とも言いたくなるような慈悲深さ・信仰心を表します。この王は、全く自分の手にしている物に視線を向けていません。自分のやっていることの本質的な意味や根拠は、この人にとって問題ではないのです。ただ、それをしたいからするだけなのです。愛情深く思いやりを持って接する人ですが、それは彼がそうしたいからするだけのこと。彼の周囲には、海の獣や敵船が漂っているのです。人からどう思われようと気にしないような、マイペースでおっとりした男性ですが、裏目に出ると非常に優柔不断、流されやすいことに。状況によっては、自分の気持ちを押し付けるだけの迷惑者になりがちです。周囲に逆らえず、人に流されるままに迷惑を掛けられたり、損失感を味わうときに、頻出するカードです。

火の中の風

厳格な権力者

絵柄の解説

　人物カードの中では、このソードのキングだけが、まっすぐに正面を向いています。非常にストレートで分かりやすい言動を取る人、包み隠す点の何一つないこと、物事に正面から向かう人であることが伺えます。王の座する背もたれの模様からは、彼の内面・思想などを見て取ることができます。それらは灰色に染まり、空想と言うより企て・策というものに等しいでしょう。彼は現実的であり、その構成能力・形成する力は、プラクティカルな要素に富むものであり、多少の柔軟性をも持ち合わせていることをも示します。幾分剣を傾けて手にしていること、空に飛ぶ鳥の数などが、微々たるものですが、この人物の柔軟性を示すもの。(「ソードのクイーン」と比較すると、彼女の剣持ち方、空に見える鳥の数などから、彼女の方がさらに考えを曲げない、批判精神の強い人物であることが分かります。)意欲的・自発的に論理的に物事を考える点においては優れてはいますが、裏目に出ると独りよがりで、他人の意見に耳を貸さないような、融通の利かない人物になります。

KING of PENTACLES. ペンタクルのキング

火の中の地

富を有する、手堅い権力者

絵柄の解説

　実りの象徴に取り囲まれて、王の中で最も成功しているのがこのキングです。彼は視線を、手の中の物に落としています。所有する物から、さらなる実りを生み出せること、名実ともに繁栄している実力者なのです。キングに限らず、全てのペンタクルのカードは、太陽の光にこうこうと染められています。ソードとカップとのバランスを取ることが出来る、平衡感覚に優れた人物であることがその理由です。大アルカナをはじめ、これまで私たちがタロットカードの絵柄に見出してきたように、中庸、均衡、調和をこの地上で果たそうとするには、まずその中庸の概念を知り、平衡感覚を磨く必要があります。適切な現実感覚と行動力。精神と肉体とのバランスを取ることも大切です。とりわけ王は、どのペンタクルの人物よりも、頑強な精神力と実行力、または人を動かせる権力を有しているのです。

　裏目に出た場合は、利潤の追求ばかりに捕らわれた、即物的で、人間としての奥行きのない人物になるでしょう。

QUEEN of WANDS. ワンドのクイーン

■ The Court Cards ■
✷ QUEEN of WANDS. ✷
ワンドのクイーン

水の中の火

自信のある、信頼の置ける母親

絵柄の解説

　積極的で大らかな母親のイメージです。右手にはワンドを、左手にはひまわりの花を手にしています。警戒する必要はないですよ、と語りかけているかのようです。ワンドの王の妃に見立てて、カードと並べて見ると、あなたに安心してついていきますと、話をしているような光景になります。天真爛漫とも言える素直さが分かるでしょう。彼女の前には黒猫が描かれています。現在でも、カバリストたちが集うシナゴーグには沢山の猫が横行していて、「ギルグリム（カバリストの生まれ変わり）」と呼ばれているとのこと。この女王を庇護するに値するカバリストの精神性が、反映されているのでしょう。カバリストの修行は、我欲を捨てることから始まります。彼女は、手にしている彼女自身のワンドを見てもいません。自分の意志に拘らず、積極的に協調することで、彼女は自らの意志と周囲との中庸を取ることが出来るのです。

　裏目に出ると、気は強いが情緒の波の激しい人、コロコロ考えが変わる浮き沈みの激しい人物、権力を笠に着て情に甘えるような性質にもなります。

QUEEN of CUPS. カップのクイーン

■ The Court Cards ■
✣ QUEEN of CUPS. ✣
カップのクイーン

水の中の水

慈悲・情の深い母親

絵柄の解説

　このクイーンが手にしているカップは特殊な形をしています。彼女の独創性・空想力だと言えるものです。イマジネーションに富み、非日常・神秘・夢のある事柄に彼女は魅せられます。内向し内に引きこもりがちな傾向も伺えます。しかし、どのクイーンより、どのカップの人物よりも、愛情深く、情緒豊かな人間性を有しているのです。ただし、裏目に出れば、情に脆い、自分自身の感情に酔ってしまう陶酔傾向、依存症的な側面にも通じてしまいます。彼女の玉座に施されている魚を持った子供はイエス・キリストの象徴です。キリストに、愛こそが全てだと教えたのは他ならぬ聖母マリア。男性にこのカードが出れば、慈愛の精神に満ちていることの現れでもありますが、場合によっては自分の母親に対するコンプレックスを表すこともあります。

　とかく初心者は、「このカードが出たらこう」と読みたがるものですが、どんなカードにしてもパターン化した解釈に陥ったときが行き詰まるときです。鍛錬を積み、「太陽」から死、「塔」から結婚を読み取れるようになることです。

QUEEN of SWORDS. ソードのクイーン

■ The Court Cards ■
✤ QUEEN of SWORDS. ✤
ソードのクイーン

水の中の風

生真面目な母親

絵柄の解説

　ソードの王の項でも述べましたように、真っ直ぐに天頂に向かって伸びている剣、空を飛ぶ鳥の数が、彼女の思考・判断のあり方や特徴を顕著に物語っています。ソードを有する他の誰よりも、この女王は頑なで、融通が利きません。強情、閉鎖的でもあるでしょう。しかし、女性性を象徴する水の属性故、受け身であるのが特徴です。彼女は人を厳しく批判し、有罪か無罪か、白か黒かと自分の思いを貫きますが、それは決して積極的なものではなく、彼女が求めに応じて思考し、吟味した結果なのです。ソードの王や騎士と比べると、行動性・活動性には欠けるので、自分から攻撃を仕掛けることはありません。求められるまで、彼女は物静かな様相をしつつ、黙って瞑想しているのです。このカードが示す人物を、表面上のことだけで判断していると痛い目に遭うかも知れません。悪意はありませんから、むしろ対する人間の素行には慎重さが必要です。女王の中では、一番男性的だと言えるでしょう。裏目に出れば、強情さ、鋭い批判精神が災いして、人や彼女自身のことをも傷つけてしまうことになり、不穏で心が安まらない状態にもなります。

QUEEN of PENTACLES. ペンタクルのクイーン

水の中の地

実利的な母親

絵柄の解説

　絵柄から、クイーンが、彼女の所有しているものについて考えていることがお分かりでしょう。それを何のためにどう活かすかに、彼女の全精神は注がれています。まだまだ、何かを生み出そうと意欲的になる、実りを得たいと言う手応えを感じたい、女社長とか女性経営者のイメージですが、金銭や物質に関することばかりではありません。人間関係における充実感や、安定感にも焦点は当たります。目に見えても見えなくても、彼女は得るものや成果を最優先するのです。子供を愛情豊かに育てることは大切だが、三度のご飯ときれいな洋服を着せてあげられなければ始まらないと、パートに出るような堅実性がこの母親の特徴です。現実的で、地に足の着いたしっかりした女性ですが、裏目に出れば、細かい小さなメリット・デメリットに拘ることになります。損することを極端に嫌い、心の狭い印象になります。足元には野ウサギが飛び跳ねていますが、ラビット・フットと言うウサギの足をマネードローイングのお守りにするウィッチクラフトがあります。彼女の中の活発な合理性を象徴しているのでしょう。

■ The Court Cards ■
✥ KNIGHT of WANDS. ✥
ワンドのナイト

風の中の火
探求心旺盛、野心に燃える革命家

絵柄の解説

　馬を軽やかに操るこのナイトは、冒険心に富んでいます。野望を抱き、衝動のままに先へ先へと前進するのです。思いつきを即座に、計画性や進む方向に関して、ハッキリとした言動に切り替えるので、単純明快な言動を取るでしょう。何をしたいのか、どう思っているのかが態度から伺い知れるはずです。キングよりも行動力と具体性があるのがポイントです。あまりに自己の感情に対して正直なので、時には好戦的になり、敵を作りやすいでしょう。自分の意志を誇示し、貫こうとするので、トラブルメーカーのイメージにも通じます。カードを切って、自分を象徴するカードにこのナイトが出た場合は、周囲のカードに気を配って下さい。このナイトと衝突しやすいカード、例えばカップのカードが多い場合や、「塔」、「ソードの10」などの破壊性を示すカードが出ているときは、自分の衝動性・我欲が敗因となる可能性の警告です。このカードそのものを、自分の象徴カードに選びがちな人は、常日頃から、理性で自己コントロールをする習慣が必要でしょう。最も下克上を起こしやすいタイプです。

KNIGHT of CUPS. カップのナイト

■ The Court Cards ■
✢ KNIGHT of CUPS. ✢
カップのナイト

風の中の水
理想主義的な雄々しい革命家

絵柄の解説

「カップのナイト」の行為は、愛に満ちています。人を思いやる気持ちから生じる、あらゆる行為を、彼はするでしょう。「カップのクイーン」が内向するのに対して、彼の意識は、外側に向かうのです。馬を御して、対する相手に対してカップを差し出す姿には、そのまま「カップの2」、「カップの3」のカードの人物たちの言動、状態を当てはめてみるのがよいでしょう。平和的に解決すること、人と折り合うこと、協調することの利点を、彼は把握しているのです。彼なりに、生き方の法則として、事態をよりよくするためにはどうしたらよいのか、より生産的に生きる方法を考え実行しているのです。程良い柔軟性が、他の人物カードには見られない彼の愛されるべき特徴ですが、行動力に欠けてしまうところが難点と言えば難点に。「カップのナイト」には、積極性や自分を押し通すことがなかなか望めないため、裏目に出たときには非常に変わりやすくもろくなります。情にほだされて流されてしまう「カップのキング」と比べると、このナイトは自発性にも欠けています。軽薄さ浅はかさから、周囲に容易に影響されてしまいます。

KNIGHT of SWORDS. ソードのナイト

風の中の風
機敏な、熾烈な雄々しい革命家

絵柄の解説

　ナイトの中で最も、目的に向かって迅速に動きます。それは、彼自身のやるべきこと・計画・任務を、脇目もふらず一直線に遂行していくというところが強調されています。やり手のサラリーマンのようなイメージであり、冷静・的確な判断と実行力が彼の売りなのです。冒険を求める「ワンドのナイト」とは違い、「ソードのナイト」は、動きが評価されることや見合うだけの成果を求めます。また彼は、批判精神や攻撃精神も旺盛であり、彼の思考パターンの範疇にないものは冷静に切り捨てる、彼の道を邪魔するものは徹底的に傷つけ攻撃するでしょう。夢と希望に向かって、自己や周囲との葛藤を乗り越えていくような「ワンドのナイト」とは大きく異なります。裏目に出た場合は、そこに示される人物が非情にして人を騙したり、無責任な言動を取ることを暗示します。えてして卑怯な印象になりますので、逆位置で出ている人の言動は、真に受けないようにすべきでしょう。また、思考・判断のレベルでの誤りを指摘して頻出するカードでもあります。方向性をもう一度見極めたり、無駄な動き・見当違いな行動をしていないか要チェックです。

KNIGHT of PENTACLES. ペンタクルのナイト

風の中の地

実利的な雄々しい革命家

絵柄の解説

　ナイトの中では、馬の動きが最もないのがこのカード。安定していること、動く必要がないこと、着実に地に足を着けた進展をするであろうことなどが伺い知れます。このナイトが御している馬に注目し下さい。彼だけが黒い馬――多くの人が、日常生活の中で、飼い慣らすことに失敗を繰り返しているリビドーの負の側面――を、彼は合理的なレベルに昇華させているのです。従って、この人物が居る場所は、穏やかでも、生産性のある好ましい状態だと言えます。登場する関係者達との利害の一致、相互に実りをもたらし合える人間関係が期待できます。裏目に出ると遅延や停滞を示します。また、物質主義、リビドーのままに物欲を満たそうとする者、詐欺や悪徳商法まがいのやり方をする人物、そのような事件が発生し得る状態であることになってきます。周囲のカードをよく見て、ペンタクル（地）と、相性の良くないソード（風）のカードとの関係には注意が必要でしょう。

■ The Court Cards ■
✢ PAGE of WANDS. ✢
ワンドのペイジ

地の中の火
実のある、しっかりとした若者

絵柄の解説

　身につけている衣装からは、この人物がペイジ（小姓）ながらも地位があることが分かります。彼は、その権限の運用能力のある人物です。立ち止まって手にしているワンドを見つめています。自分の意志や希望に忠実であること、彼は常に自分が何をやりたいのか、このまま歩み続けていいのかを考えています。目的をしっかりと見定めているのです。それが分からない内は動きませんし、発展途上にあるこの若者は、とかく何かのきっかけで目的も変わりがちです。考えや行動はしっかりしているが、後押しや援助が必要な段階でもあります。立ち止まりながら、試行錯誤を繰り返しながら前進していくのがこのペイジなのです。もっと自信を持つ必要や、一貫性を持って動いていくことの必要性が暗示されてもいます。裏目に出ると、気まぐれ、持続性に欠ける、変わり身の激しさなどいわゆる「若気の至り」などと表現されるような行為、状態に及びます。

　30歳以上の人のことでこのカードが出たら、その人物は精神的に幼く、未熟であることが伺えます。これはペイジのカード全てに言えることです。

PAGE of CUPS. カップのペイジ

■ The Court Cards ■
✲ PAGE of CUPS. ✲
カップのペイジ

地の中の水

純粋な、夢のある若者

絵柄の解説

　風変わりな衣装を着用していますが、いわゆる平民・農民ではなく、宮廷内で諸爵たちに従事していた道化や小間使いが描かれているようです。面白くてユニークな発想をする人、進んで人を楽しませたり、心地よい気分にさせることが好きな人物像が浮かび上がります。「カップのクイーン」よりも、地に足が着いていますし、年が若いだけに素直で融通も利きます。ただ放っておくと、カップの中の魚（＝思いこみや幻想）への妄想を肥大させていくことになるでしょう。本人自身その自覚はあると思われますが、このカードが出た人には、日常的な小さな失敗を繰り返すことで成長していく傾向がありますので、悲劇のヒロインに陥らないよう示唆することも大切です。現実離れした変わった生活様式・仕事に携わる可能性にも通じていくことから、個性的、特異な性質、人柄、職種などを当てはめることができます。
　裏目に出ると、本人の強い思いこみが災いして落胆したりよくない結果を招くことになるでしょう。

PAGE of SWORDS. ソードのペイジ

■ The Court Cards ■
✤ PAGE of SWORDS. ✤
ソードのペイジ

地の中の風
クールな、淡泊な若者

絵柄の解説

　ソードの人物カードの中で、空に舞う鳥の数が一番多いのが、このペイジ。多様性が示されています。剣の扱い方も危なっかしく、とにかく色々な方向性・計画性を取り入れて試していくことが伺えます。手にしている剣から顔を背けている当人には、全くその意識はないでしょう。自分にはコレしかない！との確固たる前進を果たしているつもりになっているが、端から見れば行き当たりばったり、どうしてもっと先のことを考えて行動しないのかと、冷や冷やさせられる人がいるかも知れません。実利を求めて先を急ぐ傾向が特徴ですが、裏目に出れば、明らかに無駄な行為、考え違いから、ミスを冒したり人に迷惑をかけてしまうことになります。ソード（風）と相性のよくないペンタクル（地）の損失・失望を表すようなカードが周囲に出ている場合は要注意です。もう一度計画を練り直すことが必要でしょう。逆に、実りや発展性のあるワンドの周囲やクリエイティブな方向性を保証するような出方であれば、もっと方向性を絞ることや、落ち着いて構えてじっくり物事を進めるように促すことで、このカードが示すことを活かせるでしょう。

PAGE of PENTACLES. ペンタクルのペイジ

■ The Court Cards ■

✤ PAGE of PENTACLES. ✤
ペンタクルのペイジ

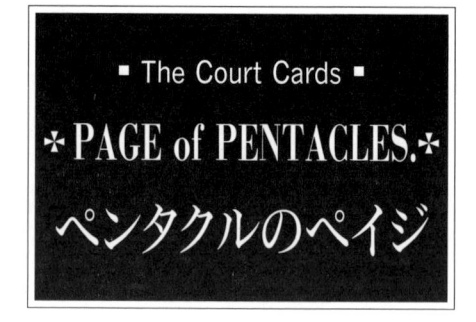

地の中の地
努力を惜しまない、勤勉な若者

絵柄の解説

　コツコツ着実に前進する若者です。手にしているペンタクルを頭の高さまで持ち上げています。マルクト（第10のセフィラー、地球）からケテル（第1のセフィラー：生命の樹の頂点）へ向かって、上昇しようとするとき、人は現状のあらゆることを受け入れて、今必要な取り敢えずの最初の一歩から、踏み出し始めるのです。小姓としてでも持っている所有物を、さらなる実りに変えるだけの力を誇る人物です。安心して物事を任せられること、確実に言っていることやっていることが、実を結ぶであろうことが暗示されているのです。高い実現性を示すカードです。ただし基盤と素質のみを保証するもので、将来性に関して不安定なカードが出ていれば、宝の持ち腐れにならないよう注意が必要になります。裏目に出たときには、努力をしないこと、怠惰な状態や性質を表すことになります。周囲に損失・損害のカードが出ていれば、素質がないこと、努力・実力不足から、何かを失うことまでも指し示すことになります。

THE COURT CARDS

★　人物カードは往々にして、それを「人物」と取るか「状態や出来事」として解釈するかが議論されるところです。それが誰を表すか……この辺りは訓練に依るところが非常に大きく、占術家独自の秘伝的解釈方法があることでしょう。

　まず、質問に関与する誰か、を考察することが妥当です。男性か女性か、年輩か若年層かが最初の判断ポイントです。性別か年齢層で、質問者当人を示すカードを探すこと。そうすると時には、質問者は女性なのに男性のカードしか出ていない、というような判断に苦しむ場合も出てきます……。
　──他に男性の登場人物が当てはまるか、
　──それとも質問者の男性的側面が出ているのか、
　違う観点から、解釈をしてみることです。

　或いは、率直に「年輩の男性のカードが出ますが思い当たることはありますか？」と伝えてみることもひとつです。「実は現状はこれこれしかじかで……」とさらに詳しい情報が聞き出せることがあります。新たな登場人物が増え、「この件には実はその人が重要な役割を担うのだ！」ということが分かることは非常に多いのです。
　そして、当然その解釈は「主体となる人が、このようにするだろう、なるだろう」と言う「状況・出来事」の解釈へと通じて行くわけです。最初から人物カードを人と読むか、出来事と読むか、こう読もう……と、読解法則を確立する必要はないのです。大アルカナにしても数カードにしても、そのカードが示す象徴や具体的な出来事から、主体を読み取ることもしてきているのですから。

　独自のカードがそこに成立します。誰が、いつ、どのようなことをするのか、思うのか、40枚の数カードでは表現されてこなかった事態が導き出せます。解釈する人と、カードとの交信が果たせているか、ここまで自在に出来るかどうかに現れ出るでしょう。
　本書の冒頭で述べたように、あなたがカードから解釈を導き出すのです。このことばがまさに活きてくる段階です。何度も実践解釈を試みて下さい。まずは自分のことに関してカードを切り、解釈を常にノートに書き留めて、経過を見守り事象と照らし合わせることです。私の手元にはそのようなカードの記録がいくつかの段ボール箱におさまるくらいの分量、残っています。上達するには、時間と奥行きが必要なのです。

実践鑑定1：ヘキサグラム・スプレッド
SAMPLE TAROT CARDS READING 1

　対面鑑定に来館された方の御質問で、以下のようのものがありました。

　Q　デザイン事務所に勤務していますが、この四月から自分の下で働くようになった女性たちの扱いに困っています。当初から半年ほど経ちますが、表面上の愛想はよいものの、仕事に対してかなりいい加減な姿勢を示し、影では私の悪口も相当言っているようです。上司は、権限があるのだからもっとしっかり指導するようにといいますが、言っても分からない人間・才能のない人材に、これ以上労力を費やすのは無駄な気がしています。実際何人かは、適当なところで退職して行くことを吹聴しています。しかし、職場にいる限り指導する役目は避けられません。思い切って転職でもするしかないのでしょうか。仕事は好きですし、徐々に軌道に乗っているつもりでしたが、こう気分が滅入ると、この仕事自体合っているのかどうか分からなくなってきています。私は一人っ子で、実家からは、戻って来てお見合いや結婚に力を入れるようにと再三連絡が来ています。いっそのこと仕事を辞めてしまおうかとまで考えるようになってしまい、どうしたらよいか迷っています。

　スプレッドはヘキサグラムで、特に⑤⑥で、質問者と対相手との関係を並べて出して見ることに重点を置きました。この件を司っている要素が、どちらにどのような形であるのか、その優劣関係を見るわけです。

スプレッド状況

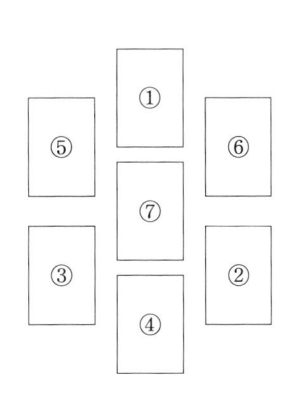

①カップの9
この件の過去
②ワンドの7・逆位置
現状
③ペンタクルのクイーン
現状がどう変わるか
④世界
キーカード
⑤ソードの2・逆位置
⑥死に神・逆位置
質問者の状況
⑦ペンタクルの4・逆位置
質問者のこの職場での今後を象徴する最終カード

リーディングをして行きましょう。
①過去に於いて、特別トラブルがあったわけでもないし、未来へ向けての期待感があったことなどを読み取ることが出来ます。
②確かに、質問者の威厳が損なわれているようです。
③ペンタクルのクイーンは、ここでは質問者自身、このまま行けば、相変わらず部下たちの面倒を見ることに懸命になり、これによって、②の現状も多少和らげて解釈することができます。
⑤職場に相応しくない、部下たちの行動などが伺えます。急に辞め出す者が出てくる可能性も充分あるでしょう。

②③⑤から総合的に、困難と言ってもさほど緊迫した状態ではなく、「やれやれ」と言った疲れ気味、少々肩の荷が重いような現状が浮かび上がってきます。

　このように、カードの示す事柄、解釈を当てはめるのではなく、どの様なことが言い合わせるかを、周囲のカードを手がかりにして導き出すのが本来の解釈方法な

SAMPLE TAROT CARDS READING 1　実践鑑定1

のです。1枚のカードが、端的に何を示すものなのかをあなたの意識に植え付けることで、どこにどのように出ようと、いかようにも表現出来るようになって下さい。

⑥いずれは白黒ハッキリつける質問者、と言うことでしょう。出方としては、グズつくことが伺えます。
⑥⑦からは、ギリギリまで耐えて、キレてしまう辞め方が伺えます。
⑦質問者にとって、維持できないこと、失うものを表しています。
　それが何か、隣接しているカードを吟味することになります。ここが、このリーディングのポイントです。

②⑦⑤の並びに注目。特に、⑤（風）と⑦（地）の相性の悪さ、相克関係から、やはり部下たちとの関係で、質問者自身の立場が大きく変わること、部下たちとの関係に嫌気がさして、自分から立場を放棄することになりかねないようです。

④限界を表す「世界」が出ています。この件はもともと限界があったことを示しているとすれば、質問者の動きが必要とされていることになります。或いは、やれるだけのことをやっておかないと、⑦になってしまうとの警告とも取れますが、いずれにしても、質問者自身の対応が鍵を握っているわけです。

④と、⑥の質問者自身のカードが大アルカナです。ここに深い洞察が必要になってきます。この2枚と⑤の「問題視すべき質問者の部下」で、私は質問者が仕事に向いていないからこうなったのではないことを直感しました。問題が、質問者の仕事の根本的な事柄ではないことが分かります。この時点で、結婚云々の相談には、関わる必要がなくなります。

「世界」が出ていますから、質問者がどうなりたいのか、その「到達地点」に向かって進んで行くようになります。
　ただデザインの仕事を続けたいだけなら、環境を変える、すなわち転職は手っ取り早い解決方法になるでしょう。

質問者へのアドバイス

　今の職場でやっていきたいのなら、職場での権限を活かして、部下に対して厳しい処置を取ることです。上司を動かすのもひとつの手段でしょう。そのような厳しい態度で臨むことが出来ないのであれば、「世界」が象徴する「行き着く所まで行く」すなわち「キレてしまう」前に、職場を換えることもまたひとつのやり方です。しかし、「世界」「死に神」から、非常に強いパワーを感じる質問者で、とても負け犬のように去っていくとは思えませんが……。

鑑定後記

　質問者は上司に掛け合い、部下の女性たちに仕事の適性テストを行いました。かなり厳しく難しい試験を作り、現実的に努力や素質が足りていないことを証明するものとなったので、その後研修を兼ねての残業や、持ち帰りの仕事を言い渡すことが出来るようになりました。また、上司が加勢してくれるような体制になったので、当面は転職を考える必要はなくなったとのことです。ただし、やはり部下の教育・指導は続くことになりそうで、転職に関しては来春になって状況次第であるとのことでした。

実践鑑定2：ヘキサグラム・スプレッド他
SAMPLE TAROT CARDS READING 2

身近にいる人から、次のような相談がありました。

Q　妊娠しているかどうか見て欲しい。同棲している彼はいるが、まだハッキリ結婚の話が固まっているわけでもないし、今子供が出来ても少々困る。普段は気を付けているのだが、生理が半月ほど遅れているので心配です……。

これは、まず「生理が来るかどうか」で、1枚引きをしました。「ペンタクルの9」が出ましたが、対処療法的にカードを切り時期を出してみると「2週間後」と言うものが出てどうも非現実的な感が拭えません。解釈するなら、生理が来ないとするべきでしょう。

では、「何故生理が遅れているのか」で、1枚引きをすると、「カップの9」が出ました。「妊娠」を象徴してもおかしくはないカードです。

さらに、「妊娠しているのか」で、1枚引きをしてみると、「ワンドの8」が出て、状況が急変していくことが分かりました。しかしこれだけでは、妊娠しているか否かがハッキリすることのみ分かるのであって、どちらかとまでは判断できません。そこで、「何がハッキリ分かるのか」ということを1枚引きしました。
「ワンドのキング」が出ました。男性が介在してくること、しかもワンドですからこの件に関して非常に強い意志・感情を伴って動いてくるわけです。
「カップのキング」であれば、彼女の彼氏・夫と言う解釈が出来ますが、水の象徴の反対である火の象徴の男性では、まるで彼のライバルのような存在に取れてしまいます。

ただしここでは、当事者である彼女自身が妊娠に対してストレートに喜べない状

況下にあるわけですから、その彼女のパートナーとして、多少妊娠に否定的な彼、現状に関してハッキリした決断が成されていない彼が、「ワンドのキング」で出ると言うことに何の不思議もありません。彼女の話からは、確かに彼にとっても「赤ちゃんが出来た」としたら、立場的・経済的な問題に直面することになる、しかし何とか奮闘してくれるのではないか……無理や困難を乗り越えることになる彼が伝わってきました。

このカードは既に、「懐妊」の象徴では、と段々読めてきます。

しかし、彼女は「気を付けているし、大丈夫なはずだ」と言う。ちょっと心配だったから聞いてみただけだったのに、こんな結果がでるなんて……と心外な様子です。

最後に、ヘキサグラム・スプレッドを出してみることにしました。

スプレッドの条件設定と展開

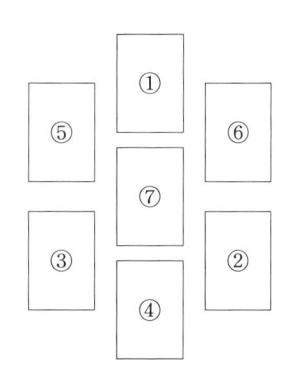

①ソードのナイト
　過去にそうなってもおかしくないことがあったか
②ソードの7
　現状
③ソードの2
　Future 近い内に生理がくるか
④ソードのペイジ
　キーカード
⑤ソードの5・逆位置
　身体の問題などがあるかどうか
⑥ソードの3
　現在の質問者
⑦ソードの8・逆位置
　Manifestation 妊娠しているなら、それを象徴する事柄

SAMPLE TAROT CARDS READING 2　実践鑑定2

　以上、7枚全てが、ソードのカードと言う展開には、驚きました。
　しかし、妊娠という喜ばしさ、母性や母子を象徴するようにはとても見えません。明らかに、7枚のカードが一体となって、何かを物語っていることが伝わってきます。
⑤からは、妊娠以外の病気とも取れますが、妊娠そのものが、身体的・生理学的に普通の状態ではないわけですから、ここで病気だと判断するわけには行きません。
これは、まともに1枚1枚解釈すべき状態ではありません。

　簡潔なフォーカード・スプレッドで、ハッキリ出すことにしました。
「太陽」のカードが、何が起こるかを表す2枚目に正位置で出たら、妊娠していると判断する、とカードに当たりを付けて切りました。

スプレッド状況

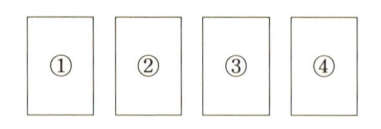

①　②　③　④

①カップの8
②太陽
③ソードの4
④カップのエース

　②には　太陽が正位置で出たのです。
それ以外のカードを解釈してみましょう。

①基本的には、安楽に流されているような状況を示すカードですが、ここでは「客観的に見れば当然と言える事柄」が強調されています。
　つまり、現状が、気を付けていただけでは、妊娠と言う出来事も、起こって当然だと言っているわけです。

③質問者は、取り敢えず事態を受け入れることにするのでしょう。この静的な動きのない、喜びと言うより淡々としたカードは、妊娠していない結果よりも、している結果に対する反応であることが伺えます。

④これこそ、愛情、豊饒、実り、多産性の最たるカードです。

以上のカードからも、矛盾なしに、妊娠の可能性が読み取ることが出来ます。

質問者へのアドバイス

取り敢えず、検査薬で確認することを勧めました。

鑑定後記

検査結果が陽性で、やはり病院に行ってもその通りの結果でした。
同棲中の彼と入籍することにしたそうです。

「ソードのエース」は、なかなか妊娠を象徴すると書かれているものは少ないですが、実際幾つかの解説書で目にしてきました。しかし読んだ時には、ほとんどあり得ない気がしていたのが事実です。
　そして鑑定の現場では、健康面に関することでは、警告を含めソードのカードが多出することもまた事実感じてきたことです。この件以来、ソード、特にエースカードは、良きにつけ悪しきにつけ、健康面の事柄を含め重要な警告を果たすカードだと、認識するようになりました。

　また、どうしてフォーカードの展開で、あれだけハッキリ出た事が、最初の1枚引きでは出ずに、ヘキサグラムでも警告・緊張感を訴える展開で出たのか、と言うことも考えさせられます。私はむしろ、何のカードが出たかと言うよりも何故このように何度も切り直すことになったのか、それが何を物語っているのかが重要だと思えるのです。
　ある占術家の方は、「一般にはタブーとされているが、カードを何度切ってみようが構わない。真実ならば、誰が何度占っても、同じリーディングになり同じ事柄

が紡ぎ出せるはずだ」と、仰っています。その何度も切ることが重要であり、そこに何か意味があるはずだと仰っていた方もありました。確かにタロットカードは象徴を解くカギなのです。
　しかし、私にはまだ、最終結果に至るまでの今回のスプレッドの経緯が、私の腕の未熟さか、はたまた質問者の彼女の予想外の未来の少々厳しい展開を象徴していたのか、その何故かという問いをハッキリと解くことが出来ずにいます。

実践鑑定3：ケルト十字・スプレッド他
SAMPLE TAROT CARDS READING 3

知人から、ある日以下のような相談を受けました。

Q　長年育てて可愛がっている犬が、行方不明に……。どこにいるでしょうか、見つかるでしょうか？　（28才男性、家族と同居で小さいときから犬を育てている）

取りも直さず、現状を確認する必要があります。犬は無事か、どこでどうしているのかを、ケルト十字・スプレッドで出すことにしました。

スプレット状況

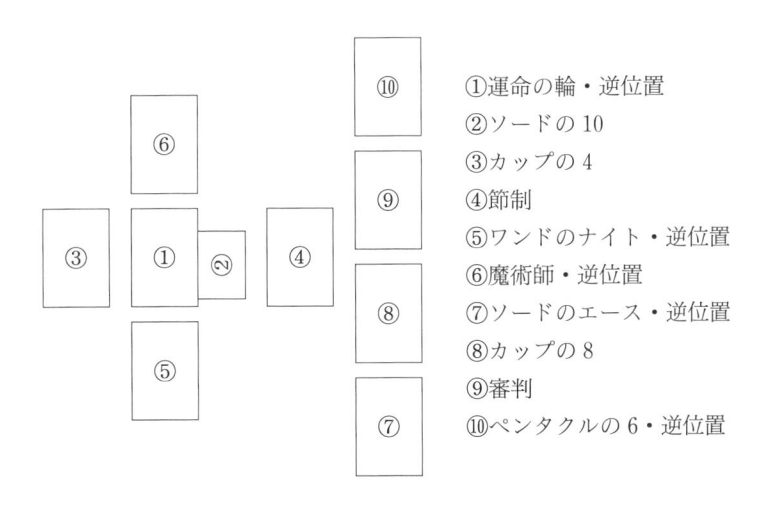

①運命の輪・逆位置
②ソードの10
③カップの4
④節制
⑤ワンドのナイト・逆位置
⑥魔術師・逆位置
⑦ソードのエース・逆位置
⑧カップの8
⑨審判
⑩ペンタクルの6・逆位置

SAMPLE TAROT CARDS READING 3　実践鑑定3

　①②と出した時点で、車にはねられるような事故にでも遭ってしまっているとしか、私には考えられなくなっていました。

　⑤は、人物カードですが、犬であってもこの件に関する登場人物には変わりありませんし、知人の愛犬を指すものとも取れます。また、生き物の本能・衝動性が裏目に出たことを象徴して出ているとも解釈できます。

　顕現である⑥、最終カードの⑩は、まるでハッキリ「愛犬は生きては帰ってこない」と、突き付けるかのようなカードです。
　しかし、
　④の「節制」は、辛うじて生命はとりとめているように解釈できますし、
　⑧は、質問者に対して、彼が探そうとしている対象である「愛犬の状態」を出したつもりですが……死んでしまった状態とは、ちょっと読めないとも言えます。

　⑦に出した「質問者の状態」からは、探し方の方法が適切でないことが読み取れます。
　質問者曰く「家の近所は徹底的に探している、張り紙も貼った」とのこと。
　つまり、その方法が適切でないわけですから、私はここで「もっと遠く、思いも寄らないところにいる可能性があるので、探す範囲を広げて下さい」と伝えました。

　肝心の犬の生死に関しては、家族にも等しい当事者の方を前にそう容易く結論は出せません。とくに④⑧を見ると、はっきり事故で命を失ったと言うことは躊躇されます。
　また⑨も、「諦める覚悟が必要」と取らずとも、「再会、心機一転」とのメッセージ、質問者にまだ可能性があることを示していると取りたい心境に駆られます。

　観点を変えてカードを切ることになります。
　ヘキサグラム・スプレッドを使って、⑦の最終カードに「犬は見つかるのか？」⑤、⑥に、その⑦と言う時点での、⑤が犬の状態・状況、⑥が質問者の状態・心情、④が、⑦に至るまでの原因・理由、或いは⑦に対する対策を出すことに設定してカードを切りました。

スプレッド状況

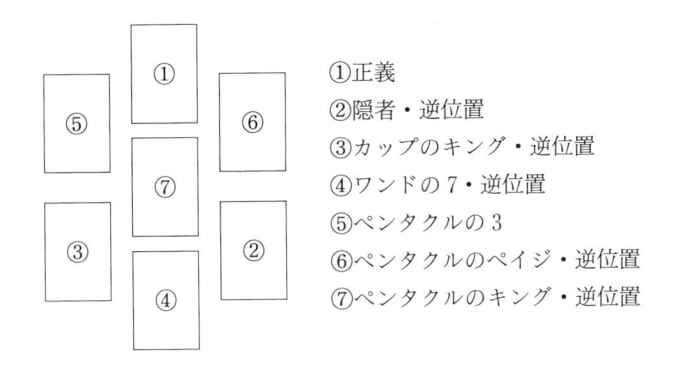

①正義
②隠者・逆位置
③カップのキング・逆位置
④ワンドの7・逆位置
⑤ペンタクルの3
⑥ペンタクルのペイジ・逆位置
⑦ペンタクルのキング・逆位置

解釈してゆきますと、
　③⑦は、まるで質問者本人のみならず、彼の父親・兄弟たちまでが、落胆する様が伺えます。
　⑤では命は失っているかもしれないが愛犬の身体は手元に戻ってくることは伺えるのです。遺体となって戻ってくるとは、またしても言いづらいものですし、短絡的に口にすべきではありません。
　①②からは、もう間もなくその愛犬が、元いた居場所におさまることも伺えます。ただし②は、悲観しなくて良いことの現れか、人智の及ばぬことを象徴しているのか、この現状①と近い未来③の2枚に関して、今週一週間内の質問者と愛犬の経緯を出してフォーカード・スプレッドで最終的な事柄を導き出すことにしました。

スプレッド状況

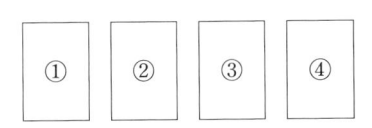

①戦車・逆位置
②ペンタクルの4・逆位置
③ソードの3
④カップのクイーン・逆位置

だめ押しのようにカードが並びます。
　②③で、犬を守りきれない・再び育てていくことはできない質問者と、愛犬の死、だが偶発的・突発的な事故であり、なんら悪意や故意によって生じた出来事であること、誰もが遭遇しうる事故だったのだと、推察すべきでしょう。

　未練がましく、残された可能性はないのか、犬はどこにいるのか？　と言う最後の問いに1枚引くと「ペンタクルのクイーン」・逆位置。
　……どなたかに保護されていつつも、時既に遅く、とても生きて帰ってくるとは読めませんでした。

　質問者の表情を見ていると、しかしそれは言えません。可能性を感じるカードに焦点を当て、はじめにケルト十字の中に出た「節制」「審判」「運命の輪」……。犬は事故にあってケガをしているかも知れない、しかし少し離れたところに遅くとも今週中には発見できるだろうから一刻も早く見つけだそうと、私は言いました。

鑑定後記

　3日後に顔を合わせたときに、遺体が見つかったこと、そして都心に住む彼にはこれまで縁のなかった、人里離れた印象の、自然の多いところでのことだったと、話していただけました。彼が動かなくても、外から知らせが入ったそうです。
　犬が命を失っていたことは、最初に切ったケルト十字・スプレッドの、①②で導き出せたはずです。
　芳しくないことが出たとしても、どんなに受け入れ難いことでも、鑑定師がカードの象徴と解釈の基本から免れないこと。生死に関わるような重要事項、必要なことを、タロットカードはストレートに伝えてくれるものなのです。自己を省みる一件です。

実践編5：大アルカナと小アルカナを分けての オリジナルリーディング　ORIGINAL READING

　なぜ大アルカナカードの英語のタイトルには THE FOOL. などとピリオドが打ってあるのでしょうか？
　英単語などでは省略した場合にピリオドを付ける決まりになっています。例えば Station を省略して書く場合、St. と書きます。
　タイトルとして記されている単語に何かが省略されているとしたら……。THE FOOL. は、THE FOOL……で始まる物語であって、その物語りが「…….」と終止符を打たれて終わるまでの奥行きがあると言うことではないでしょうか。
　大アルカナは表紙絵で、小アルカナがその中で発生する出来事を描き記した場面のようなものだと説明しましたが、そこにも矛盾のなくなることです。

　ここに挙げるのは、この表紙絵＝物語のタイトル＝大アルカナと、場面構成＝小アルカナ、という捉え方を応用し、スリーカード・スプレッドを連続して展開してゆく方法です。
　もともと種類が違うカードであるのならば本来一緒に混ぜてシャッフルし、リーディングすることが適切な行為かどうか、と思うこともある私は、この展開法を用いることが少なくありません。

★　まず大アルカナ22枚と小アルカナ56枚を分けて、できればテーブルの上に扇形に二列に並べておきます。スペースがない場合、ふたつの束の中から1枚引きをしていっても結構です。

★　質問をひとつ設定します。「自分の今後」を出そうとするなら、今後とは「いつ」のことで、自分の「何」に関してなのかを絞っておきましょう。
　「明日一日はどのような日になるか？」と言う質問を設定したとしましょう。

ORIGINAL READING オリジナルリーディング

質問「〜？」に対する答えとなるカードを、大アルカナの中から1枚選びます。象徴の中に見出せる具象を、小アルカナの中から2枚選んで、左右に置きます。

カード展開のパターンは以下のように、ひとつの質問に対して、一枚の大アルカナとその構成となる2枚の小アルカナです。

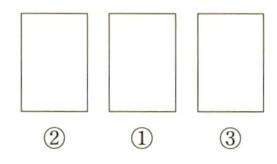

②　①　③

①象徴である大アルカナ
②構成要素となる出来事小アルカナ
③構成要素となる出来事小アルカナ

と言う配置になります。

実際の質問を扱ってみましょう。

Q「片想いの彼との今後、来月ふたりはどうなっているか？」

と言う質問者がいるとします。

★展開1　まず現状を出します。今質問者が、どのような状態に置かれているのか、不利な点、有利な点、質問者の価値観に合わせてどんなアドバイスができるか等、カードを判断し解釈するポイントを得ておきます。ここでは大アルカナの①の現状において、小アルカナで、②相手の男性、③質問者である女性を対応させて出すことに設定します。
　※このような質問設定がなされずに整然とカードを並べているだけの鑑定が多いのが実状のようですが、気を付けたいところです。

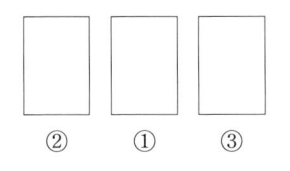

ORIGINAL READING オリジナルリーディング

```
┌─┐ ┌─┐ ┌─┐
│ │ │ │ │ │
└─┘ └─┘ └─┘
 ②   ①   ③
```
①魔術師
②ワンドのエース・逆位置
③ペンタクルの3

　まだ始まったばかりの恋愛、話の合う楽しい関係であること、そんなに先のことまで考えてはいませんが、現時点ではまずまず強い思い入れがある男性と、パートナーを獲得できた女性の安住しているような気持ちが伺えます。
RES：出会いとしては、話の合うメル友だったが、数日前から本格的につき合うことになったという状態でした。

★展開2　本題に入ります。
Q「交際中の彼との来月は？」

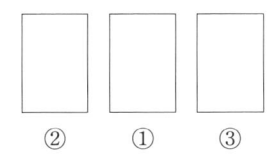

```
┌─┐ ┌─┐ ┌─┐
│ │ │ │ │ │
└─┘ └─┘ └─┘
 ②   ①   ③
```
①法王
②カップの3
③カップのクイーン・逆位置

　「カップのクイーン」は、年輩の情の深い内向する女性を表しますが、男性に対して多少甘えていくこと、愛情が深まっていくことが読めます。現状「魔術師」から「法王」へ移行することと「カップの3」からは、お互いが支え合う導き合う、よい相談者のような関係、言って見れば兄妹のような関係になっていくことが判断できます。男性の方は、愛情が深まっていくと言うより「可愛がる、楽しむ」と言う態度になってくることが感じられます。
RES：実際質問者は、実際ふざけて「おにいさま」と呼んでいたり、年の開きが6歳とやや離れている関係だとのこと。

　ここで「結婚できるか」と言う質問が出ます。まだつきあい始めて2、3日の相手ですのでやや非現実的な質問である感がありますが、象徴カードにその可能性を出してみます。

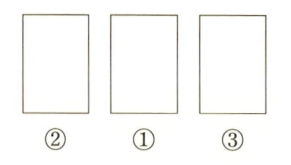

ORIGINAL READING オリジナルリーディング

①正義・逆位置
②ワンドの7
③ソードのペイジ

②　①　③

　質問者が、気持ちが散漫でついうっかりした言動で足元をすくわれることがある「ソードのペイジ」。20代半ばである質問者は、前回出ていた「カップのクイーン」よりもここに出ているペイジのカードの方が相応しく感じられます。既に何か問題を抱えているのでしょうか。彼の方も、気が重くなる、負担を感じる、それでもつき合いだしたことを簡単には放棄せずに、ふたりの恋愛を何とか守っていくようです。
RES：実は男性恐怖症で、正直言って交際していくことには非常に恐怖感があるとのこと。

　ここからが、既存のスプレッドには期待できないところであり、占的が変わってもそのままカードを切り続けていけると言う、この展開法の利点です。ただし78枚すべてを使い切った時点で終了するべきです。

★展開3　「彼女の恋愛に関する問題を克服する方法は」と言う設定で、象徴カードを出すようにカードを切ります。

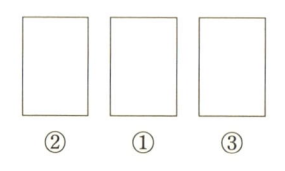

②　①　③

①女教皇
②ペンタクルの4
③ワンドの5・逆位置

　質問者の女性が自覚している言動、例えばスキンシップを持ちたがらないこと等を変えていくことでしょう。男性の方にも時間的な耐久性や所有欲で持ちこたえる印象になってくるでしょうし、いつまでも悩んでいるようでは男性が離れていく心配が伺えます。

★展開4　「最終的に彼女は、問題を克服して交際中の彼と結婚の方向へ進んで行けるのか。」

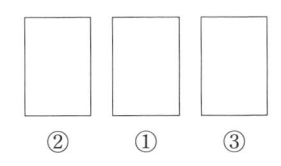

①皇帝・逆位置
②ペンタクルの2
③ワンドのクイーン・逆位置

時既に遅し、という感じです。もっと楽しめる、開放的な恋愛を求めていく男性と、愛情が深まってはじめて恐怖心から解放される女性とのすれ違いが伺えます。

鑑定後記

やはりふたりの交際は半年程度で終わりましたが、別れた後のふたりは時々相談をし合うような好ましい状態は保てているようです。彼女としては次につき合う男性とは自然な交際ができるだろうと、悩んだ時期はあったが振り返ってみて意義のある出会いだったとのことです。

タロットカード占いのゲームやソフトは数多く存在しますが、上記のような鑑定が可能なのは人間の技術以外にないでしょう。
「今つき合っている人とどうなりますか」と言う質問は圧倒多数です。タロットカード3枚で過去・現状・未来を読み取るスリーカード・スプレッドのみでの判断はやはり大ざっぱなものになります。
それでも質問者の中には、単純にタロット占いに夢やファンタジーを求めている人もおられます。出会いがあって、がんばれば結婚できるのだと後押しされたい人には、スリーカード・スプレッドなどができるコンピューター占いが妥当な場合もあるでしょう。私も楽しんで利用することもあります。道具も使いようです。

最後に
CONCLUSION

★解釈に関する主張

　きちんと自分なりの根拠・体系をしっかりさせているのであれば、何が正しくて何が間違っているかと躍起になる必要はないと思います。

　例えば、現職の鑑定師さんとお話をしてみて、カードの捉え方や解釈に相違を感じることがあります。実際にある方と一緒に、同じ問題に関してそれぞれがカードを切ってみたことがあります。その方の展開したカード、さらにその解釈の仕方にも私はいまひとつピンとくるものがなく、内心疑わしい気持ちを抱きながら自分なりにカードを展開させました。カードの並び方にもかなりの違いが見られました。「やっぱりな……」と、ある種優越感に浸りながら解釈を試みたわけですが……。導き出されたことは、先ほどの鑑定師さんの解釈とほぼ一致するものだったのです。言葉を失う思いでした。

　また、学院の講師をしていたときには、実践鑑定用の試験問題を作成した際に、そこでも似たような現象がありました。複数の生徒さんたちが実際に試験中カードを切って展開した通りのことを解答用紙に記入するわけですが、展開されるカードに違いはあれど、解釈してひとつのこたえを導き出すと、それが一致するのです。あとはそれぞれの人生観・価値観によって、微妙にアドバイスの内容が変わりますが、このへんが占術家とその人を頼りにする人との相性、と言ったことになるのでしょう。鑑定所に出ていた頃は、来る方の価値観に合わせたアドバイスを心がけていたことが、多くの皆様に親しんで頂けた理由なのかもしれません。極端にいえば展開したカードが「当たる、当たらない」ということよりも大切だと思います。

カードの解釈においては、なぜそれがそう解釈できるのか？が、きちんと説明できれば、自信を持ってよいのだと思います。勿論「本に書いてあったから」ということばは説明にはなりません。「当てよう当てよう」ではなく、何であれ出たカードから「質問者のためになることを導き出そう」、と言う信念の元に、読み取れることをわかりやすく相手に伝える──これが、私の鑑定方法です。
　理論をないがしろにしたままで、自信と信念を持って仕事を成立させることは不可能です。自信と過信も勘違いしやすいもの。そう言った面での仕事へ配慮・姿勢を確立させることのほうが、ひとつのカードの解釈が正しいか正しくないか云々するより遙かに実があることでしょう。

★スプレッド別効用

ケルト十字・スプレッド

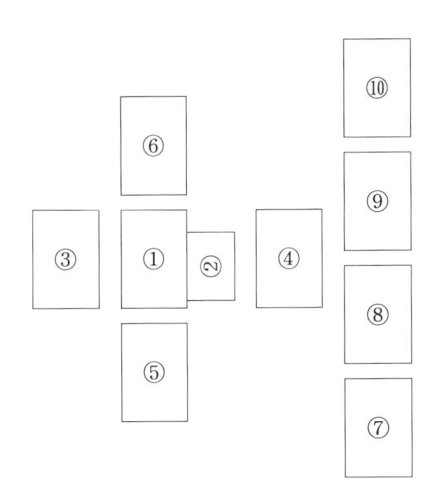

⑤見えざる事柄、潜在的な要素
⑨質問者が持っているこの件を動かす力
　この２点に関する洞察が得られることがポイントであり、以下の場合に効果的で

CONCLUSION　最後に

す。

■問題に不明瞭な点が多い事柄を鑑定する場合。
■質問者に、問題に関することの成り行きを知った上で、「どうしていきたい」のかの認識がハッキリしてない場合。
■長期的な変化を知りたい時。
　タロットは長期的な物事の変化を見出すのには相応しいものではありませんが、長期的に関わって行くべき事柄なのか、限界があるとしたらそれがどの要素なのかを知ることによって、かなり長期的な観測が可能なはずです。

ヘキサグラム・スプレッド

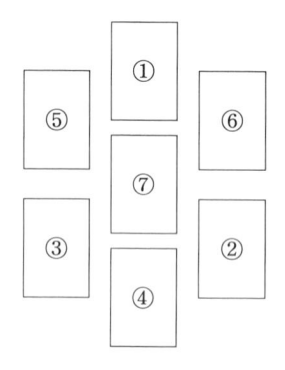

```
        ①
  ⑤         ⑥
        ⑦
  ③         ②
        ④
```

　左右対称のこのスプレッドは、二者の関係、例えば質問者と好きな相手であるとか、質問者と就職先である会社との関係など、相関関係を知るのに効果的です。「両者のバランス」、「調和の取り方」を示唆してくれる展開方法であり、おたがいの優劣関係、双方の間にある問題点などを明瞭に推し量ることができるスプレッドです。

■対人関係、訴訟問題など、人と人或いは人と置かれている環境や所属先、取り組んでいる事柄との関係がどうなるかに焦点が当たる問題。

スリーカード／フォーカード・スプレッド

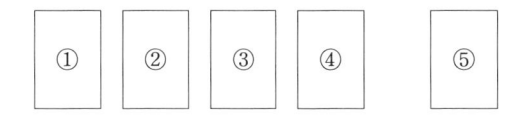

| ① | ② | ③ | ④ | ⑤ |

具体的に何が起こるかに焦点が当たるスプレッドで、生じる現象、変化、それがどのように発生しどのような影響をもたらすのかを知りたい場合に適しています。

■ケルト十字・スプレッドの①③④、ヘキサグラムの①②③に相当するわけですので、当面今の現状がどうなるのかを知りたい場合に最適です。短い期間のことであればあるほど、的中率は高くなります。
■もうひとつの占法としては、ケルト十字やヘキサグラムで出た、ある1枚のカードについて、その1枚をさらに具体的にスリーカードなりフォーカードを切って出す使用法があります。

かく言う私は、スプレッドへのこだわりは既になくなっています。

時にはスプレッドをしないことすらあります。

1枚引きをするわけでもなく、例えば、タロットの授業がある日などは、その日のボードに出たカードに暗示を求めようとします。

授業中、ホワイトボードにマグネット付きのタロットカードを並べて、即効でスプレッドを作ることがあります。どう解釈されるか、どのカードを使うかなど全く意識せず、手当たり次第にカードを並べていく。

すると、私はそこに、今の自分の現状を見出せるのです。

この2、3日思い悩んでいたこと、数時間前に気になってよっぽどカードを切ってみようとした問題が、ホワイトボードの上に乗っているのです。

私には、1枚1枚のカードが、私の現状についての何を、誰を、或いは私の中のどういう部分を物語っているのかが、手に取るように判断できるのです。克明に伝わってくるメッセージに敬服したい思いに駆られる、涙さえあふれ出しそうな時もあります。

そしてその件に関して、カードを切る必要性がもはやない──そのホワイトボー

CONCLUSION　最後に

ドに乗っていたスプレッドがプラクティカルだったわけです。この段階に達して今、心から真のカードの素晴らしさを伝えたい思いに駆られるのです。
「真の……」などということばを使うと、「女教皇」に異議を唱えられそうですが、この時点では私の語彙力の問題に転じさせて頂きたいと思います。
　私にとっては、もはやどのカードが出るかは問題ではないのです。いや、問題にしても、出た「カード」に答えを見出そうとはしません。
　鑑定にはホロスコープを併用しますが、星にもカードにも、そこに答えがあるものではありません。そこに答えを見つけようとする者は、延々と「情報」に拘り続けるでしょう。生命の樹との照応に関する見解の相違だとか、〜版が伝統の名残があるタロットで探究する価値があるとか、いつまでも言っていればよいと、私は思ってしまいます。

　　　見出すべき答えは、私たちの心の中にある。

　ある日のことですが、知人が恋愛相手である男性とのことを相談しに来られました。
「この間彼の部屋へ行ったら、以前は飾ってあった私の写真がどこにも飾られていなかった。これはなぜ？」
　1枚引くと「ソードの6」。別段彼女のことが好きとか嫌いとか、そう言うこととは無関係であること、事情・理由があることしか私には見出せなかったので、さらにその理由を1枚引くと「ワンドの8」が。「彼は最近、引っ越しをしなかったか？　そう言った類のことによる慌ただしさが原因では？」
「確かに彼は、2週間ほど前に新しいマンションへ引っ越して、そこへ遊びに行ったら写真がなかったの！」と、彼女は驚いておりました。
　なぜそう読めたのか、と問われても、私には「本書の「ソードの6」と「ワンドの8」の項を読んで下さい」と言うしかありません。かと言って「ソードの6」と「ワンドの8」のペアが出ると引っ越しを表す、というパターン化した思いこみも、今後もすることはないと思います。
　そのときそう導き出せただけにすぎません。ひらめき、思いつき、カンともまた違います。確かに私はそこで、それぞれのカードが元々示唆する事柄をたぐり寄せ、それから判断を下したのです。ただ、道具を使いこなしただけの話です。道具と言ってもモノ扱いはしていません。今や手持ちのタロットカードは、私に欠けている

CONCLUSION　最後に

　知恵や洞察力を補ってくれる、掛け替えのない相棒のような存在になっています。何か重要なことがあれば、話をしに行き、なくても時々近況報告をしたり、悲しみや喜びを分かち合ってもらえる心強い存在です。お返しに私は、このカードのことを真から理解して、守っていこうと思うのです。
　タロットカードは、願いを叶える道具ではありません。
　私たちひとりひとりが、唯一無二の小宇宙（ミクロコスモス）として、この大宇宙（マクロコスモス）の中で如何にバランスを取って存在しうるか、その方法を知るための導きを得るための道具なのです。
　ひとつの小宇宙が、他の小宇宙を相殺するようであれば、タロットカードは「塔」のカードで、それを示唆してくれるでしょう。敬服すべきタロットを現世まで伝えてきた過去の優秀な占術家に敬意を表する意味で、私はタロットの起源や占術を掘り下げて研究を重ねていくつもりです。それをまた地上に生きる人々に伝えていきたい、それがミクロコスモスとしての私の願いです。

　末筆になりますが、タロットカード・西洋思想・神秘の世界への道を開いて下さった師匠渡辺幸次郎先生、師の研究所代表でもあられる神野佐知子先生には、ここに深く御礼申し上げます。また、門下であり兄妹弟子として御教授を下さいました先生、渋谷でオープンされているお店にてタロットを御教授下さいました先生には、ここで感謝の意を表させて頂きます。
　日頃より公私に亙って、励ましや時にタロットに関する洞察を与えて下さいました、星浦塾生徒の皆様、鑑定に足を運んでいただきました方々には頭の下がる思いで一杯です。皆様の支援が、このようにひとつのものを完成させることができた原動力に他なりません。ありがとうございました。

　本書刊行に際しましては、礒崎純一編集長をはじめ多くの方々にお世話になりました。編集を担当していただきました梶浦慶子さんには、試行錯誤する自分への繊細な配慮を頂けましたこと、また純粋な編集者魂に感銘を受けることもございました。筆舌に尽くしがたく深謝の一語に尽きます。ありがとうございました。

　　　　　　　　　　　　　　　木星が天頂上の双児宮に輝く年に
　　　　　　　　　　　　　　　　　　　　　　　　　　著　者

参考文献

和書

東條真人『タロット大事典』国書刊行会（1995年）
A.T.マン／矢羽野薫訳『聖なる知恵入門シリーズ　タロット』河出書房新社（1996年）
アルフレッド・ダグラス／栂正行訳『タロット』河出書房新社（1995年）
ダイアン・フォーチュン／大沼忠弘訳『神秘のカバラー』国書刊行会（1997年）
パール・エプスタイン／松田和也訳『カバラーの世界』青土社（1995年）
エーリヒ・ビショフ／林睦子訳『ユダヤ神秘主義入門　カバラQ&A』三交社（1995年）
アレイスター・クロウリー／島弘之・植松靖夫・江口之隆訳『魔術——理論と実践』国書刊行会（1998年）
ウィリアム・G・グレイ／葛原賢二訳『カバラ魔術の実践』国書刊行会（1996年）
マンフレート・ルルカー／山下主一郎訳『エジプト神話シンボル事典』大修館書店（1996年）
ルッツ・ミュラー／岡部仁訳『魔術　深層意識の操作』青土社（1996年）
デイヴィッド・コンウェイ／阿部秀典訳『魔術　実践編』中央アート出版社（1998年）
新教出版社編『聖書辞典』（1968年）
小久保乾門刊行『ヘブライ語入門テキスト』
池田潤『ヘブライ語のすすめ』ミルトス出版（1999年）
栗谷川福子『ヘブライ語の基礎』大学書林（1998年）
ジョン・キング／好田順治訳『数秘術』青土社（1998年）
フラター・エイカド／松田和也訳『QBL　カバラの花嫁』国書刊行会（1996年）
クライヴ・バレット／松田アフラ訳『ケルト流タロット占い』魔女の家BOOKS（1992年）

洋書

Arther Edward Waite, *Pictorial Key to the Tarot*（WaiteSamuel Weiser inc, 1984）
Stuart R. Kaplan, *Tarot Classic*（U.S. Games Systems Inc, 1972）
Fred Gettings, *Encyclopedia of the Occult*（Rider, 1986）

索 引
INDEX

★「　」はカードのタイトル

あ

アイン＝無　148
アイン・ソフ　50, 82, 86, 148
アイン・ソフ・アウル＝無限の光＝無限光　23, 148
「悪魔」　87, 148-152, 186
頭飾り＝ヘッドドレス　60
アダムとイヴの物語　48, 96, 98
アテュ　41, 183-188
アドナイ　82
アラム文字　187
アンク十字　83

い

イシス　60, 61, 101, 159, 178
1枚引き　73, 75, 116, 202, 356
射手座　→人馬宮をみよ
犬　163, 164
色　86-89
　青　60, 63, 86, 87, 88, 136
　赤　23, 57, 81, 82, 87, 88, 92, 105, 136, 144, 151, 244, 277
　淡い青　87
　薄緑　87
　オレンジ　87, 88
　黄色　23, 87, 88, 155, 246, 248, 300
　黒　86, 88, 101, 153, 307, 312, 346
　白　23, 57, 86, 87, 88, 92, 101, 105, 149, 150, 244
　灰色　81, 86, 88, 91, 120, 168, 248, 337
　水色　86, 88
　緑　87, 88
　紫　87, 88, 89
　桃色　89
「隠者」　119-123, 155, 184
陰性　30
陰陽　→陰性、陽性をみよ

う

ウェイト，アーサー・エドワード　37, 54, 59, 95, 106, 122, 136, 144, 181, 221
ウェイト版　23, 37-38, 54, 59, 63, 86, 169, 173, 202
魚座　→双魚宮をみよ
後ろ向き　60, 246, 260
馬　105, 346
「運命の輪」　124-129, 141, 164, 184
ヴィスコンティ版　221

え

エジプト　37, 43, 56, 59, 92, 141, 160, 223
エゼキエル　180
エデンの園　→アダムとイヴの物語をみよ

エメラルド碑板　12
エロヒム　82, 122, 144
円柱　→柱をみよ
エンペドクレス（の四世界説）　29, 36, 56

お

牡牛　31, 126, 128
牡牛座　→金牛宮をみよ
オシリス　56, 60, 101, 131, 141, 159, 173
乙女座　→処女宮をみよ
牡羊座　→白羊宮をみよ
オリジナル・リーディング　365-369

か

海王星　35, 36, 134, 162, 186
鍵　92
火象三宮　31
火星　35, 36, 81, 87, 153, 154, 186, 250, 270, 296, 316
風（四大の）　31, 36, 94, 212, 224, 333
活動界＝アッシャー界　224, 326, 331
活動宮　31
カップ＝聖杯　56, 210, 212, 213, 216, 218, 287, 329
「カップのエース」　231, 262-263
「カップの2」　231, 264-265, 272
「カップの3」　231, 266-267
「カップの4」　231, 268-269
「カップの5」　232, 270-271, 317
「カップの6」　232, 272-273
「カップの7」　232, 274-275
「カップの8」　232, 276-277
「カップの9」　87, 234, 278-279, 324, 326
「カップの10」　234, 280-281, 326
「カップのキング」　332, 336, 344

「カップのクイーン」　332, 340, 344, 348
「カップのナイト」　333, 344
「カップのペイジ」　333, 348
蟹座　→巨蟹宮をみよ
カノン＝正典　39
カバラ　37, 39-40, 41-46, 47-52, 82, 134
神　23, 49, 55
神の手　124, 242, 289

き

木の棒　→ワンドをみよ
宮廷カード　→人物カードをみよ
旧約聖書　39, 40
巨蟹宮　29-36, 59, 100, 102, 184
キリスト　40, 91, 139, 173, 292, 336, 340
キリスト教　91, 159
金牛宮　29-36, 77, 90, 91, 184
キング　328, 331
金星　35, 36, 77, 78, 83, 87, 90, 130, 183, 254, 274, 300, 320
逆位置　25, 27, 63, 241, 283
ギリシア文字　43, 44

く

クイーン　328, 332
クオリティ　→質をみよ
クロウリー、アレイスター　54, 158
「愚者」　21-28, 86, 87, 119, 183
グノーシス主義　172, 173, 223

け

形成界＝イェツラー界　224, 331
血液＝血　23, 82, 151
ケルト十字・スプレッド　116, 189-201,

284, 361, 371
剣　→ソードをみよ
原カナン文字　42, 187
元型　18, 78

こ

「恋人たち」　94-99, 150, 184
『光輝の書』ゾハール　45, 49
「皇帝」　81-85, 87, 101, 121, 184
コートカード　→人物カードをみよ
黄道十二宮＝ゾディアック　29-36, 43, 44, 84, 86, 212, 244, 264, 290, 304, 310
コズミックサークル　190, 262
コマ　102, 146
ゴールデン・ドーン　37, 54, 82, 187, 201

さ

最終カード　66, 69, 108
魚　139, 336, 340
ザクロ　62, 78
蠍　126, 141, 264
蠍座　→天蠍宮をみよ
三角形　78, 95, 97, 101, 144
3区分　31
三位一体　40, 91, 92, 312
ザリガニ　163, 164

し

四角形　83, 97, 100, 149
獅子　105, 126, 128, 335
獅子宮　29-36, 104, 167, 184
獅子座　→獅子宮をみよ
四獣　127, 128, 177, 212
四大＝四要素（エレメント）＝四元素　29,
31-32, 36, 56, 83, 97, 100, 120, 126, 144, 210, 212, 214, 215, 217
質　31
「死に神」　86, 139-142, 173, 186, 306
支配惑星　→惑星をみよ
笏　79
小アルカナ　52, 137, 204-213, 214-223, 283, 287, 365
小宇宙　→ミクロコスモスをみよ
象徴　15, 25
象徴画　18, 19, 178, 204
正面　60, 337
処女宮　29-36, 119, 184
神聖4字（ヨッドへーヴァウへー）　82, 91, 121, 125
神殿　62, 64, 91, 178
「審判」　86, 172-176, 188
神秘的哲学的思想　29, 37, 40
シンボル　→象徴をみよ
新約聖書　40
獣性　104, 105, 106, 150, 164
柔軟宮　31
十二宮　→黄道十二宮をみよ
十二星座＝星座団　29-36
十惑星　→惑星をみよ
「女教皇」　59-65, 86, 87, 91, 122, 131, 163, 183
女性原理　30, 57, 61, 79, 91, 131, 178, 328
女性性　30, 60, 87, 95, 144, 162
「女帝」　77-80, 135, 183
人馬宮　29-36, 124, 143, 145, 186
人物カード　215, 328-334

す

水象三宮　32
水星　35, 36, 53, 57, 87, 94, 119, 183, 256,

276, 302, 322
数字
  0　21, 97
  1　63, 97, 125
  2　62, 63, 78, 97, 140
  3　78, 97, 121
  4　83, 97, 100, 248
  5　92, 97
  6　94, 97
  7　159
  8　153
  9　121
  10　125
数秘学　53, 63, 121
スカラベ　163
スフィンクス　100, 126
スミス、パメラ・コールマン　95
スリーカード・スプレッド　66-72, 116, 220, 365, 369, 373

せ

正位置　25, 27, 64
「正義」　130-133, 186
聖獣　100, 180, 264
聖杯　→カップをみよ
生命の樹　37, 40, 47-52, 96, 134, 190, 224-241
「世界」　86, 177-182, 188, 281
「節制」　86, 143-147, 186
セト　60, 101, 126, 151
セフィラー（セフィロト）　48, 50, 86, 190, 209, 225-226, 227, 326
  イェソド　226, 258, 278, 304, 324, 332
  ケセド　225, 248, 268, 294, 314, 332
  ケテル　154, 225, 242, 262, 288, 308, 331
  ゲブラー　225, 250, 270, 296, 316, 332
  コクマー　225, 244, 264, 290, 310, 332
  ティファレト　135, 226, 252, 272, 298, 318, 332
  ネツァク　226, 254, 274, 300, 320, 332
  ビナー　225, 246, 266, 292, 312, 332
  ホド　226, 256, 276, 302, 322, 332
  マルクト　226, 260, 280, 306, 326, 333
セフェル・イェツラー　49
セフェル・セフィルト　49
「戦車」　100-103, 105, 146, 184

そ

双魚宮　29-36, 134, 162, 188
双児宮　29-36, 53, 94, 184
創世記　42, 63, 96
創界界＝ブリアー界　224, 331
『創造の書』　45, 49
創造の十段階　45, 48, 50, 209
ソード＝剣　56, 131, 211, 212, 213, 216, 218, 287, 330
「ソードのエース」　234, 288-289
「ソードの2」　234, 290-291, 292, 296
「ソードの3」　141, 235, 292-293, 297
「ソードの4」　235, 294-295, 302
「ソードの5」　235, 296-297
「ソードの6」　235, 298-299
「ソードの7」　237, 300-301
「ソードの8」　237, 302-303
「ソードの9」　141, 237, 304-305
「ソードの10」　141, 238, 306-307, 343
「ソードのキング」　332, 337, 341
「ソードのクイーン」　332, 337, 341
「ソードのナイト」　333, 345
「ソードのペイジ」　333, 349
ソフィア　60, 101
ソロモン王　62, 180

ゾディアック →黄道十二宮をみよ
ゾハール →『光輝の書』をみよ

た

太陽（惑星） 24, 35, 36, 87, 104, 143, 155, 163, 167, 168, 188, 252, 272, 298, 318, 338
「太陽」 75, 87, 141, 167-171, 188
太陽神 →オシリスをみよ
タナハ 39, 40
タルムード 39, 43
大アルカナ 18, 37-38, 52, 62, 77, 137, 204-213, 282, 365
男性原理 30, 57, 79, 153, 167, 178, 328
男性性 30, 87, 95

ち

地（四大の） 31, 36, 94, 181, 212, 224, 333
知恵 61, 122, 144
知恵の樹 48, 96
「力」 87, 104-107, 135, 184
地球 89, 260, 280, 306, 326
地象三宮 31
チャンス 125, 324

つ

月（惑星） 35, 36, 59, 61, 89, 100, 102, 162, 163, 164, 183, 258, 278, 290, 304, 324
「月」 162-166, 188
翼を持った人間 126, 128
「吊された男」 86, 134-138, 186

て

テトラグラマトン 82, 144

テトラモルフ 128
天羯宮 29-36, 126, 172, 186
天空神 →ハトルをみよ
天王星 21, 35, 36, 158, 183
天秤宮 29-36, 130, 139, 186
天秤座 →天秤宮をみよ

と

「塔」 75, 87, 141, 153-157, 186, 306, 343
トート＝トート神 56
トーラー 39-40, 62
動物 22, 100, 105, 149
土星 35, 36, 86, 148, 177, 188, 246, 266, 292, 312

な〜の

ナイト 328, 332
ナイル川 101, 141, 151, 160
斜め向き 60
ノアの箱船 172

は

ハイヤー・パワー 41, 55, 154
白羊宮 29-36, 81, 84, 153, 184
柱＝門柱＝円柱（2本の柱） 62, 63, 91, 97, 140, 163, 168, 178
ハトル 60, 178
バベルの塔 155
薔薇 23, 57, 92, 244, 304
パピュ 47, 287

ひ

火（四大の） 31, 36, 95, 144, 212, 224, 331

INDEX 索引

棺 174

ふ

風象三宮 31
フェニキア文字 42, 187
フェントン、サーシャ 308
フォーカード・スプレッド 108-111, 285, 358, 363, 373
フォーチュン、ダイアン 54, 208
双子座 →双児宮をみよ
不動宮 31, 126
ブドウ 320

へ

ヘキサグラム（六芒星） 94, 95, 97, 120
ヘキサグラム・スプレッド 112-115, 116, 196, 352-355, 357, 362, 372
蛇 96, 126, 264
ヘブライ人 37, 43
ヘブライ文字 41-46, 183-188
　アイン 148, 186
　アレフ 21, 31, 183
　ヴァウ 82, 90, 91, 121, 126, 184
　カフ 124, 184
　ギーメル 59, 183
　クォフ 162, 188
　サーメク 143, 186
　ザイン 94, 184
　シン 172, 188
　タウ 177, 188
　ダーレト 77, 183
　ツァダイ 158, 188
　テト 104, 184
　ヌーン 139, 186
　ヘー 81, 82, 121, 126, 184

　ヘト 100, 184
　ベト 53, 183
　ペー 153, 186
　メム 134, 186, 262
　ヨッド 82, 119, 121, 126, 155, 184
　ラーメド 130, 186
　レーシュ 167, 188
ヘルメス・トリスメギストス 12, 17, 56, 121
ペイジ 328, 333
ペルソナ 101
ペンタクル 56, 211, 212, 213, 216, 219, 287, 330
「ペンタクルのエース」 238, 308-309
「ペンタクルの2」 238, 310-311
「ペンタクルの3」 87, 238, 312-313
「ペンタクルの4」 239, 314-315, 318
「ペンタクルの5」 87, 239, 316-317
「ペンタクルの6」 239, 318-319
「ペンタクルの7」 239, 320-321
「ペンタクルの8」 137, 329, 322-323
「ペンタクルの9」 241, 324-325, 326, 327
「ペンタクルの10」 241, 326-327
「ペンタクルのキング」 332, 338
「ペンタクルのクイーン」 332, 342
「ペンタクルのナイト」 333, 346
「ペンタクルのペイジ」 87, 333, 350
ペンタグラム 92, 97

ほ

「法王」 90-93, 121, 122, 131, 184
宝瓶宮 21, 29-36, 158, 188
「星」 158-161, 188
ホルス 92, 101, 128, 159

INDEX 索引

ま〜も

磨羯宮　29-36, 148, 149, 177, 186
マクロコスモス（大宇宙）　178, 208
まじない　55
魔術　38, 41, 54, 55, 144
「魔術師」　53-58, 122, 144, 183
マリア　159, 262, 292, 340
マルセイユ版　106, 139, 222
ミクロコスモス（小宇宙）　12, 178, 208
水（四大の）　31, 36, 94, 136, 212, 224, 332
水瓶座　→宝瓶宮をみよ
無限大のマーク　55, 97, 104, 106
冥王星　35, 36, 139, 141, 172, 188
モーゼ　37, 180, 223
木星　35, 36, 87, 124, 143, 184, 248, 268, 294, 314
紋章　→ペンタクルをみよ

や・ゆ・よ

山羊座　→磨羯宮をみよ
ヤハウェ　82, 144, 151
唯一神　→ワンネスをみよ
ユダヤ教　39, 40, 62, 134
百合　57, 92, 140, 244
陽性　30
横向き　60
四元素＝四大元素　→四大をみよ
四世界論　→エンペドクレスをみよ
四要素＝エレメント　→四大をみよ

ら〜ろ

ラクダ　59
裸身・裸体　95, 159, 169

ラビ　39, 43
流出界＝アツィルト界　224, 331
レヴィ、エリファス　47, 154, 187, 221, 222
錬金術　106, 126, 141, 204, 264
六芒星　→ヘキサグラムをみよ

わ

惑星（十惑星）　35, 36
鷲　126, 128, 264
ワンド＝杖、木の棒　55, 56, 178, 210, 211, 212, 216, 218, 287, 329
「ワンドのエース」　226, 242-243
「ワンドの2」　228, 244-245
「ワンドの3」　228, 246-247
「ワンドの4」　228, 248-249
「ワンドの5」　228, 250-251
「ワンドの6」　230, 252-253
「ワンドの7」　230, 254-255
「ワンドの8」　230, 256-257
「ワンドの9」　230, 258-259
「ワンドの10」　230, 260-261
「ワンドのキング」　332, 335
「ワンドのクイーン」　332, 339
「ワンドのナイト」　333, 343, 345
「ワンドのペイジ」　333, 347
ワンネス　50, 82, 173, 190

ライダー・ウェイト版タロットは、U. S. Games Systems 社の許可を得て掲載しました。
Illustrations from the Rider-Waite Tarot Deck®, known also as the Rider Tarot
and the Waite Tarot, reproduced by permission of U. S. Games Systems, Inc.,
Stamford, CT 06902 USA. Copyright ©1971 by U. S. Games Systems, Inc.
Further reproduction prohibited. The Rider-Waite Tarot Deck® is a registered
trademark of U. S. Games Systems, Inc.

ライダー・ウェイト版タロットは、下記で扱っています。
日本遊戯玩具株式会社（輸入元）
東京都台東区花川戸 1-3-6
Tel 03-3843-6431（代）

井上教子（いのうえ・きょうこ）

1969年神奈川県生まれ。高校を卒業後、渡米し、私立 Illinois College 入学。心理学を専攻したことをきっかけに、人間の文化と思想、心の問題、文化的足跡としてのタロット及び占術の研究活動にたずさわるようになる。

2001年タロットによる独自の鑑定「タロットレメディ」を商標登録。

2003年以降占術家ステラ・マリス・ナディアとして数々のインターネットや携帯電話向け占いコンテンツの企画・制作にたずさわる。

2005年占いに関する一切の業務を請け負う株式会社ステラ・マリス・ナディア・オフィス設立。タロットデッキの輸入販売開始。

会社経営、執筆活動、占術学院での講師活動に従事するかたわら、タロット愛好家のネットサークルを主宰。会員に海外のタロット文献の訳文など研究資料を公開し、タロット愛好家の集い、イベント、タロットの通信指導も展開している。

著書
『The Eternal〜永遠なるもの〜』れんが書房新社
『タロット象徴事典』国書刊行会
『タロットの歴史』山川出版社

タロット愛好家のためのタロットマスターズワールド
URL：http://www.tarot-society-jp.net/

タロット解釈実践事典　大宇宙の神秘と小宇宙の密儀
（かいしゃくじっせんじてん）（マクロコスモス　しんぴ　ミクロコスモス　みつぎ）

2000年8月24日　第1刷発行
2012年9月20日　第6刷発行
2019年7月20日　第2版第1刷発行

†著　者　　井上教子
†発行者　　佐藤今朝夫
†発行所　　株式会社国書刊行会
　東京都板橋区志村 1-13-15　〒174-0056
　Tel 03-5970-7261　Fax 03-5970-7427
　URL：http://www.kokusho.co.jp　E-mail:info@kokusho.co.jp

†装　幀　　妹尾浩也
†印　刷　　明和印刷株式会社
†製　本　　株式会社ブックアート
†© Kyoko INOUE, 2000.
†ISBN978-4-336-04259-0
†乱丁・落丁本はおとりかえいたします。

タロット象徴事典

井上教子

❦

さまざまなタロットデッキの絵札をたどりながら、絵画や象徴を通じてカードの絵柄をより深く理解し、さらなる解釈を引き出し進むべき道を見つけるための書。

- ❖ 象徴、図像学などあらゆる角度からタロットの絵柄を解説
- ❖ ヴィスコンティ版、マルセイユ版、ウェイト版などさまざまなデッキの絵札を掲載
- ❖ より深い解釈を引き出すために、実際の占いの現場に則したアルカナの解釈と考え方を提示

国書刊行会